当代社会科学学术文库

本书为校级特色项目“国际媒体倾向性指数”（TS3-05）研究成果

国际媒体及其涉华报道研究

主编　吴　军

对外经济贸易大学出版社
中国·北京

图书在版编目（CIP）数据

国际媒体及其涉华报道研究／吴军主编．—北京：
对外经济贸易大学出版社，2016.1
（当代社会科学学术文库）
ISBN 978-7-5663-1508-3

Ⅰ.①国…　Ⅱ.①吴…　Ⅲ.①传播媒介-研究-世界
②新闻报道-研究-中国　Ⅳ.①G219

中国版本图书馆 CIP 数据核字（2015）第 282652 号

国际媒体及其涉华报道研究

吴　军　**主编**

责任编辑：胡小平

对 外 经 济 贸 易 大 学 出 版 社
北京市朝阳区惠新东街 10 号　　邮政编码：100029
邮购电话：010-64492338　　发行部电话：010-64492342
网址：http://www.uibep.com　　E-mail：uibep@126.com

北京九州迅驰传媒文化有限公司印装　　新华书店北京发行所发行
成品尺寸：170mm×240mm　　11.75 印张　　224 千字
2016 年 1 月北京第 1 版　　2016 年 1 月第 1 次印刷

ISBN 978-7-5663-1508-3
定价：35.00 元

国际媒体及其涉华报道研究
编委会名单

序

当今世界新形势下，国际舆论环境对中国和平发展的作用越来越大，国际主流媒体在影响公众舆论方面发挥着重大作用。中国如何充分发挥本国媒体的传播效能，构建有利的国际舆论环境，对提高自身国际地位意义重大。为此，需要正确认知国际媒体，了解其涉华报道的倾向性，做到“知己知彼”，才能针对性地采取最有效的对策和策略。应当逐渐将中国的观点、导向融入到世界话语传播体系中，积极争取占领国际媒体舆论话语权的制高点，从而赢得国际社会和公众对我国的广泛理解和支持，为“中国企业走出去”、“一带一路”落地实施服务。鉴于此，对国际媒体涉华报道进行广泛深入的研究具有重要的价值和现实意义。这便是《国际媒体倾向性指数》作为我校校级特色项目的研究价值所在。

从学校层面，我们批准设立校级特色项目“国际媒体倾向性指数”，其目的是希望充分发挥我校外语学科多语种优势，完善协同创新机制，加强国际话语权和国际传播能力建设的实践和研究，为构建融通中外话语体系、增强中华文化软实力和国际影响力、服务国家“一带一路”建设、为“中国企业走出去”提供理论性参考和针对性建议。

《国际媒体及其涉华报道研究》这本论文集是校级特色项目“国际媒体倾向性指数”团队集体研究成果，内容涉及 10 个语种对象国的媒体介绍及其涉华报道分析。其中，媒体介绍部分对各国媒体机构及其发展历程、运营机构、传播机构、传播内容等进行了较为详细的梳理和阐释，全角度、多侧面呈现了国际媒体环境的发展和现状。国际媒体涉华报道部分，以不同国家媒体涉及中国热点问题的相关报道为素材，通过对报道内容进行深入细致的梳理和分析，阐释了对象国媒体对于中国热点问题的关注情况，剖析了相应舆论环境背后的种种影响因素，为中国相关问题研究及相应社会问题的应对提出了建议，为国际媒体环境现状及传播策略研究提供了参考。可见，该研究成果具有较强的实践意义和研究价值。

当然，由于是团队集体研究成果，不同研究者的视角和研究积累不同，关注的角度和深度也不尽一致，个别研究的角度较为单一、分析问题较为表面。若能适当拓宽研究视角，结合国际政治、国际关系、以及国际传播等领域的理论进行相关研究，定能达到更佳效果。

是为序。

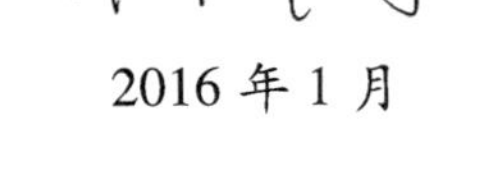

2016 年 1 月

前　言

作为世界第二大经济体和世界多极化发展重要一极的中国，已日益成为世界的焦点。而中共十八大召开以来，尤其是习近平总书记阐释“中国梦”以来，世界各国媒体对中国给予了更为广泛的关注，对于国际媒体而言，中国已经成为绕不过去的话题。然而，从新闻传播的基本特征来看，新闻媒体传送给受众的不仅是信息，更重要的是观点和导向的输入。在国际传播中，对他国形象的塑造和解读受到种种传播因素影响已成为一个不争的事实。而出于意识形态、价值观、文化冲突等多方面原因，国际媒体对于中国的崛起与发展给予大量正面和积极报道的同时，也存在一些有关中国话题的负面和消极报道。

面对“中国企业走出去”、“中国文化走出去”的使命以及当前的国际传播环境，中国需要主动了解西方媒体涉华报道倾向性，了解国际媒体对华倾向性产生的背景、原因，这有利于国家及时采取恰当防范措施，减少甚至是消除国际媒体对涉华报道的负面影响，在对外宣传中做到心中有数、有的放矢，由此提升国家形象。因此，研究国际媒体涉华报道对我国的对外传播具有一定的价值和现实意义。

本书是对外经济贸易大学特色科研项目“国际媒体倾向性指数”研究团队的阶段性成果，团队成员为对外经济贸易大学教师及首都师范大学教师。课题组成员通过研究 10 个语言对象国媒体环境及其涉华报道，对国际媒体的倾向和立场进行分析，客观反映当代国际主要媒体对国内重点、热点问题的看法和评价，尝试找出应对国际舆论挤压的解决方法，赢得国际社会和公众的理解和支持，为构建有利的国际舆论环境、提升中国国际形象提供有据的参考。

本课题研究成果的出版，得到对外经济贸易大学特色项目“国际媒体倾向性指数”（项目号：TS3-05）的资金支持，同时也得到中央文献对外翻译与传播协同创新中心“国际媒体涉华舆情倾向性指数研究——以外媒对‘一带一路’报道为例”（项目号：2015XT06）项目的部分资助。

本书的出版，得益于许多人的努力，在此一并致谢！特别感谢对外经济贸易大学出版社的支持，感谢编辑对书稿认真细致的审阅。

主编

2016 年 1 月

目　　录

上编　各国（地区）媒体环境研究

下编　各国（地区）媒体涉华报道研究

上　编

各国（地区）媒体环境研究

阿拉伯国家媒体环境

李　愫　黄　慧

摘　要：阿拉伯国家拥有众多媒体，包括纸媒、广播、卫星电视和新媒体。阿拉伯国家最具影响力的媒体包括卡塔尔的半岛电视台、阿联酋的阿拉比亚电视台、沙特的《中东报》和埃及的《金字塔报》。其中，半岛电视台以新闻报道见长，聚焦国际与区域热点；阿拉比亚电视台的节目以沙特为主体，致力于塑造沙特的正面友好形象；《中东报》则偏重阿拉伯国家的政治局势，以分析评论见长；《金字塔报》以埃及政府为主要报道对象，向阿拉伯国家传递埃及的政策与立场。阿拉伯国家媒体对中国的政治和宏观经济形势关注较多，且报道较为积极。但与世界其他国家相比，阿拉伯国家媒体的影响力有限，仍处于发展过程中。

关键词：阿拉伯国家　媒体环境　涉华报道

阿拉伯国家媒体的兴起可上溯到19世纪70年代。最早的媒体形式是报纸。20世纪50年代，广播开始发展。20世纪90年代，随着卫星技术的普及与成熟，越来越多的卫星电视媒体涌现。进入21世纪后，在信息技术的推动下，新媒体也逐渐成为阿拉伯国家民众信息的重要来源之一。

根据经营方式，阿拉伯国家媒体可大体分为三类：一是官方及半官方媒体；二是政党下属媒体，主要为报纸。例如，叙利亚阿拉伯复兴社会党的《革命报》；三是私营媒体，大多是由王室成员或富商创办的报纸。例如，卡塔尔的6家报纸媒体，虽均以独立媒体的名义创办和运营，但其所有者都是王室成员或与王室密切相关的富商。

卡塔尔的半岛电视台、阿联酋的阿拉比亚电视台、沙特的《中东报》，以及埃及的《金字塔报》是阿拉伯地区的知名媒体，引领了阿拉伯国家的舆论导向。

一、半岛电视台

半岛电视台成立于1996年2月，总部位于卡塔尔首都多哈。1996年11月，半岛电视台新闻频道正式开播。半岛电视台是阿拉伯国家第一个24小时、连续播出新闻的阿拉伯语电视台，也是阿拉伯国家第一家私营新闻电视台。半岛电视台收视率高，受众广泛。但由于其盈利能力不足，长期无法自负盈亏，至今仍依赖政府的支持以维持运转。

半岛电视台的经营方式比较现代化，报道量较大，因此成为了阿拉伯国家最具影响力的媒体。半岛电视台倡导公正、独立、全面、平衡的报道方针。长期以来，西方媒体关于阿拉伯国家的报道多为负面且带有偏见。半岛电视台的创办，在国际媒体中加入了阿拉伯国家的声音，有助于在世界范围内呈现阿拉伯国家的正面积极的形象。

新闻报道是半岛电视台的强项。其节目形式多样，新颖独特，例如电话采访、现场辩论等。其节目内容也直接针对阿拉伯国家的焦点，探讨阿拉伯国家备受争议的问题。在阿拉伯民众中引起广泛共鸣，收获大量观众。

半岛电视台对国际事务的报道，吸引了世界各国的关注。例如 2001 年 7 月（美英空袭阿富汗的前一天）其独家播出的独家采访本·拉登的讲话录像，以及“9·11 事件”后陆续播出的基地组织领导人的录像声明，在国际范围内大获赞赏，被冠以“阿拉伯世界的 CNN”的称号。

随着半岛电视台的影响力不断扩大，它也受到某些压力。2010 年年底，中东动荡爆发后，半岛电视台对示威游行活动的报道与民众的期待不符，在各地区的收视率均明显下降①，受到了阿拉伯国家和国际舆论的质疑。但是，半岛电视台也对阿拉伯国家媒体发展做出了特别的贡献。其成立初期的报道风格打破了阿拉伯国家新闻报道固有的模式，以其相对客观、真实的报道，为阿拉伯国家的民众展现独特新闻视角。

值得一提的是，半岛电视台高度重视有关中国新闻的报道。2002 年，半岛电视台便在北京设立分社。2015 年 1 月 1 日，它开通了新浪微博，期望以此获得第一手采访信息，增加与中国民众的互动，以更近距离地接触中国社会，更深层次地理解中国国情。半岛电视台尝试以阿拉伯国家的视角报道中国的方方面面，例如，2006 年，半岛电视台曾推出“中国周——聚焦中国”节目。在节目中，半岛电视台的新闻记者采访了中国学者和政界人士，相对客观地报道了中国政治、经济、社会、文化等各方面的发展情况。“聚焦中国”的系列报道增进了阿拉伯国家民众对中国的了解，有助于中阿之间友好关系的发展。但半岛电视台也不乏直接援引西方媒体报道的情况，某些报道与实际情况有一定偏差。鉴于半岛电视台在阿拉伯国家的广泛影响，我国应重视与半岛电视台的合作，充分发挥其积极作用，在阿拉伯国家塑造正面友好的形象。

① انخفاض نسبة مشاهدي الجزيرة بنسبة 86 بالمئة بعد تحولها إلى فضائية ناطقة باسم ’المجموعات المسلحة،
2013.5.2 http://www.alahednews.com.lb/essaydetails.php?eid=75343&cid=9#.VQauNXkxj1A.

二、阿拉比亚电视台

阿拉比亚电视台，又名阿拉伯卫星电视台，于2003年3月3日正式运营，总部位于阿联酋迪拜。阿拉比亚电视台为沙特所有。它与半岛电视台并列为阿拉伯国家影响力最大的两大电视台。阿拉比亚电视台于2007年、2008年，先后开始用英语和波斯语、乌尔都语通过网络向全球输送信息。其网站是全球第一个以高清画质播送直播画面的新闻网站。阿拉比亚电视台将自己称为“阿拉伯语电视频道与说英语的国家之间信息传递的桥梁”①。

阿拉比亚电视台与半岛电视台存在竞争关系。它的创办使阿拉伯国家的舆论更加多元化，扩大了沙特在阿拉伯世界的影响力。阿拉比亚电视台节目内容丰富，涉及政治、经济等多个领域。其节目类型多样，例如，2006年曾播出12集青年投资者竞赛的节目，是阿拉伯国家第一个播出该类型节目的媒体。阿拉比亚电视台节目精致，富有创意，获得各类奖项。

阿拉比亚电视台在节目中重视塑造沙特的良好形象，以创造有利于其发展的舆论环境①。中东动荡爆发以来，阿拉比亚电视台表现积极。其报道相对客观地反映了革命的实际情况，体现出较高的新闻专业水平。阿拉比亚电视台的声誉因此得到大幅度提升，被认为是最可靠的媒体②，在阿拉伯国家的公信力明显提高。

阿拉比亚电视台有关中国的报道主要围绕中国、沙特之间的合作交流展开，主要集中于石油领域。阿拉比亚电视台对相关事件进行追踪报道，对中沙合作前景持乐观态度。但它对中国的宏观形势以及其他方面的动态则关注较少，大多转引自西方媒体，例如，中国宏观经济的变化，中国与其他国家的互动等，以客观叙述事实为主。

三、《中东报》

《中东报》于1978年7月4日在英国创刊，是一份隶属于沙特研究和营销集团的私营报纸。沙特研究和营销集团的所有者是沙特王室成员。由于它与沙特王室之间的内在关联，《中东报》得到了沙特王室与政府机构的资助与支持。正是由于资金方面的联系，其报道中也反映了沙特政府和王室的立场。

《中东报》覆盖世界多个国家和城市，是第一份通过卫星在世界各地传版、实现同步印刷的阿拉伯文日报。《中东报》是迄今唯一一份拥有《华盛顿邮报》（Washington Post）、《今日美国》（Today USA）等多个国际报刊阿拉伯文版权的

---

① About Al Arabiya News，http://english.alarabiya.net/en/tools/about.html.

② Mohammed el-Nawawy and Catherine Strong，*Job Satisfaction and Editorial Freedom at Al-Arabiya: Finding the Balance while Covering Volatile Middle East News*，Arab Media&Society，Issue 16，Fall 2012.（http://www.arabmediasociety.com/index.php?article=796&p=7.

报纸，可在其报纸上以阿文版本发表这些报刊上的文章。

《中东报》的关注点囊括整个阿拉伯各国，侧重于阿拉伯国家的政治，主要聚焦于局势较为紧张的地区，例如巴勒斯坦、伊拉克等。由于《中东报》以分析评论见长，其主要受众为知识分子与精英人群。《中东报》在世界其他国家颇受欢迎，在阿拉伯各国之外的国家和地区的收益甚至更高①。

《中东报》对中国的政治与宏观经济形势也较为关注，并与中国进行直接互动。通过采访中国外长、大使等人，并在报纸上刊登来自中国的文章，直接传播了来自中国的声音，例如2014年4月13日来自中国驻沙特大使李成文的《共建“一路一带”》②，以及2014年6月4日王毅外长的《加强论坛建设，打造中阿关系“升级版”》③。《中东报》对中国经济和中阿关系发展持乐观态度。但其对中国其他领域的报道，则相对较少，直接转载自西方媒体的情况较多。

四、《金字塔报》

《金字塔报》于1875年12月27日在埃及亚历山大城创刊，是阿拉伯国家最早创办的报纸。1876年8月5日，《金字塔报》第一期刊发。1988年，《金字塔报》被世界报纸指南组织列入“最佳国际报纸”。目前，《金字塔报》已拓展成为内容多样、规模庞大、体系完善的报业巨头。

《金字塔报》从创刊之初的4页纸周报，逐渐发展为如今每日出版约10万字容量的报业巨头。其发行量占全埃及报业市场的55%，周五达到65%，被称为埃及的“新闻王国”。《金字塔报》在吉达、纽约、伦敦等地设有8个海外记者站，在卡塔尔、阿尔及利亚、希腊等国派驻外记者，在伦敦、纽约、法兰克福、迪拜、科威特城拥有5个境外印刷点，全球的日发行量近百万份。《金字塔报》以其巨大的影响力被称为阿拉伯国家的“第四座金字塔”，成为具有世界影响力的国际性阿拉伯文日报。

《金字塔报》是一份政治性报纸。其面向阿拉伯世界民众的版本以埃及政府为报道主体，多为阐述埃及政府内外政策，反映官方视角，政治倾向明确。旨在向阿拉伯各国传递埃及的信息，表达其政治立场。而面向国际读者的版本则

① CHIBA Yushi，*A Comparative Study on the Pan-Arab Media Strategies: The Cases of Egypt and Saudi Arabia*, Kyoto Bulletin of Islamic Area Studies，5-1&2，2012年2月，第54页。

② 中华人民共和国外交部，《驻沙特大使李成文在〈中东报〉发文介绍“一带一路”》，http://wcm.fmprc.gov.cn/pub/chn/gxh/tyb/zwbd/dszlsjt/t1146954.htm，2014年4月15日。

③ 中华人民共和国驻沙特阿拉伯大使馆，《〈中东报〉刊登王毅外长署名文章》，http://www.chinaembassy.org.sa/chn/wedh156/t1162853.htm，2014年6月4日。

更加重视发布国际时事，报道全球的政治、经济热点。

2010 年年底，中东动荡爆发，埃及是这场动荡的前沿阵地。《金字塔报》积极回应外国媒体对埃及形势的各类负面报道，并淡化甚至回避埃及局势的动荡与混乱。但在穆巴拉克下台后，《金字塔报》迅速调整报道的倾向，撇清与穆巴拉克政府的关系，试图打造独立媒体的形象。当前，埃及正处于政治过渡期，《金字塔报》的报道倾向仍取决于埃及大环境的变化趋势。

《金字塔报》未在中国设立海外站点，也没有派驻记者。《金字塔报》有关中国的介绍基本通过西方媒体或中国媒体的报道间接得到。西方媒体对中国的报道中，不乏对中国的指责与诽谤。由于《金字塔报》消息来源的有限以及国际媒体西强东弱的现状，其对中国的报道在一定程度上受到西方媒体的影响，出现过一些对中国不太友好的声音。我国应重视《金字塔报》在阿拉伯国家的影响力，积极与其建立直接联系，在阿拉伯世界中塑造积极友好的中国形象。

结语

阿拉伯国家媒体的报道内容与形式各具特色。总体而言，阿拉伯国家媒体的声音不断扩张，逐渐从阿拉伯各国延伸至世界各国。阿拉伯国家媒体共同的宗旨是向全球传递阿拉伯各国的声音，树立其正面的形象，增强其在世界范围内的话语权。半岛电视台、阿拉比亚电视台、《中东报》和《金字塔报》是阿拉伯国家媒体的代表性力量。

从以上四家媒体的涉华报道来看，阿拉伯国家媒体对中国的报道整体上比较正面积极。阿拉伯各国媒体较为关注中国政治、经济的宏观形势和中国与阿拉伯各国的互动等相关话题，体现出其对中国发展的认可与肯定，以及对中阿双边关系发展的乐观态度。但是，阿拉伯国家媒体的涉华报道也在一定程度上受到西方媒体的影响。未来我国应加强国内媒体面向阿拉伯各国的宣传力度，建立与阿拉伯国家媒体的直接联系与沟通渠道，促进双方媒体之间的合作交流，切实增进阿拉伯国家媒体对中国的了解，使其能够更加全面深入地认识中国，更加真实客观地报道中国；努力在阿拉伯各国营造有利于我国的良好舆论环境，进一步塑造中国的良好形象。

参考文献

[1] 中华人民共和国外交部. 驻沙特大使李成文在〈中东报〉发文介绍“一带一路”[EB/OL].（2014–04–15）[2015–03–12]. http://wcm.fmprc.gov.cn/pub/chn/gxh/tyb/zwbd/dszlsjt/t1146954. htm.

[2] 中华人民共和国驻沙特阿拉伯大使馆.〈中东报〉刊登王毅外长署名文章[EB/OL].（2014–06–14）[2015–03–12]. http://www.chinaembassy.org.

sa/chn/wedh156/t1162853.htm.
[3] MAYSAM BEHRAVESH. Al–Arabiya: The “Saudispeak” of the Arab World [J]. Asian Politics & Policy, 2014, 6 (2): 345–348.
[4] MOHAMMED EL–NAWAWY, CATHERINE STRONG. Job Satisfaction and Editorial Freedom at Al–Arabiya: Finding the Balance while Covering Volatile Middle East News [J/OL]. Arab Media & Society, 2012, Fall (16), [2015–03–13]. http://www.arabmediasociety.com/index.php?article=796&p=7.
[5] CHIBA YUSHI. A Comparative Study on the Pan–Arab Media Strategies: The Cases of Egypt and Saudi Arabia [J]. Kyoto Bulletin of Islamic Area Studies, 2012, 5 (1&2): 44–60.
[6] MARK ALLEN PETERSON. Egypt's Media Ecology in a Time of a Revolution [J/OL]. Arab Media & Society, 2011, Summer (14), [2015–03–13]. http://www.arabmediasociety.com/?article=770.
[7] KENNETH J. COOPER. Politics and priorities: Inside the Egyptian press [J/OL]. Arab Media & Society, 2008, Fall (6), [2015–03–13]. http://www.arabmediasociety.com/?article=689.
[8] PETER FEUILHERADE. Profile: Al–Arabiya TV [EB/OL]. (2003–11–25) [2015–03–12]. http://news.bbc.co.uk/2/hi/middle_east/3236654.stm.
[9] Al Arabiya News. About Al Arabiya News. [2015–03–12]. http://english.alarabiya.net/en/tools/about.html.

德国媒体环境分析

杨　阳

摘　要：德国媒体业发达，具有独特的媒体环境。本文从报纸、杂志、电视、广播四个方面对德国媒体环境加以概述，并分析媒体在德国社会生活中的作用及其发展现状，最后指出德国媒体多负面报道中国这一现象与德国媒体本身的批判态度、政治倾向、背后的国家和政治集团利益以及自身发展困境有关。

关键词：德国媒体　报纸　杂志　电视　广播　对华报道

德国媒体业发达，这一方面与德国高度重视文化、文化产业繁荣相关，另一方面也得益于德国相对宽松的媒体环境。作为媒体最基本的法律基础，德国基本法第一章第五条就有规定："人人享有以语言、文字和图画自由发表、传播其言论的权利并无阻碍地以通常途径了解信息的权利。保障新闻出版自由和广播、电视、电影的报道自由。对此不得进行内容审查。"①此外，德国媒体强调文化和广播中的联合自主权，且公法媒体与私人媒体并存，这种并存在全球范围内尚不广泛，但在欧洲范围内却非常普遍。②德国独特的媒体环境造就了观点与信息的多样性，了解德国媒体环境，有助于我们客观看待德媒报道，找到其关于中国报道中呈现的某些趋势的原因。

一、德国主要媒体概述

1. 报纸

根据德国报纸出版商协会（BDZV）官方数据，目前德国共有 329 家日报，20 家周报以及 6 家星期日报，发行总量约为 2 220 万份。③ 在这些报纸中，大部分为地方性报纸。它们只在本地区发行，而跨地区、全国发行的报纸虽然只占很小的比重，但这些报纸关注国际和国内政治、经济、文化热点，且发行量大，在全国有着广泛的读者群体。

在众多报纸中，全国性日报《南德意志报》《法兰克福汇报》和《世界报》

---

① http://zh.wikipedia.org/wiki/德意志联邦共和国基本法，访问日期：2015 年 3 月 16 日。

② http://www.tatsachen-ueber-deutschland.de/de/kultur-medien/main-content-09/medien.html，访问日期：2015 年 3 月 16 日。

③ http://www.bdzv.de/maerkte-und-daten/zeitungslandschaft/，访问日期：2015 年 3 月 16 日。

在德国具有举足轻重的地位，影响力巨大。

《南德意志报》（Süddeutsche Zeitung，缩写：SZ）总部位于慕尼黑，于 1945 年 10 月 6 日创刊，是德国发行量最大的以订阅方式发行的日报，有大量内容丰富的国际报道。由于该报成立于纳粹德国覆灭不久之际，从一开始便憎恨极权主义，所以《南德意志报》在政治和经济上均秉持自由主义，正如其编辑章程上所写："它（《南德意志报》）捍卫并追求自由的、民主的、基于自由与社会基本原则基础上的社会形式。"[①]值得一提的是，《南德意志报》所在的巴伐利亚州长期以来由保守的基社盟（CSU）执政，而该报在政治与经济立场上却与其背道而驰，更体现了其自由至上的创办精神。

《法兰克福汇报》（Frankfurter Allgemeine Zeitung，缩写：FAZ）总部位于美因河畔法兰克福，于 1949 年 11 月 1 日创刊，是德国发行量最大的日报之一。《法兰克福汇报》最大的特点是拥有一个全球的通讯员网络，方便获得第一手新闻素材，从而不受新闻通讯社的束缚。该报在经济领域有着独到的见解，每日出版可订阅的附加版"经济一瞥"（Blick durch die Wirtschaft），所以其读者大多是政府机构和企业的领导层以及自由职业者。在报道倾向上，《法兰克福汇报》偏向自由保守主义，在政治上向保守党基民盟（CDU）与基社盟（CSU）靠近，在经济问题上站在企业主利益一方。[②]由于该报一向主张坚持真相与激发思考，所以它也为其它立场的观点提供发言机会。

《世界报》（Die Welt）于二战后的 1946 年 4 月 2 日由当时的英国占领军在汉堡创办，后被阿克塞尔·施普林格（Axel Springer）出版集团买下大部分股份，其编辑部 1993 年迁至柏林。作为阿克塞尔·施普林格股份公司麾下的旗舰，《世界报》是一份注重质量的并且在全球 130 多个国家和地区编辑发行的刊物。《世界报》由于其偏保守且明显倾向于市场经济，主要读者为政商界领袖。

虽然以上三份报纸报道翔实，深受德国读者欢迎，但他们的发行量却远远不敌受众更广的《图片报》（Bild）（德国主要全国性日报发行量见图 1）。《图片报》于 1952 年 6 月 24 日由阿克塞尔·施普林格出版集团在汉堡创办，是德国和欧洲发行量最大的日报，总部现在柏林。该报的最大特点便是"以图代文"，试图使新闻故事形象化，所以它的主要读者是文化水平普遍不高的工人和低收入者。《图片报》经常在头版以大字标题吸引读者，试图挖掘奇闻轶事，吸引读者眼球，但事实上有很多新闻都缺乏真实依据，在政治上也较为保守。对于这份报纸的态度，德国人两极分化严重，对其褒贬不一，存在巨大争议。

---

① Hermann Meyn：Massenmedien in Deutschland, Konstanz: Verlagsgesellschaft mbH，neuauflage, 1999, 108.

② 参见同上，109。

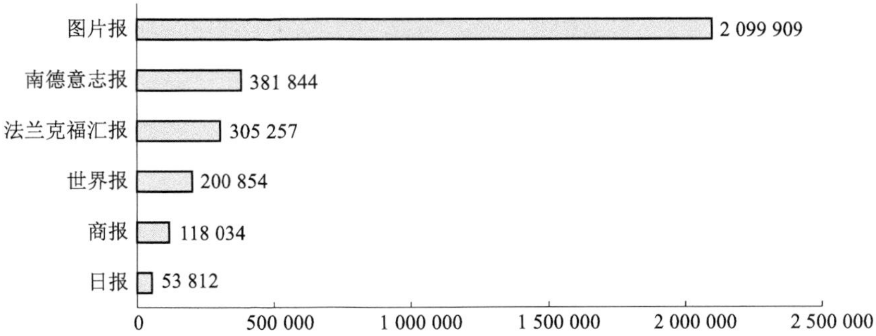

图 1　德国主要全国性日报 2014 年第四季度发行量（单位：份）[①]

除了以上几份日报，重点关注经济问题且主张自由主义的《商报》（Handelsblatt）与左派的、合作制的《日报》（Tageszeitung）两份全国性日报在德国也有广大读者群体。此外，作为全欧洲顶尖的周报，《时代报》（Die Zeit）以其自由的立场赢得受过高等教育人士的青睐，并能引领民意，同样具有重要影响力（德国主要报纸概况见表 1）。总体来说，德国报纸的政治观点与倾向性各不相同，但他们均致力于全面的新闻报道，代表了不同派别的声音，体现了德国新闻和言论的多样性。

表 1　德国主要报纸概况

名称	创刊时间	总部	性质	主要特点	政治倾向
南德意志报	1945.10.6	慕尼黑	日报	大量内容丰富的国际报道；与所在巴伐利亚州执政党意见相左	左倾自由主义
法兰克福汇报	1949.11.1	法兰克福	日报	全球通讯员网络；坚持真相，激发思考	自由保守主义
世界报	1946.4.2	柏林	日报	在 130 多个国家和地区发行；时评水平较高	政治偏保守，倾向于市场经济
图片报	1952.6.24	柏林	日报	以图代文，挖掘奇闻轶事	较为保守
商报	1946.5.16	杜塞尔多夫	日报	重点关注经济问题	自由主义
日报	1978	柏林	日报	合作制的发行方式	左派，较为激进
时代报	1946.2.21	汉堡	周报	自由立场，引领民意	左倾自由主义

① 数据来源：http://de.wikipedia.org/wiki/Tageszeitung，访问日期：2015 年 3 月 16 日。

2. 杂志

在德国，具有重要影响力的新闻杂志主要有三家周刊：《明镜》、《明星》和《焦点》。

《明镜》（Der Spiegel）周刊，1947 年 1 月 4 日在汉诺威首次发刊，总部现在汉堡，是德国最重要的新闻周刊之一。该杂志注重新闻调查，力图对新闻事件加以剖析与评论，以其严肃的政治评论与批评著称，主张自由主义。对此杂志，德国人看法不一。一部分人认为，该杂志能严格履行媒体的监督与批评职责。另一部分人则认为，该杂志一味批评，缺少积极信息，而且信息大多比较片面化。但总体上看，在德国，《明镜》周刊被视作最重要的引领媒体和记者群体意见的刊物，三分之二的记者都会定期阅读这份杂志。①

《明星》（Stern）周刊于 1948 年 8 月 1 日创刊于汉堡。该杂志重点关注政治和社会话题，政治上倾向于社会民主主义，敢于揭发政治界丑闻和黑幕。但是，其过分追求独家新闻，有时会造成虚构和夸大，最著名的例子便是 1983 年 5 月发表的所谓《希特勒日记》（“Hitler-Tagebücher”），经证实为伪造之作。相比于其他杂志，《明星》周刊更为重视照片和图片在新闻杂志中的作用，受到众多读者的欢迎。

《焦点》（Focus）周刊总部位于慕尼黑，于 1993 年 1 月 18 日创刊。将《明镜》视为竞争对手。作为一本新闻杂志，《焦点》虽然也强调自身负有监督与批评之职，但它表现得不如《明镜》强烈，而且与《明镜》关注事实本身相比，《焦点》更倾向于采用大量彩色图片和信息图表，并提供各界人士的观点和意见，由读者自行做出价值判断。在政治上，《焦点》偏保守并奉行经济自由主义，由于它较为中性的立场，在德国也赢得不少读者的青睐。（德国主要新闻杂志概况见表 2，发行量见图 2）

表 2　　德国主要新闻杂志概况

名称	创刊时间	总部	发刊日	主要特点	政治倾向
明镜	1947.1.4	汉堡	每周六	严肃的政治评论与批评	左倾自由主义
明星	1948.8.1	汉堡	每周四	敢于揭发政治界丑闻和黑幕，追求独家新闻	社会民主主义
焦点	1993.1.18	慕尼黑	每周一	提供各界人士观点和意见，由读者自行做出价值判断	政治偏保守，经济自由主义，较为中性

① Hermann Meyn：Massenmedien in Deutschland, Konstanz: Verlagsgesellschaft mbH，neuauflage, 1999, 119.

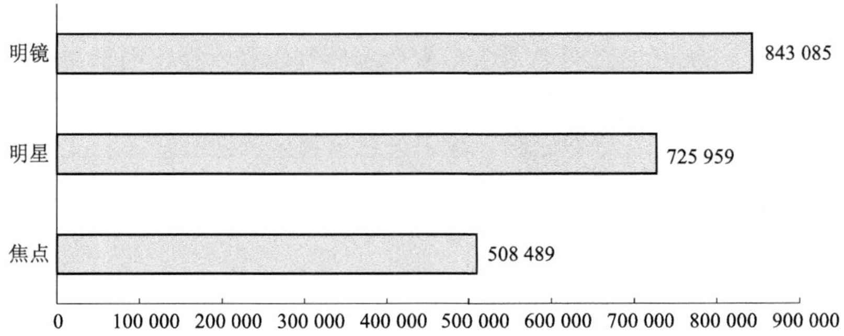

图 2 德国主要新闻杂志 2014 年第四季度发行量（单位：册）[①]

3. 电视

在德国电视台中最有影响力的是两家公立电视台——德国电视一台和德国电视二台，它们也是德国最为重要的新闻类电视台。公立电视台在广告方面受到严格控制，不可随意播放广告，其收入来源主要来自公众每月缴纳的广播电视费（Rundfunkbeitrag），因为这两家电视台收入来源稳定，所以他们在播放节目时按照自己意愿进行选择，受观众口味影响较小。

德国电视一台（Das Erste），其实是德国广播电视联合会（ARD）成员中九个州立广播公司[②]合作制作的电视台。除此之外，这些州立广播公司还制作自己地方性的电视台和广播节目。该电视台的节目最早于 1952 年在汉堡录制，之后由当时的德国西北广播共同制作。从 1954 年起，其节目同当时的联邦广播台向全德国发送。1984 年，该台被重命名为第一德国电视（Erstes Deutsches Fernsehen），自 1997 年起有了现在的名字"第一电视"（Das Erste）。[③]德国电视一台制作的《每日新闻》（Tagesschau），是德国最受欢迎的电视新闻节目之一。

德国电视二台（ZDF）于 1963 年 4 月 1 日正式开播，建立的宗旨是提高德国国民对世界和德国社会的了解与认识。该台拥有欧洲最大的发射中心，也是欧洲最大的电视台之一。与德国广播电视联合会类似联盟的性质相比，德国电视二台有一个集中的驻地——美因茨，同时在国内和国外也设有众多制作场地。

① 数据来源：http://de.wikipedia.org/wiki/Der_Spiegel，http://de.wikipedia.org/wiki/Stern_(Zeitschrift)，http://de.wikipedia.org/wiki/Focus，访问日期：2015 年 3 月 17 日。

② 这 9 个州立广播公司分别是：巴伐利亚广播公司（BR）、黑森广播公司（hr）、中德广播公司（MDR）、北德广播公司（NDR）、不莱梅广播电台（RB）、柏林-勃兰登堡广播公司（RBB）、萨尔广播公司（SR）、西南广播公司（SWR）、西德广播公司（WDR）。这九家公司外加德国之声（DW）是目前德国广播电视联合会的成员。

③ http://zh.wikipedia.org/wiki/德国电视一台，访问日期：2015 年 3 月 17 日。

德国电视二台除了每天转播电视一台的《每日新闻》外，自己也制作类似的新闻节目《今天》(Heute)。此外，两个电视台还会制作联合播出的节目。一台和二台两个频道合起来，除夜间之外，几乎每个整点都有新闻。[①]

德国电视广播系统实行双轨制，除了公立电视台，还有众多私立电视台。这些私立电视台虽然20世纪80年代才出现，但是发展迅速。其中，最具竞争力的三个私立电视台是SAT 1，RTL和PRO 7。[②]

4. 广播

广播是德国人使用率最高的媒体之一，较为重要的广播电台有德国国家公共广播电台和德国之声。

德国国家公共广播电台（Deutschlandradio，简称：Dradio）于1994年1月1日正式成立，位于科隆和柏林。其与德国广播电视联合会和德国电视二台是德国公共广播的三个组成部分（见表3），所以该电台主要收入来源也是公众缴纳的广播电视费。德国广播主要针对国内听众进行广播，有三套全国范围内的广播节目：德国广播（Deutschlandfunk）、德国广播电台知识节目（DRadio Wissen）以及德国广播电台文化节目（Deutschlandradio Kultur）。

德国之声（Deutsche Welle，缩写：DW）于1953年5月3日在柏林设立，现为德国广播电视联合会成员。相对于德国国家公共广播电台，德国之声的主要使命是向德国之外的民众传播德国国家形象，介绍德国社会与文化，报道国际时事，促进国家之间的理解和交流。此外，德国之声与世界各地的广播电台和电视台均有合作关系，这有助于各国之间节目与信息的交流。

表3　　　　德国公共广播系统概况

机构名称	创设时间	总部	主要节目	主要经费来源
德国广播电视联合会	1950.6.5	各成员所在地	德国电视一台（主要节目：《每日新闻》） 德国之声	公众缴纳的广播电视费
德国电视二台	1963.4.1	美因茨	新闻节目《今天》	
德国国家公共广播电台	1994.1.1	科隆，柏林	德国广播 德国广播电台文化节目	

① 参见刘辰：《简析四大类型电视节目的社会功能——以德国媒体为例》，载《长春理工大学学报》（社会科学版），2010年5月，第23卷第3期，第33页。

② 参见Hermann Meyn：Massenmedien in Deutschland, Konstanz: Verlagsgesellschaft mbH，neuauflage, 1999, 208。

二、德国媒体的发展现状

德国以媒体业发达著称，但是近年来受网络等新媒体的冲击，该行业却遭遇危机。报纸、杂志等传统媒体面临着新媒体冲击和金融危机两大困境，赖以生存的广告投放急剧减少，不得不在困境中挣扎前行。作为一个传统报刊大国，德国的报刊业止步不前。仅以日报为例，1991 年日发行量大约为 2 730 万份，20 年之后的日发行量已不到 1 900 万份，2014 年仅约为 1 680 万份。[①]而且，报社数量也在减少，1991 年德国还有 410 家日报，如今仅剩 329 家，近几年很火的一词“报纸之死”（Zeitungssterben）足以说明问题。2012 年 11 月，在德国享有较高声誉的全国性日报《法兰克福评论报》申请破产。此外，德国广播电视业也面临经费紧张，其公共性地位和节目质量也在受到民众的广泛质疑。这种质疑将威胁公法广播电台的独立性与其所奠定的德国广电体系的双轨制。[②]然而，德国业界并没有哀鸿遍野，在发展新媒体的同时，也在传统媒体领域继续坚守，并形成基本共识：传统媒体的衰落是一个正在进行的、必然的过程，日报这种媒体形态将首当其冲，但期刊尤其是周刊，则可能会存活更长时间。那些刊登更深刻、更独到、更有见地的分析、预测、评论的期刊，将更加具有品牌价值，也更加具有发展潜力。[③]

从内容上来看，德国媒体一向标榜言论自由和客观公正，然而绝对的言论自由和客观公正是不存在的，这一现象目前来看有愈加明显之势。近些年来，政治上的掌控和约束越来越多，部分媒体被强制保持一致，他们俯首听命，在民意上操控民众。而且，记者这个行业在德国门槛比较低，除了媒体固定雇员，还有很多自由撰稿人，理论上任何人只要有媒体聘用，都可以说自己是记者，[④]媒体业的式微使得记者的生存条件更加严峻，自身困境带来的经济压力使得德国记者在报道中更容易对民众和相关利益团体曲意逢迎，造成一些报道失真，丧失所谓的客观公正。此外，目前呈现出了典型的传媒集团集中化的趋势，理想的自由市场竞争被垄断所替代。这种垄断已经从传统的横向企业融合，发展到了纵向的行业间联合，出现了许多跨媒体领域的巨型传媒集团。这些巨型媒体集团与商业以及政治权力之间形成了一个利益链条。[⑤]这一高度集中化的后果就是媒体的言论自由与客观公正进一步遭到挑战。

---

① 数据来源：http://de.statista.com/statistik/daten/studie/72084/umfrage/verkaufte-auflage-von-tageszeitungen in-deutschland/，访问日期：2015 年 3 月 19 日。

② 参见林雅华：《德国媒体发展的伦理困境与对策》，载《学习时报》，2013 年 6 月 17 日，第 002 版。

③ 邓的荣：《德国媒体的挣扎与坚守》，载《社会科学报》，2014 年 2 月 20 日，第 008 版。

④ 聂晓阳：《德国媒体现状及年轻记者培养》，载《中国记者》，2008 年第 2 期，第 86 页。

⑤ 林雅华：《德国媒体发展的伦理困境与对策》，载《学习时报》，2013 年 6 月 17 日，第 002 版。

三、从德国媒体环境看德媒对华报道

众所周知，德国媒体对中国总体不太友好，报道中负面消息居多。如果仔细审视德国媒体环境，或许可以从中看出一丝端倪。

首先，德国媒体一向采取批判态度。在德国，媒体肩负着舆论监督之职责，批评表示自己不与政治界、经济界“同流合污”，上到政府、政党，下到政商人士，都是潜在的批评指责对象。相比于取得的成就，德国媒体更倾向于关注不足，从而督促政府加以改进。当德国媒体把这种批判的态度带到对中国的报道中，对中国的批评和指责也就不足为奇，毕竟德国媒体不仅批评自己的政府，对自己的盟友美国政府也不客气。

其次，德国媒体具有政治倾向性，且受国家和政治集团利益的驱使。正如上文所述，德国媒体绝对客观公正的报道是没有的，在报道中国新闻时，他们既会掺杂自己的政治倾向，也难以摆脱背后的国家和政治集团的影响。随着近些年来中国的崛起，德国愈发视中国为强劲的竞争对手，担忧自身利益会遭到威胁。在此背景下，德国媒体就成为了德国国家和某些政治集团的传声筒，具体表现在报道中，则是与德国利益相悖时，则负面报道中国，若是符合德国利益，则正面报道中国，然而事实上这种正面的报道是极少的。

最后，我们也要看到，报道中国新闻的记者有很多都不是研究中国的专家，他们往往是自由撰稿人，自身报道条件比较差，为了能够获得关注，他们往往迎合编辑，报道中国负面新闻，而面临困境的媒体为了发行量或收视（听）率，也会用一些夸张的措辞吸引德国民众的眼球，这势必加剧了对中国报道的负面倾向。

德国媒体有着自己独特的媒体环境，他们本身的批判态度、政治倾向、背后的国家和政治集团利益以及自身发展困境都在推动着其对华的不友好态度。当然，这些并不是德国媒体对华负面报道的全部因素，只是单从德国媒体环境本身来审视。但是，了解德国的媒体环境有助于我们理解德国媒体的某些想法，在再次面对他们不友好声音的时候，不仅要呼吁他们进行客观公正的报道，同时也要做到知己知彼，因势利导，加强沟通，从而在共同构建客观公正中国形象的过程中找到一个积极、有效的解决方法。

参考文献

［1］Burkart, Roland. Kommunikationswissenschaft—Grundlagen und Problemfelder. Umrisse einer interdisziplinären Sozialwissenschaft [M]. Wien, Köln: Böhlau Verlag, 1983.

［2］邓的荣. 德国媒体的挣扎与坚守［N］，社会科学报，2014 年 2 月 20 日，

第 008 版.
[3] Fechner，Frank. Medienrecht [M]. Tübingen：Mohr Siebeck Verlag，2003.
[4] 林雅华. 德国媒体发展的伦理困境与对策 [N]. 学习时报，2013 年 6 月 17 日，第 002 版.
[5] Meyn, Hermann. Massenmedien in Deutschland [M]. Konstanz: UVK, 1999.
[6] 聂晓阳. 德国媒体现状及年轻记者培养 [J]. 中国记者，2008（2），86–87.
[7] Pürer, Heinz; Raabe, Johannes. Presse in Deutschland [M]. Konstanz: UVK, 2007.
[8] 刘辰. 简析四大类型电视节目的社会功能——以德国媒体为例 [J]. 长春理工大学学报（社会科学版），2010（5），33–35.

俄罗斯媒体环境现状概览

孙　倩　李锡奎

摘　要：经过长时期发展、苏联解体及一系列变革，起源较早的俄罗斯媒体已形成了今天较为壮大的格局。而进入普京时代后，俄罗斯媒体赢得了相对平稳的发展时机。本文从大众传媒的几种主要手段——电视机构、广播电台、报纸、杂志及网络传媒等角度，对俄罗斯主要媒体形式及其机构、发展历程、运营机构、传播机构、传播内容及其受关注程度等进行了较为详细的梳理和阐释，进而从多角度呈现俄罗斯媒体环境的发展和现状。

关键词：俄罗斯媒体　报纸　电视　广播电台　杂志　网络传媒

俄罗斯媒体起源较早，却经历坎坷。经过长时期发展，特别是经过苏联解体及一系列变革，且得益于俄罗斯民族闻名于世的读书兴趣和历来对信息的强烈需求，加上普京时代以来相对平稳的发展时机，因而促使俄罗斯媒体发展至今已形成了较为壮大的格局。俄罗斯媒体主要包括电视、报纸、广播、杂志、网络、电影及音乐等类型。在此，我们对其中几类与信息传播密切关联的媒体类型进行梳理和阐释，以期呈现俄罗斯大众传媒的总体概貌。

一、报纸

俄罗斯人喜欢阅读报纸的习惯历史悠久且驰名于世，去过俄罗斯的人都有过这样的印象：在俄罗斯的地铁里、公交车上、公园里随处可见人们手拿报纸专注地阅读。近些年来，随着资本主义市场经济在俄罗斯的发展，崇尚物质追求的理念对崇尚精神追求的传统观念有所冲击，但这并未改变俄罗斯人阅读报纸的喜好。目前，在俄罗斯年发行量多且比较受重视的报纸有：《消息报》《生意人报》《公报》《俄罗斯报》《共青团真理报》《俄罗斯商业咨询报》《莫斯科共青团员报》《独立报》《新报》《新消息报》《莫斯科新闻》《论据与事实报》《真理报》《劳动报》《文学报》《文化报》《文学俄罗斯报》《文学的白天》《书评报》《报纸报》《莫斯科晚报》《苏维埃俄罗斯报》《议会报》《经济与生活》《话语报》《明天》《探索报》《教会通讯》及《商人报》等。2014 年俄罗斯十大报纸（根据摘引指数）排名如表 1[①]所示。

---

① 数据来源：http://www.mlg.ru/ratings/federal_media/3371/0/0/.

表 1　　2014 年俄罗斯十大报纸排行榜

排名	排名升降	报纸名称	摘引指数
1	1	《消息报》	196 236.91
2	–1	《生意人报》	156 278.50
3	0	《公报》	115 223.20
4	0	《俄罗斯报》	86 050.40
5	0	《共青团真理报》	27 996.16
6	1	《俄罗斯商业咨询报》	17 477.05
7	–1	《莫斯科共青团员报》	16 802.69
8	1	《独立报》	12 798.59
9	–1	《新报》	11 891.82
10	0	《新消息报》	5 636.50

结合表 1 相关数据，我们对俄罗斯最受欢迎、阅读量最高的几种报纸从主办机构角度加以分类介绍。

第一类是由国家、政府或地方政府、党派直接或间接掌控的报纸。如《消息报》《俄罗斯报》《俄罗斯消息报》《议会报》《莫斯科共青团报》《真理报》及《苏维埃俄罗斯报》等。

《消息报》以纸质及电子版形式发行。有 12～48 版面。纸张规格为 A2。周一至周五每日发行。它是 2014 年俄罗斯摘引率最高的报纸。其性质为社会政治性。该报 1917 年 3 月创刊于彼得格勒，为原苏联最高苏维埃机关报，是孟什维克和社会革命党人控制的报纸。十月革命后归布尔什维克领导，后迁到莫斯科出版。20 世纪 90 年代苏联解体后，《消息报》成为政治和金融寡头们争夺的重点报纸，在苏联解体后曾一度属于“职业传媒”（Проф-медиа）集团所有，2005 年夏天，“职业传媒”将该报纸 51%的股份卖给了俄联邦石油工业公司–媒介集团，自此受国家政府掌控。2011 年《消息报》由有限责任公司“阿依纽斯”（Айньюс）负责发行。《消息报》主要对发生在俄罗斯国内外的文化、体育、社会、科技方面事件进行报道，但对政治经济领域比较侧重，报纸上有专门人员对复杂问题进行分析与评论。2007 年 5 月，俄罗斯文化学副博士叶甫盖尼·安德烈耶夫对《消息报》进行了定性分析，他指出：《消息报》是详细报道俄罗斯国内外政治、经济、文化、体育、信息科技及其他领域的一类报纸。其文章的作者，除了新闻工作者外，还有一些对于广大读者而言声名远扬的专家，如沃利斯基、瓦罗晋、哈嘎马达等人，这些人的加入也使得《消息报》的需求量增大。他认为，《消息报》为有高学历的知识分子专门打造，且《消息报》对事件进行自由客观地报道，为知识分子阶层所青睐。

《俄罗斯报》作为全国性日报，由俄罗斯政府直接创办，主要发布政府各种文件及法律法规。同样的官方报纸还有《俄罗斯消息报》和《议会报》。

《莫斯科共青团报》在莫斯科政府控制之下，其既有高质量的政治、经济、时事报道，又对各种轰动消息进行报道、揭露丑闻，迎合了当今文化背景下的读者需求，结合了高质量报刊、大众化报刊和小报三种不同类型报纸的特点，为不同层次的读者所广泛接受。

《真理报》为政党性报纸。1991 年苏联解体前为苏共中央机关报，每日发行，是苏联最有影响力也是主要的报纸。苏联解体后，由俄罗斯共产党掌控，为俄共机关报，每周发行三次，为左派思想公开讨论的阵地。同样，《苏维埃俄罗斯报》是一份亲共产党的报纸。

第二大类是大众生活化报纸，如《共青团真理报》和《论据与事实》等。

《共青团真理报》分为周一至周六出版的日报，及每周三出版的增大版面的周报。纸张规格为 A3。该报创立于 1925 年，曾一度为共青团中央委员会机关报，是“共青团中央”的舆论工具。1999～2000 年改革后，注意力转向社会专栏，关注名人生活，供读者娱乐，已成为俄罗斯最受欢迎的综合性娱乐报纸之一，供各层次读者阅读。该报虽对政治的关注减弱，但同时留出了较小版面进行政治事件报道。

同类的大众化报纸还有《论据与事实报》。该报于 1978 年由原苏联知识协会创办，1980 年改革后作为周报以 A3 纸张规格出版，报道内容涉及社会各阶层读者关心的热点，特别注重报道与普通百姓利益切身相关的信息，如突发事件、政权、社会、经济、文化、体育、休息与旅游、家庭、园艺、网络世界等。设有“论据与事实–健康”、“论据与事实–爱情”、“论据与事实–休闲”、“论据与事实–厨艺”等多个主题副刊。

第三大类为经济类报纸，如：《生意人报》《经济与生活》《俄罗斯商务咨询报》《新闻报》及《商人报》。

《生意人报》周一至周六每日出版，纸张规格为 A2，为偏商业报纸。深受商业和金融界人士的喜爱和认可。《生意人报》于 1989 年开始出版，属于第一份非国家及垄断集团所有的私人独立报纸。主要对俄罗斯国内外大事及经济、贸易、文化及体育方面进行报道。自创立以来《生意人报》发展迅速，2003 年一项对 50 个大型公司和商业团体的调查问卷结果表明，《生意人报》已经进入了客观报道经济问题的领导者行列。2009 年 5 月 TNS 媒体信息公司通过中央电视和广播对俄罗斯出版物的摘引率进行综述。调查结果显示，

《生意人报》《俄罗斯报纸》与《消息报》已成为俄罗斯新闻界政治经济新闻的主要播报源。2009 年 11 月 30 日，俄罗斯前总统德米特里・梅德韦杰夫向报纸编辑部发出了庆贺其创立 20 周年的祝贺电报，电报中提到作为经济类报纸，《生意人报》在 20 年内站在了俄罗斯国内大众传媒的先行者行列，这与其高运作效率、精准的分析与对新科技的专业使用是有很大关系的。与此同时，它不断改变，与时俱进，增加报道板块，也使得其读者数量增大。（贾乐蓉，2008）近年来有迹象表明该报正由经济类报纸向综合类报纸转变。

《公报》于 20 世纪 90 年代末期由英国的《金融时报》、美国的《华尔街日报》与荷兰的“独立媒介”集团共同创办，是一份典型的高质量金融、经济日报。

同类的经济报纸还有《经济与生活》《俄罗斯商务咨询报》《新闻报》及《商人报》。

二、电视

电视可以说是俄罗斯媒体业最重要的一个部分。俄罗斯的电视业起始于 20 世纪 30 年代，由苏联科技人员开始实验性的开播工作。经过 80 多年的发展与变革，俄罗斯电视业已获得长足发展。20 世纪 90 年代以来，电视网在俄罗斯也得到了快速发展。长期以来，在俄罗斯较受欢迎的电视机构有：第一频道（Первый Канал）、独立电视台（НТВ）、俄罗斯-1 频道、俄罗斯国家电视台（РТР）、СТС 电视网、ТНТ 电视网、文化电视台、生活新闻频道、俄罗斯 24 频道、RT 频道、Рен–ТВ 电视台、中心电视台、电视 3 频道。据最新数据统计结果，2014 年俄罗斯电视频道收视率排行榜如表 2①所示。

表 2　2014 年俄罗斯电视频道收视率排行榜

排名	排名升降	大众媒体	收视指数
1	5	生活新闻频道	57 990.40
2	–1	俄罗斯 24 频道	38 806.64
3	–1	第一频道	19 076.16
4	0	独立电视台	18 203.72
5	–2	《雨》频道	13 810.86

① 数据来源：http://www.mlg.ru/ratings/federal_media/3371/0/0/。

续表

排名	排名升降	大众媒体	收视指数
6	–1	RT	13 324.28
7	0	俄罗斯-1 频道	9 618.15
8	新	电视台	4 503.13
9	0	中心电视台	3 953.70
10	–2	欧洲新闻	3 825.76

结合表 2 数据，下面对收视率位居前列的几家电视频道进行较为详细的介绍。

第一频道。第一频道原名为俄罗斯公共电视台（OPT），2002 年 9 月更为现名。第一频道是俄罗斯首家公共电视机构，总部设在莫斯科，其前身是苏联中央电视台一台。苏联解体后，该台被改组为奥斯坦斯诺电视公司，1995 年 4 月又被改组成立股份制的公共电视台，国家占 51%的股份，其余股份为私人所有。该频道的节目有影视剧播放、新闻、音乐类节目、信息娱乐性节目、知识类节目、社会政治和分析类节目。其信息节目“时间”、社会分析类节目“时间会证明”、早间频道“早上好”及晚间新闻都有着稳定的收视率。而其每隔一段时间播放的带字幕新闻对俄语学习者也有很大的吸引力。

俄罗斯国家电视台。俄罗斯国家电视台是俄罗斯的中央电视台，成立于 1991 年 5 月，属于全俄国家广播电视公司，该公司旗下还包括国家文化频道、体育频道、24 小时新闻频道“俄罗斯 24”、80 家地方性国有电视频道、RTR–Planeta 全球卫星服务公司和几家国家广播电台等。电视台的主要节目类型有信息节目、政论节目、脱口秀、游戏节目、大型艺术和纪录电影、音乐和体育节目、电视连续剧等。其中新闻联播《消息》是俄罗斯最有影响力的节目之一，在俄罗斯所有电视台的信息分析类节目中拥有的观众最多，曾于 1995 年和 2001 年获得“最佳节目信息”称号。俄罗斯国家电视台的观众超过 117 百万人，有 98.5%的俄罗斯居民观看此电视频道。

独立电视台。独立电视台于 1993 年 10 月 10 日开始播放节目，是俄罗斯唯一一家全国性私营电视公司。其报道观点独立，视角独特，节目灵活多变。电视台的主要节目有新闻与分析类节目“今天”、早间节目“早晨”、体育类节目“足球联盟杯”、法律节目“陪审员法庭”、瘦身减肥节目“我在瘦”以及一系列的幽默节目、政论性节目、音乐与“商业秀”节目以及电视连续剧等。

CTC 电视网。CTC 电视网成立于 1996 年 12 月 1 日，是第一个建立在与地方电视台合作基础上的俄罗斯网络电视台，同时也是俄罗斯最大的商业广播电视机构，属于俄罗斯媒体公司“CTC 传媒”，为瑞典控股传媒公司《现代集团》的子公司。CTC 电视网主要播放大量电影，电视剧，动画片及娱乐节目。目标观众群为从 10 岁至 45 岁的年轻人。2014 年 CTC 电视网在俄罗斯的覆盖率为 96.1%。

三、广播

俄罗斯收听率较高、较受大众欢迎的广播电台有：“俄罗斯之声”、“俄罗斯广播”、“俄罗斯国家广播”、“灯塔”、“莫斯科回声”、“俄罗斯新闻服务”、“自由广播”、“莫斯科正在说”、“生意人–FM”、“生意–FM”、“消息–FM”、“马克西姆”、“蒙特–卡罗”、“我们的广播”。下面对几家重要电台加以分类介绍。

1. 国有电台

“俄罗斯国家广播”电台（Радио России）创办于 1990 年 12 月 10 日，现为俄罗斯联邦国家电台，属于俄罗斯国家广播电视公司，每天 24 小时以中波和短波播放节目。目前“俄罗斯国家广播”电台的节目听众覆盖面广，新闻节目比重较大，主要为分析性信息节目和大量材料的政论文，以关注严肃文化和社会焦点为主，其他的节目涵盖了音乐、娱乐、文学、儿童、军队、农业、医学等领域，同时面向社会底层人群，是为所有人而播的真正广播。

“灯塔”（Маяк）广播电台于 1964 年苏联政府批准成立，苏联解体后成为俄罗斯重要的全国性国有电台。“灯塔”电台是一个既传播信息又播放各种音乐的广播电台。节目类型包括：新闻、各种性质的音乐节目、直播音乐会、早间幽默节目、文化教育类节目、专访、祝福点播、广播电影、互动板块等。“灯塔”台的信息量很大，每 15 分钟插播新闻，主要发布国家信息领域的政策和政府、国家杜马及各个部委的消息。“灯塔”台每天播音 19 小时 15 分钟，其中最受欢迎的节目之一是西蒙诺夫主持的政治评论节目“人民与政府”，在节目中，听众有机会向政府高官提问。

“俄罗斯之声”（Голос России）广播电台成立于 1929 年 10 月 29 日，是目前俄罗斯专门从事对外广播的国家电台。此电台以向国际社会介绍俄罗斯生活、文化，推广俄语为自己的任务，并以俄罗斯的观点来分析播报在世界上发生的各类新闻。至今为止，“俄罗斯之声”广播电台用俄语和除此之外的 43 门语言进行广播，观众分布在 160 个国家，共达到 1.09 亿人。“俄罗斯之声”广播电台已成为最受欢迎的五大国际广播之一。

2. 商业电台

“俄罗斯广播”（Русское радио）电台开播于 1995 年 8 月，是一个以音乐节目为主却仅播放俄罗斯音乐的商业广播电台。“为心灵的音乐”是这家电台选择的标准。这些歌曲包括经典老歌和本土流行音乐，引起俄罗斯听众强烈共鸣，收听率迅速上升。该台听众多为受过高等教育的人士、大学生、企业家、家庭主妇等。值得一提的是，虽然其只播放俄罗斯音乐，但此并非绝对，有时歌曲中外文词与俄语词的比例可高达 1:1。2012 年，在俄罗斯出版与大众广播部发布的《2012 年广播业报告》中，“俄罗斯广播”电台就收听率排名第一。

“莫斯科之声”（Эхо России）自 1990 年 4 月 22 日开始广播，当时名为“广播–M”。1991 年 4 月因公然反对国家紧急状态委员会而出名。“莫斯科回声”是以播放新闻为主的电台，同时提供及时的评论、采访、报道、述评等内容，主要项目有政治新闻、文化新闻、嘉宾访谈及与观众互动交流等。“莫斯科回声”在俄罗斯、独联体、美国和波罗的海国家超过 40 个城市进行 24 小时广播。

俄罗斯较为知名的商业电台还有：“欧洲加”、“马克西姆”、“莫斯科在说”等。值得一提的是，俄罗斯大多数商业电台都是音乐台。

四、杂志

自苏联解体以来，俄罗斯杂志出版业一直处于快速发展阶段，其影响力在俄罗斯民众的生活中逐渐显现。鉴于俄罗斯杂志种类极其繁多，我们首先依据杂志内容进行简单分类介绍。

政治—时事新闻类杂志：《综述》《俄罗斯新闻周刊》《地球回声》《政治杂志》《政治阶级》《俄罗斯与当代世界》《开放政治》《国际生活》及《七日》等。

商务财经类杂志：《金钱》《公司》《俄罗斯焦点》《公司秘诀》《金融》《俄罗斯福布斯》《俄罗斯商务咨询》《经济问题》《商业杂志》《竞争与市场》及《我们的事业》等。

科技类杂志：《通信世界》《通讯系统与网络》《斯纽斯》《科学与生活》及《科学与宗教》等。

文学杂志：《文学问题》《新世界》《旗帜》《十月》《星星》《莫斯科》《涅瓦河》《青年近卫军》《青春》《小说月报》《文学学习》《新评论》《现代人》《当代戏剧》《外国文学》《中学文学》《陆地》及《远东》等。

生活类杂志：《女农民》《21 世纪狩猎与垂钓》《自动驾驶仪》《海报》《俄罗斯》及《大城市》等。

社会历史学杂志：《哲学问题》《自由思想》《话语》《言论》《逻各斯》《历史问题》《俄罗斯历史》《历史档案》《俄罗斯历史杂志》《现代史和当代史》《历史车队》《我们的遗产》《博物馆世界》《斯拉夫学》《知识就是力量》《社会人文知识》《社会科学与当代》《社会学研究》《社会学：理论、方法、市场经营学》《民族学评论》等。

综合周刊：《星火》及《丽莎》等。

下面简略介绍目前俄罗斯阅读量较高的几种杂志。

《俄罗斯福布斯》（Forbes Russia）。该杂志为财经杂志、月刊。其阅读材料多关于经济、生意、前程、生活方式等，提供题材、评论、排行榜和调查。每期杂志都有对下一期杂志的预告。

《专家》（Эксперт）。该杂志为商务周刊，创办于 1995 年 7 月。阅读材料有“专家”、“乌拉尔专家”、“西北部”、“哈萨克斯坦”、“数字世界”、“自主专家”、“设备”、“西伯利亚专家”等，还有关于订单的信息。《专家》的宗旨是促进俄罗斯企业的发展，帮助他们在现代经贸的复杂世界中辨明方向。

《俄罗斯杂志》（Русский журнал）。该杂志为每日网络出版物。阅读材料多涉及政治、经济、文化等。它设有对出版物的讨论部分。

《综述》（Итоги）。该杂志为社会政治性周刊。它创办于 1996 年，是俄罗斯国内权威的时事新闻分析类杂志。《综述》杂志在莫斯科和俄罗斯各大城市以及独联体国家的首都发行。最新资料显示，《综述》在社会政治周刊排行表中处于领先地位。

《新时代》（Новое время）。该刊于 1943 年 6 月在莫斯科创办，曾是苏联唯一的新闻周刊，具有浓厚的政治色彩。如今它也对经济、体育、文化、社会生活方面进行报道，已无严重政治倾向。现杂志每周一出版，篇幅为 64 页。

《金钱》（Деньги）。该杂志为商务财经杂志。它讲述如何挣钱、存钱、花钱，著名企业成功和失败的原因，最有前景和收入最高的职业，如何升迁，在选择商品和服务的时候应该知道什么，谁在控制俄罗斯今天的金融等内容。

《公司》（Фирма）。此杂志主要对贸易领域的新闻进行精确报道，并分析经济发展的走势，讲述成功企业的经验，分析公司管理和营销领域的新决策，以及介绍最新鲜的生意经。读者定位主要针对 24 岁～35 岁受过高等教育的高收入人群、私人公司老板和高级经理人。

总的来说，近年来在俄罗斯财经商务类杂志发展迅速，占领了报刊业相当大的市场。这一变化也是俄罗斯人民经济意识增强的体现。

五、网络

随着计算机的普及，网络也作为一种新的传媒方式呈现在人们面前。据统计，2014 年俄罗斯点击率最高、以播报时事为主的网络地址有以下几个，其排名如图 1[①]所示。

---

① 信息来源：http://www.mlg.ru/ratings/federal_media/3371/2014/。

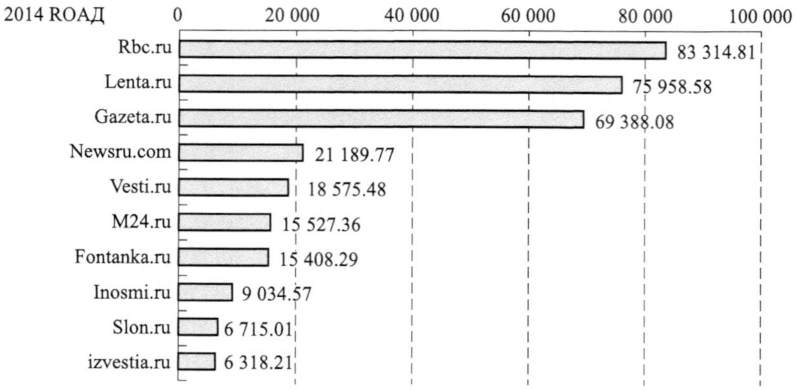

图 1 2014 年俄罗斯十大网站排行榜

根据图 1 数据，我们现对排名前列的五大网络媒体进行了进一步分析阐释。

Rbc.ru 为俄罗斯商务咨询传媒集团的新闻网络刊物，创立于 1993 年。网页设有《俄罗斯商务咨询报》《俄罗斯商务咨询杂志》及（CNews.ru）高科技类杂志的电子链接。网页对国内外政治经济新闻进行实时播报，并附有专家评论，对俄罗斯国内重要新闻，如“涅姆佐夫之死”、“乌克兰危机”、“制裁战争”、“克里米亚”等问题的报道进行集中整理、划分板块。除此之外，本网站还提供大量商务信息，如俄罗斯及世界交易所的财政数据、汇率、贷款、证券市场等消息；对体育、汽车、医疗等方面的新闻也略有涉及。

Lenta.ru 是俄罗斯最领先的网络新闻刊物之一。1999 年由网络活动家安东·纳西克（Антон Носик）在官方支持下创办。该网络刊物对世界上正在发生的，尤其是对俄罗斯及前苏联成员国有重要影响的新闻进行实时播报。新闻分为金融、经济、权力机构、高科技、文化、体育、网络与大众传媒、汽车、房地产、第一次世界大战、生活、图书等多个模块。2013 年 4 月在 comScore 公司进行的一项调查中，《Lenta.ru》新闻网络刊物就浏览量而言在欧洲新闻网站中排名第五。

Gazeta.ru 为俄罗斯领先的网络社会政治新闻出版物之一。成立于 1999 年。其主要对俄罗斯国内外政治、经济、社会、科学、文化、体育、汽车等方面的新闻进行实时播报，并设有专家评论及采访环节。根据 2014 年 LiveInternet 的数据统计，Gazeta.ru 在俄罗斯新闻与大众传媒的一系列机构中就浏览资源而言排名前五。《Gazeta.ru》的应用程序在苹果 IOS 系统、安卓系统、塞班系统和 MeeGo 系统的移动客户端均可免费获得并使用。

Newsru.com 新闻网络刊物创办于 2000 年，设有俄语及乌克兰语两种语言，对俄罗斯国内外新闻进行实时播报，并设有经济、宗教、犯罪、体育、文化、科技、医学、汽车、不动产、莫斯科新闻、外媒播报、刊物短评等板块。

Vesti.ru 新闻网络刊物于 1999 年以俄罗斯著名政治学家格列布・帕夫洛夫斯基之名注册。在同一时间，格列布・帕夫洛夫斯基与网络活动家安东・纳西克共同创办了同名网络报纸。网页主要分为新闻、视频、图片、转播及服务等五个板块，并对重要主题新闻进行大篇幅、多次集中整理报道。网页设有俄罗斯各大电视、广播频道的链接及其部分的转播新闻。

参考文献

［1］陈雪. 俄罗斯商业杂志市场的现状和前景［J］. 西伯利亚研究，2010（2）：51–53.

［2］贾乐蓉. 当代俄罗斯大众传媒研究［M］. 北京：中国广播电视出版社. 2008.

［3］贾乐蓉. 俄罗斯报业市场分析［J］. 新闻与传播研究，11，（3）：57–64.

［4］贾乐蓉. 俄罗斯电视结构的主要特征［J］. 域外声屏，2014（1）：47–51.

［5］李玮. 21 世纪俄罗斯大众传媒模式论［J］. 文明与文化，91–97.

［6］李玮. 俄罗斯报业概览［J］. 中国报业，2009（9）：70–73.

［7］李宇. 俄罗斯电视业微探［J］. 域外传播，2012（12）：57–58.

［8］吴非，胡逢瑛. 俄罗斯传媒体制创新［M］. 广州：南方日报出版社. 2006.

［9］谢飞，刘秀文. 俄罗斯当代广播业现状与发展［J］. 中国广播，2013（11）：5–8.

［10］谢飞. 俄罗斯广播电台的当代发展模式［J］. 今传媒，2009（5）：91–97.

［11］严功军. 当代俄罗斯传媒转型透视［M］. 成都：重庆出版社，2006.

［12］赵永华. 当前俄罗斯新闻周刊的发展前景与态势剖析［J］. 环球视窗，2008（11）：65–69.

法国传媒综述

阎雪梅

摘　要：简要介绍法国传媒业的发展历史，现存的法国传统媒体和新出现的媒体形式。

关键词：法国　传媒业　传统媒体　新媒体

传媒是传播信息符号的手段，兼具社会性和技术性。包括报刊、广播、电视、电影和广告等，以及不断更新的多媒体和互联网。”“传媒”一词涵盖的范围甚广，但是限于篇幅，本文只重点介绍法国传媒业中的传统媒体和新媒体的典型，即法国的报刊、广播、电视和互联网。

二战前的法国传媒

法国传媒业有着悠久丰富的历史和文化。早在17世纪上半叶，红衣枢机主教黎世留任首相期间，法国就出现了第一份周刊。到了18世纪下半叶，在启蒙思想的深刻影响下，法国第一份日报《巴黎日报》于1777年元旦应运而生，拉开了法国国内争取新闻自由斗争的序幕。

1789年法国大革命爆发后，国民议会在8月26日颁布了《人权和公民权宣言》(简称《人权宣言》)，其中第11条规定：“思想与言论的自由交流是人类最宝贵的权利之一。因此，每个公民都享有言论、著作和出版自由，但在法律限定范围内，应对滥用此项自由承担责任。”《人权宣言》在人类历史上首次提出了新闻出版自由的原则，同时也确立了防止滥用新闻自由的原则。受惠于该宣言的法国报刊业出现了蓬勃发展的势头，最终却受制于当时的历史条件而变成昙花一现。尽管如此，法国的《人权宣言》对之后的国内新闻出版业乃至世界传媒业所带来的影响确是持久而深远的。

1881年7月，法兰西第三共和国颁布了《新闻自由法》，解除了对新闻自由的重重桎梏，预告了法国现代报业辉煌时代的到来。该法案沿用至今，成为世界上施行时间最长的一部新闻自由法。时至今日，它和《人权和公民权宣言》同样依然是法国新闻出版业法律制度的基石。

1835年，查理·哈瓦斯创办哈瓦斯通讯社，这是法国的首家通讯社，也是世界上第一个通讯社。

自 19 世纪 30 年代真正意义上的现代报刊诞生开始，历经半个世纪，法国报业逐渐进入了蓬勃发展的辉煌时期。直至两次世界大战间，法国开始形成资本高度集中的报业垄断趋势因第二次世界大战的爆发而终止。

二战后至今的法国传媒业

总体看来，法国现今的报刊、电台、电视台多创办于二战之后。

1944 年法国本土解放后直至 1945 年年初，法国政府先后颁布了一系列法令，对报刊的创办、复刊等诸多方面均做了具体规定，例如，凡是二战期间在敌占区出版超过 15 天的报纸不许继续出版。法国政府对报业的重组彻底打破了先前的国内报业格局：有的停刊，有的复刊，有的创刊——二战期间曾在纳粹德国的统治下发行的报纸几乎全部停刊；而少数二战前创刊却由于拒绝屈从纳粹德国而被迫停刊的报纸，如《费加罗报》《震旦报》等则相继复刊；还有一些新报刊，或者其前身是二战期间法国国内抵抗运动组织创办的刊物，或者是作为政党喉舌的机关报，等等。

二战后的法国的广播电视与报业有着相同的命运。1945 年，法国政府颁布法令，宣布将广播和电视收归国有，禁止私营的商业广播和电视台的存在。这种国营的广播电视业格局直到 20 世纪的 80 年代才有所改变。1982 年，法国通过了《视听通信法》，允许私人开办民营电台。三年后出现了商业电视台。1986 年又通过了《传播自由法》，进一步确立了公、私营并存的体制。因而，自 20 世纪 80 年代开始，法国政府逐渐取消了对传媒业的垄断和控制，坚持文化多元化的原则，鼓励媒体之间的良性竞争。

一、法国的报刊

二战结束后，法国的报刊业开始呈现出一片欣欣向荣的景象。20 世纪四五十年代的法国，虽然广播和电视均已出现，但尚未得到广泛普及，报刊依然是法国人及时获取最新资讯的重要渠道。而自 20 世纪六七十年代以来，随着新传媒技术的出现和迅猛发展，再加上法国政府对报刊业的财政支持也日益缩减，法国的传媒业陷入前所未有的困境，尤其是法国报刊的发行量自 2008 年世界金融危机以来也呈现持续小幅下降的趋势。

（一）日报

从报纸的发行量看，在法国排名前十位的全国性日报依次为《今日巴黎人报》《费加罗报》《世界报》《队报》《回声报》《解放报》《十字架报》《论坛报》《人道报》和《法兰西晚报》。这些报纸各自的办报方针和政治倾向不同，其目标受众也各不相同。而由于各自不同的社会阶层、学历、职业、兴趣等读者们对所读报纸的取向也有所分别。

一般来说，除了社论和某些言论版面，大多数报纸的新闻报道没有强烈的政治倾向，笔调中性，持客观立场。而如“二战”结束初期那样代表着某个政党或政治派别、政治倾向性鲜明或者宣扬宗教主张之类的报纸现今已经为数不多。

根据所报道的消息内容和性质，法国的全国性日报可分为三大类：综合性日报、专题类日报和免费日报。与法国不同地区的地方性日报相比，全国性日报的竞争相当激烈。其中最具影响力的三大全国性日报分别是《费加罗报》《世界报》和《解放报》。

《费加罗报》（Le Figaro）是现今法国国内发行量最大的全国性日报。它创刊于1826年1月15日，距今已189年，是法国历史最悠久的报纸。《费加罗报》是综合性日报，内容丰富，注重社论和深度评论，读者多为受过高等教育的商界人士和高级职员。

《世界报》（Le Monde）创刊于1944年12月18日，是法国第二大全国性日报，也是法国在海外销售量最大的日报，具有较高的国际知名度。《世界报》是综合性日报，内容全面，信息量大；报道态度严肃，注重分析解释性报道、深度评论及政要专访；读者以法国及法语国家地区的政治、经济界人士和知识分子为主。也有人认为该报同政府关系日趋密切，其社论或国际问题评析与法国政府的观点和立场基本一致。

《解放报》（La Libération）与《费加罗报》和《世界报》一样，同为法国的主流报刊之一。这家第三大综合性全国日报创办于1973年，内容严肃，注重报道深度，读者主要为中产阶级、高级知识分子和行政管理人员。

除了上述三大综合性全国日报之外，《今日巴黎人报》《十字架报》《人道报》和《法兰西晚报》也是在全法国有影响力的主流报纸。

《今日巴黎人报》（Le Parisien Aujourd’hui en France）的前身是创刊于1944年的《解放了的巴黎人报》（Le Parisien Libéré），1986年更名为《巴黎人报》（Le Parisien），是在巴黎周边地区享有盛誉的综合性日报。该报在法国其他地区发行的版本被称为《今日法国报》（Aujourd’hui en France）。

《十字架报》（La Croix）是全国性的天主教日报，创刊于1883年。该报曾于2006年和2012年先后两次获得法国最佳日报奖，分别排名第一和第二（仅次于《解放报》）。

《人道报》（L’Humanité）创办于1904年，是法国共产党的机关报。这份具有明显政治倾向性的日报在报道国际国内新闻的同时也在维护和宣传法国共产党的政治立场和政治主张。

《法兰西晚报》（France-Soir）的报道重心是社会新闻，经常刊登引人瞩目的社会奇闻轶事，受众以法国中产阶层读者为主。

与综合性日报相比，法国的专题类日报市场相对稳定，尤其是诸如《队报》《回声报》和《论坛报》等体育、财经类报纸的发展势头良好。

1946年创刊的《队报》（L'Équipe）是法国国内当之无愧的第一大体育报，其发行量仅次于《今日巴黎人报》《费加罗报》和《世界报》，居全国日报排行榜第四位。

《回声报》（Les Échos）是法国国内最具权威性的经济日报，创刊于1908年，主要报道法国国内外的财经新闻，侧重于宏观和微观的政经分析、企业研究、股市信息等，读者多为经济、金融和企业界人士。

《论坛报》（La Tribune）是法国财经类全国性日报，创刊于1985年。其报道内容以时事和国内国际财经新闻为主，涉及工业、服务业、高科技、企业管理等多个方面。《论坛报》自创刊之日起就成为《回声报》的最有力竞争者，这种两强相争的格局一直持续到2012年1月30日最后一期的纸版《论坛报》日报。自那以后，《论坛报》不再有纸版的日报，而是改为网络版日报和纸版周报分别发行。

与全国性日报相比，地方性日报的报道重心是地方新闻资讯，且发行量往往比前者大得多。最著名的地方性日报是在法国西部地区影响很大的《法兰西西部报》（Ouest–France），其发行量居全国报纸之首，超过了两大全国性日报《费加罗报》和《世界报》的发行总量之和。按照发行量排名，位于第二至第十位的地方性日报依次为：《北方之音报》（La Voix du Nord）、《西南日报》（Sud Ouest）、《解放的多菲内报》（Le Dauphiné libéré）、《进步报》（Le Progrès）、《南方邮报》（La Dépêche du Midi）、《中西部新共和国报》（La Nouvelle République du Centre–Ouest）、《山报》（La Montagne）、《布勒斯特电讯报》（Le Télégramme [de Brest]）和《普罗旺斯日报》（La Provence）。

近三十年来，法国报刊业的一个新现象是免费报刊的蓬勃发展。这类报刊主要用于刊登招聘启事、买卖房屋和汽车等各种广告，覆盖面广，深受法国人的欢迎。其中，三大全国性免费日报分别是创刊于1995年、2002年、2007年的《地铁报》（Métro）、《20分钟报》（20 Minutes）和《晨报直播》（Direct Matin）。

（二）期刊

法国期刊种类繁多、五花八门，涉及法国人生活的方方面面，除了销量较好的体育、文化、电视类期刊，其他诸如经济、科技、女性、宗教、烹饪、旅行、男性、老年、健康、汽车、园艺、电影等类刊物也各有自己的固定读者群。

发行量最大的刊物首推电视类期刊，例如《电视周刊》（Télé 7 jours）和《袖珍电视报》（Télé poche）的发行量均达一二百万份。

最具影响力的期刊则是新闻类周刊，例如报道明星、欧洲王室等名人和上流社会消息、图片新闻丰富的《巴黎竞赛报》（Paris-Match），以及注重深度连续报道、言辞较为激进的《新观察家》（Le Nouvel Observateur）。另外，创办于1953 年的《快报》（L'Express）是法国最早的新闻周刊，注重调查性报道和新闻分析，政治倾向较明显，读者主要是中产阶级和高级知识分子。《观点》（Le Point）也是法国主流新闻周刊之一，重时事评论，刊载各种不同政治倾向的专访和分析文章。

自 20 世纪 80 年代以来，传统报刊面临的困难不断增多，在经济危机、自由化及互联网等新媒体的竞争等的冲击下，法国报刊业面临着严峻的生存危机，报刊的发行量几乎都是连年下降；然而报纸自身的传统优势（专业的新闻渠道、专业的采编人员、专业的深度解析等）决定了在新媒体时代，报刊仍有其继续存在的理由和不可替代的作用。

二、法国的广播和电视

法国在 1922 年成立了第一家广播电台，迈出了国内广播事业的第一步。直至第二次世界大战爆发前，法国本土已经形成了遍布各地的广播网。

而法国电视也同样起步于“二战”前，首个节目播出时间是 1935 年 4 月26 日。不过，直到 20 世纪 60 年代末才初步形成了全国规模的电视网。

“二战”后，法国的广播和电视均由政府接管，广播电台和电视台随之成为国家的公共服务部门，形成了长达 30 多年的由政府主控的国营广播电视系统。

随着 1982 年的《视听通信法》和 1986 年的《传播自由法》的颁布实施以及 1989 年高等视听委员会的成立，法国逐步取消了政府对国内广播电视的垄断控制，允许商业广播电视的出现，旨在促进法国广播电视媒体的开放与自由发展。

（一）法国广播电台

法国的广播电台分为公共和私营两类。

最重要的公共广播电台就是法国广播电台（Radio France）。它的前身为1922年创办的第一座广播电台。“二战”后，该广播机构先后经过多次改组和调整，从 1982 年开始成为法国国内独立的公共无线电广播机构。既有面向法国本土的全国性广播节目，也有面向巴黎的地区广播节目。既有 24 小时播出的综合性节目，也有音乐专题类节目，或者涉及文学、电影、科技等不同领域的文化知识类节目。

法国国际广播电台（Radio France Internationale）同样是国营广播电台，创建于 1931 年 5 月 6 日，“二战”期间停播，1945 年 1 月 1 日恢复对外（欧洲和北非）广播。目前其收听率排名世界第四位，是仅次于英国广播公司、美国之音和德国之声的国际广播电台。

法国于 1982 年开放了国内商业广播后，私营电台大批出现。迄今为止，其市场占有率早已超过了公共电台。

相对于报刊而言，法国广播业的总体发展趋势较为稳定，受新媒体影响相对较小。

（二）法国电视台

自 1984 年法国政府允许私有电视台的出现之后，法国的电视业与广播业一样形成公、私营并存的模式。

目前法国有七家全国性的电视台，其中四家为国营电视台，分别是电视二台、电视三台、电视五台和法德文化台，其余三家为私营电视台。电视观众均可通过有线电视、卫星电视、数字电视以及网络电视等多种途径来收看电视节目。

法国电视一台（TF1）是法国最早的电视台，也是存在时间最长的电视台，1987 年以前为国营电视台，1987 年后转为民营。一台不仅仅是法国国内收视率最高的电视台，从收视率和员工人数来说更是欧洲最大的电视台。

法国电视二台（France 2）为国营电视台，原名“第二频道”，1992 年 9 月 7 日更名为法国电视二台，是第二大全国性电视台。

法国电视三台（France 3）也是国营电视台。与二台相比，三台则以面向法国不同地区的地方联播节目为主，还有其他以方言播出的电视节目。

法国电视四台（Canal+）是私营的加密电视台，以播放电影和体育比赛为主，节目均收费。

法国电视五台（France 5）是国营电视台，也是专门播出知识、培训、就业类专栏节目和记录片等的教育电视台。该台的电视节目只在白天时段（早晨 5:30 到晚上 7:00）播出，晚间 7 点到凌晨 3 点则播出法德文化台的节目。

法德文化台（Arte）也是公共电视台，由法国和德国合作运营，主要播出面向欧洲的国际性文化节目，在欧洲拥有较高的收视率。

法国电视六台（M6）是私营商业电视台，主要播放年轻观众较喜爱的电视剧和音乐文艺类节目。自 2011 年后，六台成为排在一台和二台之后的第三大最受法国人欢迎的电视台。

法国的有线电视、卫星电视、宽带网络电视和数字电视的首播时间分别是 1985 年 12 月 28 日、1992 年 11 月 14 日、2002 年 9 月 18 日和 2005 年 3

月 31 日。而随着新媒体技术的出现和应用，法国的付费电视和数字电视的发展尤为良好，法国人的收视时间以及法国电视台的收入均保持稳步增长的势头。

三、法国的互联网络

20 世纪 90 年代末因特网进入传媒领域①。随着计算机技术和网络技术的迅猛发展，互联网为传统的报纸、广播和电视提供了新的发展机遇。法国各大报社、广播电台和电视台都在努力建设自己的网站，力争不断扩大自身在网络世界的影响力。与传统媒体相比，互联网不仅突破了地域的限制，而且为读者、听众或观众提供了更多和更灵活的选择。一方面，用户可以随时随地随心所欲地上网，通过搜索引擎来查找、整合自己感兴趣的内容；另一方面，网络报刊或者广播、电视节目还具有可下载功能和点播功能，以及网站附带的商业功能，如网上订阅、短信服务、游戏娱乐等。诸多便利和优势使得媒体不仅能够获得不菲的商业利润，而且因其与受众之间的良好互动性而赢得了更多的订户，同时也提高了诸如印刷版报刊读者或者听众、观众等的忠实度和参与度。

目前，法国的网络广播和网络电视市场都呈现良好的发展势头。以网络广播为例，“2012 年，已有 41.7%的 13 岁以上法国人（约 2 200 万）通过网络听广播，这一数值是 5 年前的 2 倍。”②法国播客（Podcasts）也已形成稳定的听众群，“收听率为 78%”③。

法国互联网的订户数量连年递增，尤其是超高速网呈现强劲增长势头④。根据相关数据统计，法国的网络用户更侧重网络电话、搜索信息、网上购物等实用功能，而阅读网络版报刊、收听网络广播、收看网络电视等与娱乐性相关的功能则远远排在后面。

近年来，随着博客、论坛以及脸书（FACEBOOK）之类的社交网站的相继出现，传统媒体又面临着更多的挑战。如何更好地应对这些影响力日益扩大的新媒体的竞争，这为媒体研究者们提出了一个新的课题。

---

① ［法］弗雷德里克·巴尔比耶、卡特琳娜·贝尔托·拉维尼尔合著，施婉丽、徐艳、俞佳乐合译，《从狄德罗到因特网》，上海人民出版社，2009 年 1 月，第 324 页。

② 胡正荣、李继东、唐晓芬主编，《全球传媒发展报告（2013）》，北京：社会科学文献出版社，2013 年 12 月，第 106 页。

③ 同上，第 107 页。

④ 同上，第 112 页。

参考文献

[1]〈法〉弗雷德里克·巴尔比耶，卡特琳娜·贝尔托·拉维尼尔. 施婉丽，徐艳，俞佳乐，译. 从狄德罗到因特网［M］. 上海：上海人民出版社，2009.

[2] 胡正荣，李继东，唐晓芬. 全球传媒发展报告（2013）［M］. 北京：社会科学文献出版社，2013.

韩国媒体环境概况

崔玉山

摘　要：韩国的新闻业发展迅速，舆情报道途径丰富多样，这都与韩国拥有众多的大型新闻报业和广播电视台媒体有关。其中，韩国的新闻报纸按照地域可以分类为全国性报纸和地方性报纸，按照报纸发行的间隔期限，又可分为日报和周报。而在韩国众多的报纸当中，发行量高且具有重大影响力的全国性报纸有《东亚日报》《朝鲜日报》《中央日报》《首尔新闻》《京乡新闻》和《韩民族新闻》，其中《中央日报》《朝鲜日报》以及《东亚日报》则并称为“韩国三大报业集团”，是韩国最全面可靠的中文新闻报刊，而《韩民族新闻》则被韩国民众评选为最具可信赖度的新闻报刊。韩国的广播电视台分为国营电视台和民营电视台，其中韩国三大电视台是指韩国广播公司电视台（KBS）、韩国文化广播公司电视台（MBC）和首尔广播公司电视台（SBS）。韩国广播公司电视台是韩国国营的官方电视台，韩国文化广播公司电视台是一家民营电视台，而首尔广播公司电视台是首尔地方广播电视台。

关键词：韩国　新闻报纸　广播电视台

韩国的新闻业发展迅速，舆情报道途径丰富多样，这都与韩国拥有众多的大型新闻报业和广播电视台媒体有关。其中，韩国的新闻报纸按照地域可以分类为全国性报纸和地方性报纸，按照报纸发行的间隔期限又可分为日报和周报。而在韩国众多的报纸当中，发行量高且具有重大影响力的全国性报纸有《东亚日报》《朝鲜日报》《中央日报》《首尔新闻》《京乡新闻》和《韩民族新闻》，其中《中央日报》《朝鲜日报》以及《东亚日报》则并称为“韩国三大报业集团”，是韩国最全面可靠的中文新闻报刊，而《韩民族新闻》则被韩国民众评选为最具可信赖度的新闻报刊。韩国的广播电视台分为国营电视台和民营电视台,其中韩国三大电视台是指韩国广播公司电视台（KBS）、韩国文化广播公司电视台（MBC）和首尔广播公司电视台（SBS）。韩国广播公司电视台是韩国国营的官方电视台，韩国文化广播公司电视台是一家民营电视台，而首尔广播公司电视台是首尔地方广播电视台。

一、韩国的新闻报刊

英国特恩斯市场研究公司（TNS）[①]的韩国报刊影响力调查结果显示：2013年，韩国读者心目中“最有影响力的报纸”分别是：《朝鲜日报》(29.8%)、《东亚日报》(14%) 和《中央日报》(7.1%)。读者最喜欢看的报纸也是《朝鲜日报》（以 19.2%位列第一），其次是《中央日报》(16.9%) 和《东亚日报》(15%)。而盖洛普[②]，尼尔森[③]，特恩斯等国际调查机构于 2013 年进行的购买率及阅读率调查显示，家庭自费购买率分别是：《朝鲜日报》(16.5%)、《中央日报》(13.5%)和《东亚日报》(12.9%)。个人阅读率是《朝鲜日报》(17.7%)、《中央日报》(14.4%)和《东亚日报》(12.9%) 等。

《朝鲜日报》（韩语：조선일보）：是韩国影响力最大的新闻媒体，也是朝鲜半岛历史最悠久、发行量最大的报纸。《朝鲜日报》创刊于 1920 年 3 月 5 日，每日发行量高达 222 万份，发行量在 1999 年美国著名舆论杂志的调查中位居全世界第 10 位。世界主要的舆论媒体以“在韩国影响力最大的报纸”、“在韩国最有名的报纸”来评价过《朝鲜日报》。它是韩国 ABC 协会公认的在韩国订阅范围最广的报纸。根据韩国各大调查机构的调查结果显示，无论是阅读率、影响力它都稳居韩国第一。《朝鲜日报》以韩语发行，其名称是“조선일보”（读作 ChosunIlbo），写成汉字就是“朝鲜日报”。《朝鲜日报》名称中的“朝鲜”是韩国政府成立之前最后一个王朝的名字，与朝鲜民主主义人民共和国没有任何关系。一般来说该报的立场趋向于韩国保守派的观点。全面报道韩国政治、经济、信息技术、文娱、体育、社会等新闻，以及旅游、演艺、体育等信息。根据 ABC 最新发布的“报纸发行量报告书 2001 年 4～6 月”显示，《朝鲜日报》在此期间的日平均发行量为 2 499 963 份，是韩国发行量最多的报纸。《朝鲜日报》在盖洛普，尼尔森，特恩斯等国际调查机构于 2001 年 9 月进行的购买率及阅读率调查中也稳居国内首位。《朝鲜日报》以最大发行份数、最大影响力得到国内外的公认，被称为韩国新闻业的代言人。《朝鲜日报》发行量已无可争议地成为韩国影响力第一的新闻媒体。《朝鲜日报》的日均发行量占韩国报纸市场的三成左右。如按每户 4 口人计算，每天就有 1 千万读者在看《朝鲜日报》。

1995 年成立的数码《朝鲜日报》也正在引导着尖端多媒体时代。《朝鲜日报》的中文网站于 2000 年 12 月 27 日正式开通。该网站以《朝鲜日报》为基础，面向华人读者提供有关韩国政治、经济、社会、文化等方面的全方位新闻报道。

---

① 英国的一家调查报纸阅读率和电视收视率的市场调研公司。

② 盖洛普公司，是全球知名的民意测验和商业调查/咨询公司。

③ AC 尼尔森公司，荷兰 VNU 集团属下公司，是领导全球的市场研究公司。

《朝鲜日报》中文网站设置政治、经济、信息技术、文娱、体育、社会等新闻频道，以及社论、评论、万物相、韩中关系、热点人物等栏目。其中“韩中关系”专门用来积累有关韩中两国关系的新闻报道和有关的重要历史资料。另外，考虑到广大华人网民以年轻读者为主的特点，该网站特别设置了演艺天地、体育世界、旅游空间、古今风情四个频道。中文版在《朝鲜日报》各栏目，即在政治、经济、社会、文化、娱乐、信息技术、体育、社论中选择重要的新闻进行翻译。其中，国际新闻栏目仅提供有关朝鲜和中国的新闻，不提供其他国际新闻。此外，在《朝鲜日报》的姊妹刊《体育朝鲜》《周刊朝鲜》和《月刊朝鲜》的文章中进行筛选，翻译为中文。

在发行量方面，《朝鲜日报》的发行量在1999年美国著名舆论杂志的调查中占全世界第10位，并且在世界新闻协会的2000年版WORLD PRESS TRENDS中发行份数、订阅率、销售额等报纸相关的主要指数被列为韩国第1位。世界主要的舆论媒体以“在韩国影响力最大的报纸（THE MOST INFLUENTIAL NEWSPAPER IN KOREA）”、“在韩国最有名的报纸（A LEADING NEWSPAPER IN KOREA）”等形式来赞美过《朝鲜日报》。

在韩国国内，韩国从1993年开始实行ABC（Audit Burcau Circulation）：报纸杂志发行量公开调查制度。《朝鲜日报》是韩国31个日刊中唯一持续接受该项调查的报纸。《朝鲜日报》以最大发行份数、最大影响力得到国内外的公认，可以说韩国五名成人中有一人看《朝鲜日报》。

《中央日报》（韩语：중앙일보；英语：Joong Ang Ilbo）：创刊于1965年，与《朝鲜日报》及《东亚日报》并称“韩国三大报业集团”，是韩国最全面可靠的中文新闻报刊。《中央日报》是韩国人较爱读的报纸，以其可靠、深入的新闻报道吸引了韩国高级知识分子和高收入读者的关注。《中央日报》的整体舆论倾向性比较保守，在很多舆情的报道方面能够一定程度上代表政府的态度和倾向性。《中央日报》以经济及其社会评论为两大轴心，包括中央论坛、新闻中心、财经新闻、韩流时尚、体育、旅游、留学等多个栏目。《中央日报》是韩国较全面、值得信赖的新闻载体之一，同时也是平面媒体的创新者，其推行的编辑管理模式首获成功。《中央日报》还是韩国第一家创办教育报的媒体，致力于培养未来读者群。该报还同《国际先驱论坛》合作出版英文日报《Joong Ang Daily》。另外，中央日报集团还出版有韩文版《新闻周刊》《福布斯》和《时尚》等国际性杂志。除此之外，《中央日报》还通过因特网提供音视频的时代华纳动画片和美国有线电视新闻网新闻服务。1995年，《中央日报》创办了亚洲首家因特网新闻服务网。这家网站也一直是最受欢迎的新闻媒体网站。中央日报集团系韩国著名多媒体集团，提供包括报纸、杂志、图书出版，有线电视和因特网在内的多种服务。

《东亚日报》(朝鲜语：동아일보)：创刊于1920年4月1日，与《朝鲜日报》《中央日报》并为“韩国三大报纸”。该报现在韩国国内的发行量位居第2。《东亚日报》设立者与创刊人士们提倡“民主主义”、“民族主义”、“文化主义”。这三大精神是《东亚日报》的报刊精神，也继承下了《东亚日报》的核心价值。它文笔犀利，敢于批评，较多地反映了韩国在野人士和知识界的呼声。《东亚日报》由金性洙、朴泳孝、金弘祚、高厦柱等77名爱国人士发起主办。创刊以来，《东亚日报》为了保持韩民族的3·1运动精神，站在各种民族运动的前列。通过20世纪20年代的物产奖励运动、刻薄媒体压迫运动、私立大学设立运动等韩国国内大众性民族运动和民众启蒙运动，它给民众留下了《东亚日报》代表民众报纸的印象。韩国《东亚日报》是韩国创刊最早的报纸之一，也是发行量很大的朝鲜文对开日报。该报常规版面为每天24版，版式与日本报纸风格接近，图文并茂。它在韩国全境设有支社或支局，在日本、美国等地设有支社或普及所。

《韩民族新闻》：成立于1988年，是一份全国性报纸，自称为世界第一家真正独立于政权和财团的报纸。《韩民族新闻》报刊的象征色是绿色，早期名称是“韩民族新闻”。《韩民族新闻》一直坚持进步主义的立场，为代表所有劳动者、农民、城市贫民的立场而发声，目前和韩国《京乡新闻》一道作为大韩民国的进步舆论报刊而存在。2013年的调查数据显示，《韩民族新闻》的阅读率为1%左右，排名继《朝鲜日报》《中央日报》《东亚日报》《京乡新闻》《每日新闻》《体育朝鲜》和《国民日报》之后，排在了第8位，但是在可信度排名当中，《韩民族新闻》的民众可信赖度排在了第1位。在韩国记者协会主办的“本月记者大奖”评选中，《韩民族新闻》分别曾在2012年获得过14次、2013年17次、2014年11次奖，成为连续三年获奖最多的舆论新闻媒体。

二、韩国的电视台

韩国三大电视台是指韩国广播公司电视台（KBS)、韩国文化广播公司电视台（MBC)、首尔广播公司电视台（SBS)。

韩国广播公司电视台(KBS)：韩国放送公社,（韩语：한국방송공사/Han-guk Bangsong Gongsa，英文：Korean Broadcasting System)，简称韩国放送，KBS是韩国国际广播电台，它是韩国唯一的国际广播机构。KBS是大韩民国最早的公营电视台与广播电台，广播频道于1927年开播，电视频道于1961年开播。其最为人知的就是每晚的新闻播报和大型电视剧。其营运交由独立公家机构，收入来自政府和所委任的电视机许可证服务费。每日开播及收播时，以大韩民国国歌作为开播曲及收播曲。韩国放送公社的前身是朝鲜日治时期期间成立的社团法人朝鲜放送协会，1926年12月21日成立，1927年2月16日开播。1945

年 10 月 2 日，伴随着日本战败及宣布无条件投降，朝鲜放送协会的日本籍职员被全部解雇。1948 年 8 月 6 日，在大韩民国的朝鲜放送协会改名为大韩放送协会。其后，经过几次变迁，大韩放送协会改组为韩国放送公社，成为大韩民国国营媒体。1973 年 3 月 3 日，韩国放送公社改制为公共媒体。1990 年 12 月 27 日，KBS 第 3 频道和教育广播从 KBS 分离，重组为韩国教育放送公社。在 KBS 的网站上可以免费在线观看所有 KBS 电视节目和广播节目，更吸引人的是可以收看到最新的电视剧和幕后花絮、KBS 人气歌谣现场，年终还可以看到 KBS 颁奖典礼。

韩国文化广播公司电视台（MBC）：（韩语：문화방송주식회사；汉语：文化放送株式会社）是韩国的大型传媒企业之一，与首尔广播公司电视台（SBS）、韩国广播公司电视台（KBS）并称韩国三大全国性广播机构。创立于 1961 年，初时为商营传媒机构。最初只营办 AM 广播业务，后于 1969 年开始营办电视业务，电视识别讯号为 HLKV–DTV。韩国文化广播公司电视台是一家民间电视台。作为韩国三大电视主流媒体之一，它有“韩剧皇国”之称。韩国文化广播公司电视台拥有完备的现代化设施，其分支机构遍及全国，新闻触角已伸向全球各主要城市。韩国很多高收视的剧集均由韩国文化广播公司电视台出品，有《爱上女主播》《屋塔房小猫》《人鱼小姐》《大长今》《我的名字叫金三顺》等。韩国文化广播公司电视台是韩国东部沿海的重要地方电视台，办有一套地方电视节目和两套广播节目，均已实现数字播出，主要节目类型有新闻、体育、讨论、纪录片等，每天有三次直播的地方新闻报道。韩国文化广播公司电视台以公益财团放送文化振兴会为大股东，经营依靠广告收益的股份制公营公司。在可信度、好感度、收视率及影响力等方面均居韩国第 1 位，是一家深受观众喜爱的广播电视台。

韩国文化广播公司电视台自 1961 年成立以来，通过全国 19 家地方分公司，形成了全国性网络，并通过 10 家子公司，为广播电视产业做出了很大贡献。发展成为拥有 1 个全国地面电视频道、3 个广播频道、5 个有线电视频道、4 个卫星电视频道，5 个数位多媒体广播（DMB）频道的多媒体集团。韩国文化广播公司电视台作为国际型媒体集团，不仅在国内具有极高的知名度，而且因其有诸多高品质、优秀的节目内容出口到海外 60 多个国家而深受海外观众的好评。集团通过与世界各广播电视公司的提携合作，推动着多种领域的交流与合作。韩国文化广播公司电视台大部分高收视率的剧集均由韩国文化广播公司电视台出品，节目内容繁多是最大特点，主要制作韩国文化广播公司电视台的 HDTV 转播车韩剧很多国家都有播出，有《星梦奇缘》《爱上女主播》《屋塔房小猫》《罗曼史》《红豆女之恋》《恋爱机会 1%》《火鸟》等。故事情节都比较梦幻，不知道是不是韩国文化广播公司电视台的编剧特别偏好这类风格，2005 年春新剧《美妙人生》及《我的名字叫金三顺》也是类似的。《我的名字叫金三顺》是韩国文化广播公司电视台积蓄已久的作品，电视台欲借此剧重塑昔日辉煌。该剧在中国也受到欢迎，在韩国的收视率更是突破了 50%的大关。而另一方面韩国文化广播公司电视台又以拍摄长篇剧、历史剧见长而著名，像《爱情是什么》《人鱼小姐》《看了又看》《茶母》《大长今》《医道》《商道》……这些长篇每日剧拍摄手法细腻，剧情虽然有些拖沓但还是很吸引人的，最主要是非常生活化，像进屋脱鞋换衣这些细节也不放过。而历史剧绝不比中国的逊色，也是凸现了韩国历史文化特点的，并且都是大手笔、大制作，成品非常精良，像《大长今》，看过的朋友都非常喜欢它。韩国文化广播公司电视台致力成为引领业界发展的多媒体集团。1997 年它通过中国中央电视台（CCTV）播出了《爱情是什么》一剧，使之成为《大长今》之后推广“韩流”的主力军。韩国文化广播公司电视台电视剧也走出了亚洲，走进了非洲、中东、东欧及美洲地区。韩国文化广播公司电视台积极活跃在美国国家电视节目主管联合会电视节、上海电视节等世界优秀电视节目领域中，并制作了网站，以便全球观众和客商浏览它的节目内容。网站用英语、汉语、日语、韩国语提供韩国文化广播公司电视台的节目预告及简介，同时提供出演节目的明星们的个人简介、最新消息及访谈内容。韩国文化广播公司电视台不断探索新的市场增长点，开发针对国际市场的节目内容，为扩大并普及节目范围而不懈努力。

首尔广播公司电视台（SBS）：首尔广播公司电视台株式会社（韩语：주식회사 SBS、주식회사 에스비에스/株式会社首尔广播公司电视台），前称首尔放送（韩语：서울방송/서울放送，英语：Seoul Broadcasting System；于 2000 年改为目前的名称）是韩国四大全国无线电视及电台网络中唯二的私营业者之一。韩国首尔广播公司电视台是韩国非常具有影响力的电视台，成立于 1990 年，其节目以新、奇为主，获得了广大年轻人的青睐。首尔广播公司电视台的经营口号是“看到美好的明天”（내일을봅니다），这个口号从 2010 年起使用到现在。首尔广播公司电视台出产大量娱乐综艺节目以及电视剧，符合年轻人的口味。该台制作的电视剧有《那年冬天，风在吹》《美女的诞生》《青春的陷阱》《忽然情人》《千年之爱》《天桥风云》《巴黎恋人》《听见你的声音》《主君的太阳》《继承者们》《来自星星的你》《神的礼物–14 天》《匹诺曹》《Three Days》《Doctor 异乡人》及《你们被包围了》等。首尔广播公司电视台的总部在首尔，是韩国人气度，收视率最高的电视台。几个重要的地区分布设在釜山、大邱、大田、江陵等 9 个城市，另外设有纽约、北京、东京、巴黎等海外分部。首尔广播公司电视台网站设立了新闻、音乐、娱乐及影视等多项主题。音乐、娱乐等版都是收费版，剧本只对外提供 1/5 介绍，观众若要看视频或是歌谣现场需要通过登陆以后在银行账号中扣除费用。

参考文献

［1］王晓玲. 韩国媒体与政治［J］. 世界知识，2009（1）：7–01.

［2］张涛甫. 试论韩国媒体与政治的关系［J］. 杭州师范大学学报，2009（9）：7–15.

[3] 冯玉媛. "韩国精神" 打造强效媒体 [J]. 新闻爱好者，2009（6）：9–10.
[4] 郭镇之. 韩国新闻事业历史述评 [J]. 新闻与传播评论，2002（5）：1–15.
[5] 陈力丹. 传统与现代的漫长交战——韩国新闻事业及其政策演变 [J]. 国际新闻界，2002（11）：4–20.
[6] 潘玉鹏. 韩国新闻事业发展现状 [J]. 新闻大学，2005（5）：8–15.
[7] 赵明，邱琛. 从热播韩剧《匹诺曹》管窥韩国新闻业现状 [J]. 新闻研究报刊，2015（6）：4–25.
[8] 康贤斗，龙耘，文春英. 韩国新闻传播学与社会的互动——韩国国立汉城大学传播系康贤斗教授访谈录 [J]. 现代传播（中国传媒大学学报），2006（1）：4–01.
[9] 朱克川. 社会经济生活的晴雨表——韩国新闻媒体与经济起伏 [J]. 中国记者，2000（3）：2–15.
[10] 郑保勤. 韩国近代新闻报刊的民族意识 [J]. 国际新闻界，1996（9）：6–20.

拉丁美洲西班牙语媒体环境

于　蔷[①]

摘　要：拉丁美洲的新闻媒体高度集中在古老的传媒家族或者实力强大的外资等少数私人集团手中。一直以来，拉丁美洲各国针对媒体的立法较为薄弱，媒体受到的约束更多来自于政府与媒体业主之间的利益关系。进入21世纪，随着网络的普及和拉丁美洲多个国家开始由左派当政，各大媒体与政府的关系出现裂痕，有时甚至兵戎相见。通过立法、没收、政府自建媒体等手段，各国或快或慢、或轻或重地打击私营媒体。拉丁美洲政府试图破除市场垄断，其初衷虽好，但最终的行动结果如何，是否会给言论自由造成新的阻碍，我们还需拭目以待。

关键词：拉丁美洲报纸　言论自由　《号角报》　《商报》集团

近年来，中拉经贸合作规模持续扩大，领域不断拓宽，迎来了一个全方位、快速发展的阶段。2014年7月，国家主席习近平在访问拉丁美洲期间与该地区国家领导人举行集体会晤，共同宣布成立中国一拉共体论坛，这超越了之前对单个国家的访问，标志着中国和拉丁美洲开始进入整体规划布局的新局面。

以往对中拉经贸关系的分析多基于经济学和国际贸易的视角，而我校此次课题将从大众传媒的角度来研究双边经贸关系发展的新特点。我们选取了拉丁美洲西班牙语媒体对华经贸关系的六个热点国家，即阿根廷、墨西哥、委内瑞拉、秘鲁、玻利维亚和厄瓜多尔，搜集2013年8月至2014年9月间六国主要报纸对中国在拉美经贸投资方面的报道加以研究。所选纸媒，既有全国性又有地区性重要报纸，内容上，综合性报纸和商业财经类专刊均有涉及。因此，本文将首先介绍六国媒体概况，然后进行总结，使读者对该地区当前的西班牙语媒体环境有一个整体上的了解。

阿根廷

首都布宜诺斯艾利斯占据了国内报业市场的大半江山，55%的报纸分布在此，其中囊括了所有主要的全国性报纸。号角集团和西班牙电信阿根廷分公司

---

① 作者单位：中共中央编译局中央文献翻译部西文处。

掌握了该国绝大多数媒体。后者主要涉及移动电话、互联网、电视和广播领域。而前者不仅是阿根廷最大的跨媒体集团，还是阿根廷最大的报业集团，旗下拥有国内发行量排名第一的《号角报》（Clarín）以及最权威、最专业的体育媒体之一《奥莱报》（Diario Olé），两家地方报纸《内地之声报》（La Voz del Interior）和《安第斯报》（Los Andes）以及一家通讯社“报联社”等。

《号角报》由前布宜诺斯艾利斯省政府部长罗伯托·诺布尔（Roberto Noble）于1945年创刊，是西班牙语世界最畅销的日报之一。该报面向一般读者，但主要对象是中产阶级和公司职员。该报将严肃新闻与大众新闻相结合，是中间市场的报纸。该报政治上秉持所谓中立的立场，主要反映“发展主义”的经济观点。《民族报》（La Nación）则于1870年由当时的阿根廷总统巴托洛梅·米特雷（B. Mitre）创立，目前是阿根廷第二大日报。由于历史悠久、报道详尽，《民族报》被精英阶层称为“档案报”。该报政治立场中间偏右，并兼有保守主义的特点，主要读者是富有的农牧业主和企业界人士。①1869年创刊的《新闻报》（La Prensa）是阿根廷现存的最古老的报纸，其创始人为阿根廷著名外交家何塞·卡米洛·帕斯（José Camilo Paz）。20世纪上半叶，《新闻报》是阿根廷国内最具影响力的报纸，然而1951年庇隆政府将其收归国有，此后地位一落千丈。目前该报立场保守，支持政府。

阿根廷的媒体环境无论是从拉丁美洲地区还是从世界范围来看都是比较自由的，但近几年有所恶化。根据国际非政府组织“记者无国界”2009年以来对世界上170多个国家新闻自由度历年排名统计，阿根廷的新闻自由度从2009年排名47位不断跌至2015年第57位。个中缘由，从克里斯蒂娜政府与号角集团的拉锯战中可略窥一斑。自2008年开始，该集团旗下以《号角报》为代表的新闻媒体在赋税问题上狠批政府，大肆报道农民的抗议，克里斯蒂娜总统遂与之反目成仇，并于2009年推行了新媒体法案《视听传媒服务法》，对媒体集团的规模、市场份额等做出了明确的限制。例如，新法案规定媒体集团最多只能持有24个视听执照，这对于拥有150多个执照的号角集团无疑是致命的打击，于是该集团将政府告上法庭，称该法案违宪。2013年阿根廷最高法院最终宣布新法案符合宪法，媒体必须遵守这一法案。此外，阿根廷政府还通过奖励性津贴、政府广告的投放和对信息源的控制，间接对媒体实施审查，直接或间接地控制了国内相当一部分媒体。②另据阿根廷非政府组织“阿根廷新闻论坛”对全国近一千名记者所做的调查问卷显示，目前困扰新闻从业者的主要问题，除了前面提到的来自政府的约束，还有工资较低、职

---

① 陈继静. 阿根廷报业的历史与现状［J］. 国际新闻界，2012（07）：122-128.

② 张慧. 状告政府败诉，阿根廷传媒巨头或解体［N］. 青年参考，2013年11月6日.

业道德状况令人担忧等。

墨西哥

自 20 世纪 50 年代以来，在革命制度党政府的威权体制下，墨西哥传统媒体与政府的关系日益紧密，形成了一种互惠互利的局面。政府会给那些听话的媒体选择性奖励，包括颁发营业执照、投放政府广告、发放政府津贴，还包括各种隐性的财政补贴和免税政策。而对那些与政府对着干的媒体，则实施针对性惩罚：撤销投放到某个媒体的广告，对其进行商业抵制；催缴其拖欠的税款或贷款；将其列入黑名单，在发布一些重大新闻消息时禁止其记者参加；将不听话的编辑或记者清除出媒体行业，对一些持敌对立场的编辑或记者甚至会将其暗杀。在这种环境中，绝大多数传统媒体自然愿意站在政府一边，寻求政府的庇护，以谋求有益于自身生存的政治经济空间及支持集团扩张的法律保障。因此，媒体会保证政府对公共议程的有效控制，对一些有损政府合法性的新闻主题保持沉默，在选举期间对执政党进行偏袒性报道。这种依存关系使传统媒体的报道失去了独立性、客观性和真实性。[①]墨西哥国立自治大学媒体专家劳尔·特雷霍（Raúl Trejo）认为，墨西哥传统媒体与政府之间既有利益互惠，又相互施加压力；政府把媒体视作一项商业交易，而非提供公共服务的工具。

20 世纪 60 年代，具有自主性、多样性和主动性的独立媒体开始出现。墨西哥历史第二悠久的《至上报》（Excélsior）首先表现出了独立倾向。1968 年有多年记者从业经历的胡里奥·舍雷尔（Julio Scherer）执掌该报，着手改革。在他的带领下，《至上报》坚持新闻业的职业操守，客观真实地报道了包括 1968 年发生在特拉特洛尔广场的学生运动惨剧等许多重要事件，抨击埃切维里亚政府，成为国内最受欢迎的报纸。然而，政府无法容忍舍雷尔的批判立场，1976 年将他和一批记者驱逐出了《至上报》。政府此举，非但没有泯灭独立媒体的星星之火，反而促成了新闻独立观念的传播，因为舍雷尔及其同伴很快又创建了《前进》（Proceso）杂志和《一加一报》（Unomásuno）等。《北方报》（El Norte）于 1938 年在墨西哥蒙特雷市创刊。20 世纪 70 年代初，该报新一代家族掌门人接手后进行了变革，此后的几十年中不断揭露政府的腐败现象，荣获了多项国际国内新闻大奖。80 年代以后，墨西哥民众参与政治和社会事务的热忱日益高涨，这种积极的态度反映在一连串重大事件中，如 1985 年墨西哥城大地震时民众自发参与救援；1987 年初墨西哥国立自治大学学生会领导罢课运动，捍卫墨西哥《宪法》保障教育公平和免费；1987 年末，前总统之子夸·卡德纳斯等为首的激进派党员组成民主潮流派，与革命制度党决裂，联合其他反对派参与

---

① 刘国发. 墨西哥独立媒体研究［J］. 武汉科技大学学报（社会科学版），2014（01）：71–75.

1988 年的总统大选；1990 年到 1993 年间社会各界对加入北美自由贸易区的争论；1994 年恰帕斯州“萨帕塔民族解放军”起义等。这些事件都推动了墨西哥政治转型和国家的民主化进程，社会的参与度越来越高。独立媒体应公民社会的需要，获得了更大的发展。1981 年《金融家日报》(El Financiero) 创刊，目前从内容质量上来看，位居全球金融类报刊前五名。1984 年，一群与《一加一报》主编意见相左的记者离开后，创建了《工作日报》(La Jornada)，吸引了各色党派甚至政府要人、艺术家和学者等参与这份旨在“给没机会讲话的人发声”的报纸。目前该报是墨西哥第四大报纸，政治立场偏左。1993 年，《改革报》于墨西哥城创立，作为《北方报》的一个分支，二者同属于墨西哥改革集团。《改革报》是第一家将广告部与编辑部分开的报纸，这极大地增强了该报的独立性，记者在写作时可以避免偏袒广告商的倾向。墨西哥历史最悠久的《宇宙报》(ElUniversal) 也不得不在内容和形式上进行变革。①

虽然墨西哥在言论自由方面取得了显著进步，但这并不意味着今日的墨西哥是一个十分自由的国家。据“记者无国界”组织近 5 年世界各国新闻自由度排名统计，墨西哥在约 180 个国家中，始终排名 150 位左右。这一方面是由于墨西哥媒体被少数集团垄断，媒体业巨头根据自身利益的需要，扮演起比国家更具威力的审查者角色。②另一方面，墨西哥贩毒集团十分猖狂，为了阻止媒体对他们的罪恶活动进行报道，经常对记者实施恐吓、绑架和谋杀。“记者无国界”组织的统计数据显示，2000 年到 2014 年间，墨西哥有 89 名记者因进行相关报道被杀害，17 人失踪。地方媒体记者的处境更加艰难，贩毒集团因其庞大的势力而逍遥法外，政府和媒体公司无力为记者们提供有效的保护。

委内瑞拉

委内瑞拉著名记者哈维尔·孔德 (Javier Conde) 将本国近代传媒业的发展划分为三个阶段。从 1958 年佩雷斯·希门尼斯独裁统治被推翻到 1973 年拉斐尔·卡尔德拉领导的基督教社会党第一次执政结束是第一阶段，在此期间民主制度得到巩固，而这离不开纸媒和广播的繁荣发展以及较为宽松的舆论环境。从 1973 年到 1988 年是第二阶段，媒体的作用依然重要，但有时又发挥出毫无节制的政治影响，甚至对民主本身构成威胁。在第三阶段，即 1988 年到 1998 年胡戈·查韦斯第一次当选总统，媒体公开扮演政治角色，它与其他社会参与者相比，无疑具有得天独厚的优势。也是在这一时期，各地区涌现出了极具影

① Acosta M. *Los medios de comunicación y la educación ciudadana* [J]. Sala de Prensa, 1997, Vol. 2, http://www.saladeprensa.org/art82.htm.

② Fabila R A. *La censura al periodismo en México:revisiónhistórica y perspectiva* [J]. Razón y palabra, 2007, N.°59：6.

响力的地方媒体。我们不妨把 1999 年至今作为第四个阶段。媒体反对现任政府，拥有强大的政治参与能力，在很多问题上享有独立自主的空间，对广泛争论的公共议程甚至能够发挥最高法官的作用。而且媒体是少数在民众中间拥有高度信誉的机构，因而既能充当社会不满的疏导者，又可以成为社会不满的催化剂。①

目前委内瑞拉的报纸集中分布在该国东部地区（24%）、首都地区（16%）和中部平原地区（15%）。全国性主要报纸有《国民报》（El Nacional）、《环球报》（El Universal）和《最新消息报》（Últimas Noticas），这三家报纸的总部都位于首都加拉加斯。地区性重要报纸有《动力报》（El Impulso）、《民族报》（La Nación）等。委内瑞拉 85%的媒体是私营媒体，其中大多数都反对政府。1998 年总统大选时，媒体一致反对查韦斯当选，因此从查韦斯时代开始，政府打击私营媒体，加强对它的控制。2014 年以来，马杜罗政府采取了一系列限制私营媒体发展的措施，使委内瑞拉各大报纸光景惨淡。中央政府实行外汇管制，造成纸张进口困难和其他耗材问题。《国家报》不得不大幅缩减版面，减发增刊。《动力报》一度停刊。《环球报》不仅减少版面，用于纪念成立 105 周年的出版物也未能发行。另外，委内瑞拉三大主要媒体（《最新消息报》《环球报》和《全球视野电视台》）的所有权及经营权被卖给了据称与政府有关的团体。马杜罗总统还宣布政府将主导创办两份新的报纸，这更增加了私营媒体的压力。②

秘鲁

《商报》集团是秘鲁最大的跨媒体集团，为米罗・克萨达（Miró Quesada）家族所有。集团旗下有《商报》（El Comercio）、《秘鲁 21 世纪》（Perú21）和《管理报》（Gestión）等 6 家重要报纸，数家杂志，两家电视台，它还是秘鲁最大的建筑集团 GyM 的所有者之一。该建筑集团主要涉及矿产、能源和基础设施建设等领域。《商报》在政治上坚持中右立场，经济上秉持自由主义的观点。秘鲁主要的报业集团还有《共和国报》集团，旗下拥有《共和国报》（La República）、《大众日报》（El Popular）和体育日报《自由人》（Líbero）等。《共和国报》政治上中间偏左，支持社会民主主义观点，是《商报》最大的竞争对手。此外还有 EPENSA 集团，它拥有四家国内知名报纸《啊哈》（Ajá）、《注视》（Ojo）、《邮报》（Correo）和《大嘴巴》（El Bocón）。

2013 年《商报》集团收购了 EPENSA 集团 54%的股份，由此掌握了国内

---

① Bisbal M. *Medios de Comunicación Social en Venezuela* [J]. 4 de junio de 2014, http://ipys.org.ve/2014/06/12/medios-de-comunicacion-social-en-venezuela-notas-sobre-el-nuevo-regimen-comunicativo-por-marcelino-bisbal/.

② 朱雯雯. 委内瑞拉历史最悠久的报纸由于缺纸暂停出版［N］. 中国网新闻中心，2014 年 9 月 12 日，http://news.china.com.cn/world/2014-09/12/content_33494926.htm.

纸媒市场份额的80%。据估计该集团报纸的日发行量超过150万份，拥有至少450万名读者。此举引发了社会对于《商报》集团垄断报刊行业的担心。媒体有能力影响公共议程和政策，可以选择性地让民众看到一些问题和相应的解决办法，却对真正影响群众利益的问题置之不理。这阻碍了政治和文化的多元化发展，严重降低了民主质量。政客和媒体业主之间存在着庇护关系，使得媒体集团能够不断扩张，反过来增强特定利益集团的政治影响力，区域和地方的声音则受到压制。虽然秘鲁宪法禁止媒体行业出现垄断现象，但是并没有一项具体的标准，规定在某个媒体市场中占有多大份额，即视为垄断。[①]尽管乌马拉总统两次公开表示反对媒体行业的垄断，却没有政治意愿和力量与他的执政党一起推动一项相关的法案加以限制。

玻利维亚

20世纪80年代中期以前，玻利维亚并未出现媒体集中的现象。其后开始实施新自由主义经济政策，伴随着大规模的私有化浪潮，私营的广播电视频道从1985年35家猛增到1990年109家，逐渐形成了一些跨媒体集团。21世纪初，外资也涌入了媒体行业。虽然宪法明文规定严禁媒体行业以直接或间接的方式形成垄断，但是没有制定相应的媒体法加以明确的规范，更没有对外资的进入做任何限制。莫拉莱斯总统2009年高票连任后宣布要尽快制定相关法律，规范媒体行业的发展。[②]

圣克鲁斯省的《责任报》(El Deber) 是玻利维亚最畅销、最负盛名的报纸，占各类报纸发行总量的24%。该报代表了圣克鲁斯地区右派的观点，反对莫拉莱斯总统的统治。该报属于国内最大的跨媒体集团领导者集团（Grupo Líder），所有者是玻利维亚传统媒体业家族里维罗（Rivero）家族。集团旗下还有拉巴斯《新闻报》(La Prensa)、科恰班巴《时代报》(Los tiempos) 等另外9家报纸。

玻利维亚第二大报纸是拉巴斯的《真理报》(La Razón)，隶属于国内第二大跨媒体集团西班牙最大的传媒集团 Prisa 旗下。该集团同样支持右翼立场。因为该集团与西班牙雷普索尔石油公司、西班牙对外银行（BBVA）、伊比德罗拉 (Iberdrola) 电力公司等存在着共同的商业利益，所以当莫拉莱斯总统对本国石油和养老金实行国有化改革时，该集团在其新闻报道中表达了强烈的不满。[③]

玻利维亚大部分私营报纸均持右翼立场且敌视政府。所有者除了西班牙

---

① Acevedo J. *La concentración mediática no es un asunto de privados* [J]. Revista Quehacer, 2013, N.°191.

② Giavedoni D. *Los medios en Bolivia: mapa y legislación de los medios de comunicación* [J]. La revista del CCC 2010, N.° 9/10.

③ Serrano P. *Bolivia: ¿Quién controla los medios de comunicación?* [J]. enero de 2009, http://pascualserrano.net/es/noticias/bolivia-bfquien-controla-los-medios-de-comunicacion.

Prisa 这一外资集团，多为传统的报业家族或地方寡头集团。

厄瓜多尔

厄瓜多尔发行量最大的两份报纸分别是 1906 年在基多创刊的《商报》（El Comercio）和 1921 年在该国第一大城市瓜亚基尔创办的《世界报》（El Universo）。重要报纸还有总部在基多，多个省市均有分社的《小时报》（La Hora），该报创办于 1982 年。

现任总统科雷亚自 2007 年上台以来，与媒体纷争不断。他的多项实现媒体“民主化”的措施，引起包括行业本身社会多方面对本国言论自由的担忧。2009 年，科雷亚总统签署了一项修改公共合同法的法令，规定国家不得同本国资本在境外设立的公司签订合同。此举重创了那些在避税天堂拥有股权的传媒公司。《商报》在美属维尔京群岛和巴拿马拥有 49%的股权，《世界报》在开曼群岛、《小时报》在巴哈马群岛都有相当比例的股份，因此法令生效后，三家报纸获得的政府广告份额大幅下降。厄瓜多尔政府是国内最大的广告业主，占全国广告总投入的 6.4%。2010 年议会通过了一项法案，对进口的报刊用纸征收 12%的增值税，由此上升的成本由广告业主和读者承担。2013 年 6 月，一项 2008 年就被提出的通信法终于在国会得以通过，该法一直遭到媒体的强烈反对，称其为“封口法”。此项法律规定设立两个机构，一个负责对媒体行为进行监督、审计、调解、控制和处罚，另一个则对媒体的准入、内容、播放时段等进行管理。另外，该法对广播电视的频率和许可证进行了重新分配。以前私营媒体控制了 85.5%的广播频率和 71%的电视频率，现在一分为三，社区媒体、公共媒体和私人媒体各占 33%左右。政府通过没收和自建的方式，掌握了 16 家媒体。安第斯媒体观察与研究基金会（Fundamedios）的一项调查显示，厄瓜多尔政府通过没收私营媒体财产获得的 GamaTV 已经被政治化了。经过对该电视台 318 条新闻的研究，发现在新闻中最常出现的是政府官员（33%），其次是普通民众（21%），再次是民营公司（仅为 1%）。①

结语

通过对拉丁美洲六国媒体情况的概览，我们可以看到拉丁美洲的新闻媒体高度集中在古老的传媒家族或者实力强大的外资等少数私人集团手中。从地域上看，媒体则主要分布在首都或重要的大城市。值得注意的是，这些集团不仅是媒体巨头，还可能涉及其他行业，如秘鲁的《商报》集团是该国最大的建筑

① Larrea M I P. *Rafael Correa y la prensa ecuatoriana. Una relación de intrigas y odios* [J]. Razón y Palabra, 2011, N.°75: 68.

集团 GyM 的所有者之一。GyM 集团近几年在矿产建筑领域扩张动作频频。《商报》集团涉及矿产行业的报道，能否客观公允值得商榷。行业背后复杂的利益链条会导致报道失真，媒体可以利用手中的资源有意识地引导公众舆论。

一直以来，拉美各国针对媒体的立法较为薄弱，这是导致传媒业形成垄断的重要原因之一。媒体受到的法律约束少，更多的约束来自于政府与媒体业主之间的利益关系；媒体凭借政府的庇护才能不断扩张，政府则需要媒体进行有利于自身的报道。

进入 21 世纪，随着网络的普及和拉丁美洲多个国家开始由左派当政，媒体受到社会多方面的指责，民众要求制定新的法律法规来改变传媒业现状。各大媒体与政府的关系出现裂痕，有时甚至兵戎相见，比如科雷亚总统曾因不满该国《世界报》对他的报道，以个人名义将主编、副主编告上法庭，并要求八千万美元的赔偿。有人说拉美人民盼望已久的媒体“民主化”之战终于打响了。通过立法、没收、政府自建媒体等手段，各国或快或慢、或轻或重地打击私营媒体。私营媒体以商业利益为重，政府没收或自建的媒体，又不可避免地沾染浓厚的意识形态色彩，拉丁美洲缺乏像发达国家建立的独立于政府的公共媒体。不可否认，私营媒体曾为各国的民主进程加油助力，现在这一积极作用并非完全消失，一家独大或者几家独大的局面当然有种种弊端。拉丁美洲政府试图破除市场垄断，其初衷虽好，但最终的行动结果如何，是否会给言论自由造成新的阻碍，我们还需拭目以待。

参考文献

［中文部分］

［1］陈继静. 阿根廷报业的历史与现状［J］. 国际新闻界，2012（07）：122–128.

［2］刘国发. 墨西哥独立媒体研究［J］. 武汉科技大学学报（社会科学版），2014（01）：71–75.

［3］张慧. 状告政府败诉，阿根廷传媒巨头或解体［N］. 青年参考，2013 年 11 月 6 日。

［4］朱雯雯. 委内瑞拉历史最悠久的报纸由于缺纸暂停出版［N］. 中国网新闻中心，2014 年 9 月 12 日，http://news.china.com.cn/world/2014-09/12/content_33494926.htm。

［西文部分］

［1］Solís B. *Libertad de expresión y elmonopolio de los mediosde comunicación: el casomexicano* [J]. El Cotidiano, 2009, N.°158: 15.

［2］Giavedoni D. *Los medios en Bolivia: mapa y legislación de los medios de comunicación* [J]. La revista del CCC 2010, N.° 9/10.

[3] Acevedo J. *La concentración mediática no es un asunto de privados [J]*. Revista Quehacer, 2013, N.°191.

[4] Bisbal M. *Medios de Comunicación Social en Venezuela [J]*. 4 de junio de 2014, http://ipys.org.ve/2014/06/12/medios-de-comunicacion-social-en-venezuela-notas-sobre-el-nuevo-regimen-comunicativo-por-marcelino-bisbal/.

[5] Larrea M I P. *Rafael Correa y la prensa ecuatoriana. Una relación de intrigas y odios [J]*. Razón y Palabra, 2011, N.°75: 68.

[6] Becerra M. *Medios de comunicación: América Latina a contramano [J]*. Nueva Sociedad, enero–febrero de 2014, N.° 249: 61-74.

[7] Acosta M, *Los medios de comunicación y la educación ciudadana [J]*. Sala de Prensa, 1997, Vol. 2, http://www. saladeprensa.org/art82.htm.

[8] Serrano P. *Bolivia: ¿Quién controla los medios de comunicación? [J]*. enero de 2009, http://pascualserrano.net/es/ noticias/bolivia-bfquien-controla-los-medios-de-comunicacion.

[9] Delarbre R T. *Poder mediático y político. Los 4 grandes grupos de comunicación en América Latina [M]*. Madrid: Editorial Ariel y Fundación Telefónica, 2007.

[10] Fabila *R A. La censura al periodismo en México:revisiónhistórica y perspectiva [J]*. Razón y palabra, 2007, N.°59: 6.

美国新闻媒体环境概况

吴 敏[①]

摘 要：本文通过对美国传统媒体和新媒体中几大主要媒体的介绍，使我们了解到美国媒体所宣传的、具有典型的西方特征的新闻是和他们的历史、发展过程和理念等分不开的，都有他们赖以生存的基础和客户群。通过此文的介绍，我们可以更好地理解中西方的世界观、价值观和人生观，正确分析和判断，以便获取对我们有益的新闻信息和素材。

关键词：美国 新闻 传统媒体 新媒体

一、引言

在美国，大众媒体一般是指报刊、广播、电视、户外这四大传统领域，和自20世纪90年代开始发展日益迅猛的录音、录像等音像业和互联网这一新兴而庞大的信息传播产业新兴媒体，新媒体已被形象地称为“第五媒体”。

什么是新闻（News），从定义上看有广义和狭义两种。广义的新闻是泛指在媒体上出现的所有文章；狭义的新闻即“消息”，它单指对最新发生的事件的客观报道，而不是报道者的评论。在美国等西方国家，没有任何机构或个人指定它应承担何种角色。尽管如此，其特性是共有的，即都是向公众报道新的事实、传递各种消息。这样，美英等国媒体就自我选择地担负起报道和提供信息、教育、改革、娱乐、激励等部分或所有角色。

西方媒体普遍认为具有新闻价值的消息包括：达官贵人和知名人士的活动；任何类型的政府活动；新的稀奇古怪的事件（例如罪行和灾难）；披露令人兴奋或令人震惊的真相（涉及性或丑闻）；新的社会潮流。

众所周知，重要性、实效性、新鲜感、趣味性等是构成新闻的要素，舍此则不成为新闻。有人根据实效性的强弱及表现手法运用的不同，将新闻分为硬性、软性、中间层三个层次。硬新闻不但新鲜，而且题材较严肃，事实报道客观；软新闻则为轻松的社会新闻，具人情味；中间层新闻则介于前二者之间。

美国报刊新闻尤其强调猎奇和非同凡响，这被认为是现代新闻的支柱，正

---

① 作者单位：首都师范大学。

如一句谚语所说：“狗咬人不是新闻，人咬狗才是新闻”(It is not news when a dog bites a man, but absolutely news when you find a man bites a dog)。

正因为如此，从西方新闻理论来看，关于好事的正面新闻不是新闻，只有“坏”消息才是“好”新闻，如天灾人祸、负面的社会问题、与主流社会不相符合的现象、突发的悲剧性事件等。所以我们在看西方媒体报道时，总是看到“好”的新闻少，“坏”的新闻多，包括对中国的报道也是负面的多，正面的少，这与西方新闻的理念是完全分不开的。

还有人认为，所谓新闻，无非是天南海北之事，你看 news 不就是 north, east, west 和 south 的首字母缩写而成的吗！

二、美国新闻媒体的传统媒体

1. 报纸

美国的报纸大致可分为两种类型：通俗性小报或市民的报纸；高质量大报或知识界的报纸。通俗类小报是为了争取更多的读者，迎合读者兴趣、追求轰动效应是其主要特点，当编辑读到天灾人祸、谋杀、丑闻、罢工的新闻稿，眼睛为之一亮，挖空心思加上比原稿更具有煽动读者情绪的标题。为了迎合，自然降低了报纸的质量，也忽视了报纸的社会责任；为了营利，对公共事物常常显得冷漠。它虽然能拥有令人羡慕的高发行量，却对重大问题缺乏深远的影响力。至于大报，销量不及小报，影响力却大。多数大报还有一个特点——坚守国家利益，而相对轻视党派利益，其共同点是集中精力于社论、采编和国际大事。

（1）纽约时报（The New York Times），有时简称“时报”（The Times），创刊于 1851 年，属苏兹贝格（Sulzberger）家族所有。是一份在美国纽约出版的日报，在全世界发行，有相当的影响力，可称为“世界第一报”，是美国高级报纸、严肃刊物的代表，长期以来拥有良好的公信力和权威性。它内容充实、资料齐全、名记者多，因而有“博大精深，当之无愧为美国第一大报”之说，在评选优秀报纸的民意测验中曾多次名列第一，也是获美国最高新闻奖项普利策奖（Pulitzer Prizes）得主最多的一家美国报纸，其订户遍及美国内外，为了招徕更多的客户，该报于 2001 年发行电子版。

《纽约时报》一贯标榜客观和公正，其报铭是：“刊登一切适合刊登的新闻”。它常用较大篇幅刊登政府重要文件和领导人讲话，但也不时发表一些批评政府政策的报道和评论，以及披露一些内幕和机密。由于风格古典严肃，它被戏称为“灰色女士”（The Gray Lady）。

（2）华盛顿邮报（The Washington Post）是美国华盛顿哥伦比亚特区最大、最老的报纸。20 世纪 70 年代初通过揭露水门事件和迫使理查德·尼克松退职，《华盛顿邮报》获得了国际威望。许多人认为它是继《纽约时报》后美国最有声望的报纸。由于它位于美国首都，它尤其擅长于报道美国国内政治动态，而《纽约时报》则在报道国际事务上更加有威望。也有人指责《华盛顿邮报》过分关心政治而忽略了对其他方面的报道。

（3）洛杉矶时报（Los Angeles Times），1881 年创刊，是美国西部最大的对开日报，其影响力与地位仅次于《纽约时报》和《华盛顿邮报》，被称为美国第三大报。《洛杉矶时报》处理国际新闻迅速、完整、深入，被全球新闻同行公认为一家最优秀的报纸，属洛克菲勒家族所有。该报平日出 100 多版，星期日常在 200 版以上，发行量经常保持在 100 万至 150 万份，成为美国仅有的几家销路在百万份以上的大报之一，而其广告登载量为全美报纸之冠。

2. 电视

美国是一个电视超级大国，它既是世界上普及电视最早的国家，也是普及率最高的国家。根据皮尤研究中心的报告，99%的美国家庭拥有至少一台电视机。尽管对互联网的使用一直在增长，美国人每天仍会看大约 4.5 小时的电视。美国电视网络一般每小时会插播 16～21 分钟的广告，也就是说，美国大众每天会看到 72～94.5 分钟的广告。电视在当今美国媒体市场仍有着深远的影响力，特别是对那些还没跟上新媒体步伐的老一代人。

美国电视主要被分散的、以市场为导向的媒体大集团所控制。虽然有一家非盈利性公共广播服务机构——公共广播服务公司（PBS），但政府无法直接控制任何电视台。过去十年，民调结果一直显示，公共广播服务公司是“最值得信赖的国家电视网络”，提供无偏见的非商业性新闻。

（1）全国广播公司（NBC）（National Broadcasting Company），是美国一家主流广播网络电视，总部设在纽约的洛克菲勒中心，属于美国国家广播环球公司（NBCUniversal）所有，向下属的 200 多家美国电视台提供节目。

全国广播公司自创立以来，一直以大胆革新而著名，拥有多个美国传媒界的“第一”：20 世纪初期，率先组建了美国第一个全国性的广播网；在美国电视史上第一次播出拳击比赛、棒球比赛、时装表演、电影、音乐剧等；第一个以 NTSC 制式（美国的一种模拟技术彩色电视的制式）全部播出彩色电视节目；1996 年与微软联手，合办了微软全国广播公司频道，通过互联网向世界各地辐射讯息；1998 年和道琼斯公司联合，开办了消费者新闻与商业频道，播送商业新闻和实时金融讯息等。全国广播公司每年制作大量的新闻、体育娱乐节目及电视剧，其中《仁心仁术》《老友记》等电视剧集为中国观众所熟悉。

（2）哥伦比亚广播公司（CBS）（Columbia Broadcasting System），总部设在纽约，属于哥伦比亚广播公司所有。该公司的电视网居三大电视网之首，其电视新闻节目颇具特色，如《晚间新闻》《60 分钟》（每周一次）《人物介绍》

等都是美国名牌电视节目，20 世纪七八十年代，美国收看率最高的前 10 个节目中，半数以上都是该公司制作的节目，其中就有新闻报道《60 分钟》。CBS 是一家多元化的信息传播企业，此外还经营音乐唱片、乐器、玩具、电化教育资料、戏剧影片、家用电脑软件、图书杂志出版等业务。《48 小时秘密》《海军罪案调查处》《幸存者》《生活大爆炸》等为我国观众所喜爱。

（3）美国广播公司（ABC）（American Broadcasting Company），总部设在纽约，属于迪士尼（Disney）所有。美国广播公司之所以能后来居上、成为三雄之一，主要得力于两个因素：一是 20 世纪 50 年代中期播出的热门迪斯尼节目；二是定位于体育、娱乐节目，一般不进行全国性政治集会的全程直播。美国广播公司在 20 世纪 60 年代先后开创了《体育大世界》（Wide World of Sports）、《周一晚橄榄球大赛》（Monday Night Football）等，深受体育运动爱好者的喜爱。如今，随着《迷失》《绝望的主妇》《实习医生格蕾》等电视连续剧的横空出世，美国广播公司电视台拥有了更多的可支配的观众资源。

3. 广播

广播以其高度的流动性、即时性、便携性和随意性，深受美国民众的喜爱。无论是在汽车里、飞机里，还是在卧室里、厨房里、卫生间里，或者是在街头慢跑者的口袋里、沙滩休闲者的身边，美国人都离不开广播。它是最快捷、最便宜的大众传播工具之一，是全球新闻传播格局和文化交流格局中的重要组成部分。即使在电视和互联网高度普及的今天，它也是美国人钟爱的媒介。

广播也是美国官方对外宣传的主要媒体，美国非常注重运用广播来影响其他国家。主要对外的广播电台有“美国之音”等。

“美国之音”广播（VOA）（Voice of America），总部设在首都华盛顿，其主要任务就是对抗共产主义，宣扬美国式的民主、言论自由、人权等美国价值观以及美国的政治、经济、生活方式等。

三、美国新闻媒体的新媒体

所谓的新媒体（New Media）是相对于传统媒体而言的，是基于电信网络基础上的媒体形态——包括使用有线和无线通道的方式，是新技术支撑体系下出现的媒体形态，如数字杂志、数字报纸、数字广播、手机短信、移动电视、网络、数字电视、数字电影及触摸媒体等。阳光文化集团首席执行官（CEO）吴征认为：“相对于旧媒体，新媒体的第一个特点是它的消解力量——消解传统媒体（电视、广播、报纸、通信）之间的边界，消解国家与国家之间、社群之间、产业之间的边界，消解信息发送者和接受者之间的边界，等等。”

（一）网络

美国是国际互联网的诞生地，自 1991 年互联网从美国军方脱胎而出成为商用网络后，互联网在美国得天独厚的条件下发展迅猛，它在美国经济、文化、日常生活乃至政治生活中都起着越来越重要的作用。

美国人上网的人数和时间不断增加，2013 年的皮尤研究中心调查报告显示，约有 40%的美国人主要通过在线媒体获取新闻。这个数据与 2006 年相比，翻了一番。深受美国人喜爱的在线新闻获取的网址是：雅虎和谷歌。

1. 雅虎（Yahoo）创立于 1994 年，是全球第一家提供因特网导航服务的网站，总部设在美国加州，创始人为大卫·费洛（David Filo）和杨致远。它是美国著名的互联网网站，也是 20 世纪末互联网奇迹的创造者之一，其服务包括搜索引擎、电邮、新闻等，业务遍及 24 个国家和地区，为全球超过 5 亿的独立用户提供多元化的网络服务。

2. 谷歌（Google）创立于 1998 年，总部位于美国加州，是美国的一家跨国公司，致力于互联网搜索、云计算、广告技术等领域，开发并提供大量基于互联网的产品和服务。创始人拉里·佩奇和谢尔盖·布林在美国斯坦福大学的学生宿舍内共同开发的全新在线搜索引擎,然后迅速传播给全球的信息搜索者。搜索引擎不仅是我们工作、学习的助手，还成为娱乐工具。它的使命是整合全球信息，使人人皆可访问并从中受益。谷歌被公认为全球最大的搜索引擎，在全球范围内拥有无数的用户，它允许以多种语言进行搜索，在操作界面中提供多达 30 余种语言选择。除此之外，它还多次入围《财富》100 家最佳雇主榜单，并荣获 2013 年“最佳雇主”。

（二）社交媒体

2006 年首个社交网站脸书诞生，产生了大量的用户。超过一半的美国人（1.55 亿）表示自己有脸书账户。它成为美国使用量最大、最受用户欢迎的社交网站。

推特（Twitter）是一个美国在线社交网络和微博服务的平台，基本上统治了微博行业。很多美国人认为它是世界上最快的消息传播渠道。

除此之外，还有一些专业的社交网络正在新媒体中快速流行，领英是世界上最大的专业社交网络，这些网络让商业人士与可信赖的专业人士交流信息、分享意见、讨论商业趋势、互相提供工作机会。皮尤研究中心的一项调查显示：领英用户平均年龄较大（40 岁左右）、学历较高且多为男性（占 63%）。

除脸书、推特、领英之外，谷歌、拼趣、图享等也是非常流行的社交媒体网站。

（三）移动媒体

移动媒体是所有具有移动便携性的新兴媒体设备，包括智能手机、平板电脑、掌上电脑、掌上游戏机、移动的视听设备（如 MP3、MP4、MP5）等。正是因为互联网的快速普及，促使用户阅读习惯的改变，移动媒体的推出才顺应了移动互联网蓬勃发展的趋势。移动媒体的特点是：具有使用便捷、体积小巧、不受时间和地点的限制，使其可覆盖面更广；可个性化订制，使其受众范围更广；新闻发生后，可通过推送使用户第一时间获得。而这都是传统媒体并不具备的优势，因此，被西方人称为“口袋里的魔法”。

然而，正因为移动媒体有上述的特点，使其也同样具有下面的缺点：信息量大易导致垃圾信息众多，而忽略了关键信息；由于准入门槛底，传播主体身份隐蔽，信源不可靠，虚假信息泛滥。

说到移动媒体，不得不提到苹果公司，它也是一家注册在加州的高科技公司。虽然早在 1971 年由 16 岁的丝蒂夫•乔布斯（Steve Jobs）和 21 岁的史蒂芬•沃兹涅克（Stephen Wozniak）所注册，但它确是在 2010 年发布了第四代苹果手机而广为人知，再次声名鹊起，把移动媒体这一新兴产物迅速地推到了大众的面前。随着 iPod、iPhone、iPad、Mac 等一系列移动媒体的兴起，美国再一次成为了时代的弄潮儿，成为了万千时尚青年追随的目标，也使得移动媒体这一新兴产业成为了新媒体的领军人物。苹果公司在 2014 年世界 500 强排行榜中排第 15 名，并在同年超过谷歌，成为世界最具价值品牌。

美国不仅是一个超级政治大国、军事大国和经济大国，也是一个超级传媒大国、文化传播大国。美国媒体的产业规模和全球影响力在当今世界都是首屈一指的，它的各种报道、评论和发行在世界舆论格局中都占据着主导甚至是垄断的地位，不可小觑。对于许多涉及中国的新闻事件，美国的一些主流媒体要么是置若罔闻，要么就是小题大做、渲染夸大，这严重影响了其他国家对我国进行正确的评价和判断。因此，近年来，我们一方面努力改善与其他各国的关系；另一方面，着力打造一个国际舞台上全新的大国形象，以积极、正面、平等、友善的态度出现在世人面前，让人们对中国有一个全新的了解。

阅读美国新闻，还应了解，西方国家的世界观和价值观与我们是不同的，对待问题的方法和立场当然也会与我们大相径庭，有些观点我们是不能接受的。在看新闻时，千万不能让他们“潜移默化”了，一定要持分析、批判的态度，从中获取所需的信息和材料。

参考文献

[1] 明安香. 美国：超级传媒帝国. 北京：社会科学文献出版社，2005.
[2] 周学艺，袁宪军. 美英报刊文章选读. 上册（第三版）. 北京：北京大学出版社，2006.
[3] http://www.admaimai.com/zhuanti/Detail182.htm.

日本媒体环境

赵　敬

摘　要： 日本是当今名副其实的传媒大国，新闻事业极其发达，从传统的传媒形式——报纸、杂志、出版业，到最具公众性、传播范围最广的广播电视业，再到当今最时尚的网络新媒体，均在世界各国中位居前列。本文对日本包括报纸和通讯社、广播电视业以及新媒体在内的媒体环境进行了介绍。

关键词： 日本　媒体环境　报纸　通讯社　广播电视　新媒体

日本是当今名副其实的传媒大国，新闻事业极其发达，从传统的传媒形式——报纸、杂志、出版业，到最具公众性、传播范围最广的广播电视业，再到当今最时尚的网络新媒体，均在世界各国中位居前列。日本的共同社、时事社都是世界知名的通讯社，日本放送协会拥有与英国广播公司、美国有线电视新闻网同等的实力，读卖新闻社、朝日新闻社、每日新闻社等都综合经营着报纸、杂志、电视和广播等，形成了强大的社会舆论控制力。日本传媒业的重要特征是：从媒体性质来看，几乎没有国家经营的媒体，除公共广播电视机构日本放送协会外，其他媒体基本是商业化的私营企业或社团法人；从整体来看，业界是独立于政府的，业内的横向管理建立在平等自愿的基础上，并采取自律的方式，通过行业协会、非政府组织等第三方机构来进行监督，各个媒体组织内部结构完全按照现代企业制度模式来构建。

一、报纸和通讯社

日本是世界报纸大国，全世界发行量最高的两份报纸读卖新闻和朝日新闻都是日本报纸，报纸在日本国民生活中有很高的地位。日本的报业几乎都是私营的，五大报系和地方报纸有 130 年左右的历史，是日本明治维新后开始出现的，一般是从政党报纸、政论报纸转化为大众报纸。在日本全国都有巨大影响力的、最具代表性的五大报纸，即五大报业集团：朝日新闻、读卖新闻、每日新闻、日本经济新闻、产经新闻。除此以外，日本还有一些专业化的报纸和地方报纸，地方性报纸基本做到了一城一报。全国发行的几大地方性报纸是：东京新闻、中日新闻、北海道新闻、西日本新闻、河北新报等。体育报纸在日本也有很高的地位，主要的体育报纸有东京体育、体育报知等。日本的通讯社主要有两家——共同通讯社和时事通讯社。

日本报业的总体特征是：首先，日本的报纸虽然总量不多，全国只有120多种，但集中度高。全国性报纸的发行量每天上千万份，如读卖新闻，较大的地方性的报纸发行量从十万、几十万到上百万。对比世界知名媒体，比如纽约时报的发行量也不过两三百万份，日本报纸的发行量比较大，影响力也比较大。其次，日本媒体制作比较精良，专业水平相对比较高。再次，从产业经营的规模来看，日本媒体的产业和行规做得井井有条，产业的发展也相对比较好。不过日本媒体主要以传统媒体为主，新媒体比较少，明显偏保守。[①]另外，日本报业一般都能严格自律，1946年成立的日本报业协会制定了报业伦理纲领，强调在“捍卫言论自由”的同时，严格遵守在“自由与责任、正确与公平、独立与宽容、尊重人权、品格与节度”五方面的自律要求。

二、日本的五大报纸

（一）读卖新闻

读卖新闻是日本首屈一指的全国性综合报纸，具有相当的影响力。该报1874年11月2日在东京创刊；1924年合并了九州日报、山阴新闻等9家中小型报纸，自此由原来的地方性晚报一跃成为全国性大报；2003年日发行量已超过1 400万份，位居全世界日报发行量第一名，被列入吉尼斯世界纪录大全。但近年来其发行量已经下降至900万份左右。该报的立场是中间偏右。在读卖新闻报业集团内有以读卖巨人军、中央公论社、日本电视台、读卖电视台为代表的许多子公司。

（二）朝日新闻

朝日新闻是日本的全国性报纸之一，由朝日新闻社发行。该报1879年1月25日在大阪创刊，草创时期为插图小报，以“不偏不党”为办报方针；1888年实行产业化管理，以东京朝日新闻打进东京出版界。1930年前后，它与读卖新闻、每日新闻在东京形成三报第一次鼎立竞争的局面。1940年9月1日在各地出版的报纸统一名称为“朝日新闻”；2008年日发行量超过770万份，为日本国内日报发行量第二名。该报经常刊载许多文学作品，是一家左派报纸，拥有朝日电视台。

（三）每日新闻

每日新闻是日本很有影响力的一家报纸，也是日本历史最悠久的报纸之一。该报1872年2月21日在东京创刊，原名“东京日日新闻”，1911年3月1日

---

① 崔保国，王众一，金赢. 探秘日本媒体［J］. 世界知识，2014（5）：26–29.

与“大阪每日新闻”合并。每日新闻和朝日新闻曾并称日本最大报纸，但由于在激烈竞争下扩充太快，每日新闻在20世纪70年代陷入了经营危机，现在规模已缩小许多，目前官方公布的发行数量为393万份，在日本发行量位居第三。每日新闻是一家左派报纸，其办报宗旨为“争论之下，真理显现”。

（四）日本经济新闻

日本经济新闻简称“日经”或“日经新闻”，是日本相当具有影响力的全国性报纸之一，也是世界最大的专业性经济报纸，创刊于1876年12月2日。出版该报的日本经济新闻社，负责算出东京证券交易所的日经平均股票价格。该报社同时也是一家综合性媒体集团，经营有东京电视台、日经CNBC以及日经广播电台。日本经济新闻是以财经新闻为主的报纸，也是日本公认在政治、经济方面相对权威的、少有政治派系色彩的报纸，例如该报曾公开反对日本首相参拜靖国神社。相较日本其他媒体，日本经济新闻更关注中国经济快速增长的情况。日本经济新闻社在中国设有四处支局，分别在北京、上海、重庆和广州。

（五）产经新闻

产经新闻是由富士产经集团旗下的产业经济新闻社发行的报纸。其官方公布2011年日发行量为日刊160万份，晚报53万份，日报发行量位居全日本第7位（前6位分别为读卖新闻、朝日新闻、每日新闻、中日新闻和日本经济新闻、东京体育）。其前身是1933年6月20日在大阪创刊的日本工业新闻。该报的宣传口号是“不避讳，不一窝蜂，讲重点的报纸”，立场偏右，较为亲近自民党，有媒体称其为“自民党推销员”，保守与民族主义立场较强，与富士电视台是关系企业。

三、日本的两大通讯社

（一）共同通讯社

共同通讯社是日本最大的通讯社，简称“共同社”，是一家代表日本的国际性非盈利合作通讯社。其前身是1936年成立的同盟通讯社，1945年分为共同通讯社和时事通讯社。日本国内除东京总社外，还设6个总分社和46个支局，国外在38个世界主要城市派有常驻记者，并同外国68个新闻机构有通讯合作关系。共同社报道发生在世界各地的新闻，并将之提供给日本全国几乎所有的报社、民营电视台、电视网络媒体以及日本放送协会等新闻机构，使用其新闻的报纸约有5 000万名订阅者；同时，将日本动态提供给世界上其他各新闻机构。

（二）时事通讯社

时事通讯社是日本第二大通讯社，简称时事社，成立于1948年11月，前身为同盟通信社的经济报道部门。在日本国内除东京总社外，还设有 82 个分部，在国外 29 个城市派有常驻记者。时事社每天播发国内、国际新闻，重大新闻随时发“快讯”；经济新闻颇有特色。“经济信息专线”每天向企事业单位提供大量商情、股市等信息。该社还出版《世界周报》《时事周刊》《时事解说》和《时事年鉴》等刊物。时事社在中国北京派有常驻记者。1980 年时事社与新华社签署了新闻合作协定。

四、广播电视

日本的广播电视业有两大突出特征：一是公共广播电视与商业广播电视并存；二是商业广播电视网多以报业资本为基础。日本放送协会作为公共广播电视台，虽然不由国家直接运营，但预算和管理层的任命都需要取得国会的认可。商业广播电视网的大股东都是各大报业集团，如日本电视台（读卖新闻）、富士电视台（产经新闻）、东京广播电视台（每日新闻）、朝日电视台（朝日新闻）、东京电视台（日本经济新闻）等。另外，卫星电视在日本也较为发达。

五、电视业

日本的电视台主要有半官方性质的公共电视台——日本放送协会和分属于五大报纸的五大系列民营电视网(133 家)，另有民营卫星电视台 10 家，民营有线电视台若干。电视平均每天播放 20 小时以上。日本主要的全国电视网有：

（一）日本放送协会（NHK）

日本放送协会（NHK，Japan Broadcasting Corporation，日本放送協会）又称日本广播协会。是依据日本《放送法》（广播法）成立的大众传播机构，主要宗旨是出于公共目的为日本全国提供优质的广播服务，并负有提供国际广播的职责。其前身是 1924 年成立的社团法人东京放送局，以及 1925 年成立的社团法人名古屋放送局与社团法人大阪放送局，这三个机构在 1926 年合并为社团法人日本放送协会。日本的电台广播与电视广播事业，都是从日本放送协会开始的：电台广播服务由社团法人东京放送局（今日本放送协会广播第 1 频率）在 1925 年 3 月 22 日开始，电视广播服务则在 1953 年 2 月 1 日由日本放送协会综合频道开播。

日本放送协会属于公共媒体，由负责通信传播业务的中央省厅主管，属半官方性质。其业务与服务涵盖电视和无线电广播，并同时为日本以外地区提供服务，每天有多种语言的节目播出，是目前世界上规模最大的公共媒体机构之一。日本放送协会拥有两个无线电视频道。日本放送协会本部位于东京都涩谷区的日本放送协会放送中心，另在各道府县设立有节目制作能力的“放送局”（广播台），并设有作为采访据点的分局或报道室，和负责签合同和征收接收费业务的营业所（营业中心）。

（二）日视新闻网（NNN）、日本电视网协议会（NNS）

日视新闻网（NNN，Nippon News Network，ニッポンニュースネットワーク）、日本电视网协议会（NNS，Nippon Television Network System，日本テレビネットワーク协議会）是以日本电视台为中心的电视网，日本电视台是日本第一家从事电视事业的民营广播业者，读卖新闻集团一直是日本电视台的最大股东。日本电视台也是日本唯一在全名里使用“放送网”一词（即中文“广播网”）的电视台，因为日本电视台成立时，便计划建构以东京为中心、向日本各地统一播放节目的全国性电视网，但最后因当时广播业务的主管部门邮政省未予核准而作罢，使得其广播范围仅限于东京及周边地区。不过在1966年，日本电视台开始与其他地区的电视台组织成立了以新闻节目资源互助为核心的日视新闻网（NNN），之后又在1972年组织成立了日本电视网协议会（NNS），逐渐建构起全国性的联播网。现今日本全国皆可以接收无线电视频号的方式收看日本电视台的节目。

（三）日本新闻网（JNN）

日本新闻网（JNN，Japan News Network，ジャパンニュースネットワーク）是以东京广播公司（东京放送）为核心的电视网，为日本最悠久的电视联播网，与每日新闻的关系密切。日本新闻网成立于1959年8月1日，成立时核心成员是东京放送和每日放送，成立时有16个电视台加盟。目前日本新闻网共有28个成员，以联播新闻节目为主。在大多数的情况下，日本新闻网也等同于东京放送电视网，东京放送电视台是日本的一家电视台，是“东京放送控股”旗下主营电视业务的全资子公司。

（四）富士新闻网（FNN）

富士新闻网（FNN，Fuji News Network，フジニュースネットワーク），是以富士电视台为核心的电视联播网，富士产经集团的核心企业。富士电视台是以日本关东地区为主要播放区域的电视台，为日本五大电视联播网的核心台之一，1959年3月1日开播。富士电视台是目前东亚最具影响力的商业电视媒体之一，不少著名的日剧及综艺节目皆由富士电视台出品。2004年至2011年，富士电视台曾经连续八年实现日本电视收视率的“三冠王”（全日、晚间时段、黄金时段）。此外，富士电视台还是日本第一家播出电视动画的电视台。目前富士电视台共有28个加盟台，是日本第三大的联播网（仅次于日视新闻网和日本新闻网）。

（五）全日本新闻网（ANN）

全日本新闻网（ANN，All-nippon News Network，オールニッポンニュース·ネットワーク）是以朝日电视台和朝日广播为核心的电视联播网，目前共有26个加盟电视台，是朝日新闻报业的关系企业。在大多数情况下，全日本新闻

网与“朝日电视网”（TV Asahi Network，テレビ朝日ネットワーク）是同义词。株式会社朝日电视，通称“朝日电视台”，简称“EX”、“朝视”，是以日本关东广域圈为主要播映区域的民营无线电视台，为日本五大电视联播网之一的全日本新闻网（又称“EX系”）的核心局。

（六）东京电视网（TXN）

东京电视网（TXN，TV Tokyo Network，テレビ東京ネットワーク），又名东京电视系（テレビ東京系），是以东京电视台为核心的电视联播网，与日本经济新闻关系紧密，东京电视网的加盟台数量在日本的电视联播网中最少，仅有6台。其中，株式会社东京电视（TV TOKYO Corporation），通称“东京电视台”（テレビ東京），简称“东视”、“东京台”，是日本一家以关东地区为播送范围的无线电视台，为日本五个电视联播网之一的东京电视网的核心局。其亦为日本最晚成立的甚高频无线电视台，之后开播者均以特高频无线电波播出。

从各电视台政治立场来看：东京放送和朝日电视台属于左翼电视台，日本放送协会广播电台、东京电视台属于比较中立的电视台，而富士电视台、日本电视台则属于相对保守的电视台。

六、广播业

日本的广播电台有半官方性质的日本广播协会和4大系列的111家民营电台，平均每天播音时间在22小时以上。

（一）AM调频广播频道

1. 日本放送协会广播电台（NHK，Japan Broadcasting Corporation）系半官方性质，创建于1925年3月，现有3个广播频道，合计平均每天播音159小时。其中调幅广播有日本放送协会第1广播（ラジオ第1放送）和日本放送协会第2广播（ラジオ第2放送），日本放送协会广播电台第1广播节目多为报道、信息、娱乐类，24小时广播；日本放送协会广播电台第2广播主要为教育节目，此外还有气象预告、股票市况、外语新闻等。

2. 日本广播网（JRN，Japan Radio Network）成立于1965年5月2日，是日本一家由私营广播电台所组成的广播联播网，现在共有34个加盟电台，其主体是位于东京都的东京放送广播与信息公司。东京放送广播是东京放送控股旗下主营广播业务的全资子公司，东京广播公司（株式会社东京放送）为东京放送控股的前身。

3. 全国广播网（NRN，National Radio Network）是日本的一家广播联播网，成立于1965年5月3日，加盟者为调幅（AM）私营广播电台。其主体为株式会社文化放送和日本放送。全国广播网共有40个广播电台加盟，是日本最大的广播联播网。

（二）FM 调频广播频道

1. 日本放送协会调频广播是日本放送协会（NHK）的超短波广播。与民间广播的 FM 广播不同的是除了流行音乐以外，也播出古典音乐及世界音乐、邦乐、民谣、古典艺能、广播剧等节目。

2. 全国 FM 放送协议会（全国 FM 放送協議会）通称“JAPAN FM NETWORK”，简称 JFN，是日本私营广播电台组成的广播联播网。

3. J-Wave 是一家以东京都为广播对象范围的调频广播电台，于 1988 年开通，是一家民营调频广播电台，成立初期曾播放现代流行音乐并因此得名。

七、新媒体

在日本的网络新媒体业，国外网络媒体占主导地位，第一大门户网站是雅虎，日本本土也有一些有人气网站。但总体上讲，世界上盛行的网站在日本都流行，如脸书（Facebook）、推特（Twitter）、谷歌，日本最大的国内媒体网站是乐天株式会社经营的“乐天市场”，即乐天电子商务。日本的手机媒体很发达，docomo 和软银（softbank）业务发展得很好。

八、手机新媒体

日本是世界上最早提供 3G 业务的国家，其移动互联网发展水平在全球首屈一指。有研究数据表明，2008 年，日本移动商务、移动支付和移动广告等高端应用业务收入已占到移动互联网总收入的 34%，而同时期其他国家此类高端收入大约只占 12%。日本移动互联网发达的原因很多，但垄断和封闭仍是其重要特征。在经营模式上，日本三大电信运营商日本电报电话公司（NTT）、KDDI、软银股份有限公司（Softbank）同时也是手机制造和准入商，购买哪部手机就必须加入哪个运营商。例如 iPhone4s 的发售权由 NTT 和 Softbank 取得，想用这种手机的用户必须使用这两家公司的服务。日本电信运营商使用了与世界其他地方不同的制式标准，实现了对外的绝对垄断。三家公司间还因为语言输入编码不同，彼此短信无法互通，造成短信在日本没有太大发展。

日本移动通信技术起步较早，手机网民在总人口中比例很高，手机上网促进了博客、微博和新媒体产业的迅速发展。日本总务省的统计显示，截至 2012 年 2 月，日本手机用户为 1.23 亿，其中 3G 用户为 1.21 亿，呈持续增长态势。越来越多的日本人通过手机上网，尤其是通过手机登录博客和社交网站。日本总务省情报通信政策研究所发布的统计结果显示，2009 年 1 月底，日本全国博客登录用户为 2 695 万人，一个月内的博客浏览总量达 205 亿人次。截至 2010 年年末，包括电脑用户和手机用户在内，网民人数为 9 462 万人，互联网普及率达 78.2%。随着网络普及，尤其是 3G 业务的普及和发展，日本博客的市场规模急剧增长。2004 年，博客市场规模仅为 6.8 亿日元，至 2008 年激增至 160 亿日元。社交网站同样得到长足发展，2004 年社交网站的市场规模仅为 0.1 亿日元，到 2008 年激增至 499 亿日元。

九、网络新媒体

近年来，日本的社交网站用户数量增长明显。截至 2011 年 12 月，日本网民为 9 510 万人，其中 45%的网民（4 289 万人）为社交网站用户，并且增长迅速，比前一年的 3 671 万人增加 618 万人，也就是说每个月都有超过 50 万人进入社交网站的世界。其中，不乏一个自然人拥有多个社交网站用户名，如果重复计算的话，2011 年末日本社交网站用户为 1.57 亿。日本三大社交网站巨头 Mbga、Gree、Mixi 分别保有 2 500 万个至 3 000 万个用户，仅这三家巨头就拥有近 9 000 万个用户。同时，海外的推特、脸书、谷歌等的日本用户数也呈现迅速增长态势。此外，推特和社交网站开始携手，或许能够实现更大的影响力。2011 年 11 月日本最大的社交网站 Mixi 宣布与推特开展合作，双方展开的首个合作项目是一个叫做“Mixi Xmas 2011”的应用服务，Mixi 用户利用 Mixi voice 发布的信息可以自动转发至推特，此外还有 Mixi 日记与推特互通等功能。截至 2011 年 9 月，Mixi 的注册用户数已经达到 2 535 万人，月均使用人数为 1 516 万人；而推特在日本的用户数已经超过 1.2 亿人，日均信息发布量在 2.5 亿条以上，二者的结合给日本新媒体带来更大影响力。

十、日本报业进军新媒体

与中国主要纸媒一样，日本各大报纸十分重视网站建设。当前，读卖新闻的网站月浏览量达 4.3 亿人次。此外，朝日新闻社 2011 年 5 月起推出了面向电脑和智能手机发布信息的收费电子报“朝日新闻数字版”，用户可以每天 24 小时阅读朝日新闻的几乎所有新闻内容以及视频等。此外，输入指定密码还可自动接收信息。2010 年 3 月，日本经济新闻电子版正式开办，提供与印刷版报纸完全相同的版面和信息，利用电脑和手机上网的读者可随时随地阅览日本经济新闻提供的各种新闻信息、数据和图像等。

虽然其他报纸也在做类似的尝试，但是效果并不明显，电子版用户并没有呈现爆发性增长的趋势。日本新闻协会提供的统计数据显示，日本经济新闻电子版发行数为 10 万份左右，而同期印刷版的销量则超过 200 万份。为了应对来自网络等新媒体的冲击，朝日新闻和每日新闻等报纸正在尝试削减编辑人员，将主要人力放在调查类报道上，以挖掘独家新闻和深度调查新闻作为吸引读者的法宝，而区域类大报如东京新闻和中日新闻等，则集中精力报道地方新闻。

参考文献

［1］崔保国，王众一，金赢. 揭秘日本媒体［J］. 世界知识，2014（5）：26–29.
［2］山本文雄编. 日本大众传媒史［M］. 桂林：广西师范大学出版社，2007.
［3］维基百科. 日本媒体. http://zh.wikipedia.org/wiki/%E6%97%A5%E6%9C%AC%E5%AA%92%E9%AB%94.

意大利主要媒体一览

潘源文

摘　要：本文对意大利的主要通讯社、电视媒体以及传统纸媒的历史、发展与现状进行介绍，并对《共和国报》《晚邮报》《新闻报》的办报特色进行说明，立足于呈现出意大利媒体运营的整体环境。

关键字：意大利　主流媒体　通讯社

意大利作为欧盟重要成员国之一，同我国保持着在欧盟国家中最为稳定的双边关系。近年来，中国经济的增长成为全球经济的亮点，随着多边外交的展开，意大利主流媒体对于发展全面战略伙伴关系的中国的关注程度也与日俱增，不论是通讯社、广播电视还是报纸期刊，意大利各主流媒体在发展过程中都形成了自身独特的报道风格和定位，拥有相对固定的受众群体，在涉华报道中会出现不同的报道风格和新闻角。

意大利主要媒体有通讯社、广播电视、报纸、期刊等，其中通讯社以安莎社为代表，在广播电视业则形成以意大利国家广播电视公司（Rai）贝卢斯科尼的 Mediaset 传媒集团公私同轨并存的局面。

通讯社

安莎社（Agenzia Nazionale Stampa Associata），作为世界上最早的通讯社之一，由意大利 12 家日报社于 1945 年 1 月联合创办。总社设在罗马，在意大利国内有 22 个分社；国外有 89 个分社和记者站，遍布 78 个国家和地区；在布宜诺斯艾利斯设有一个总分社，负责拉美地区的新闻发布。每日用意大利、西班牙、葡萄牙、法、英 5 种文字播发新闻 3 500 余条、图片 900 余张，拥有全球订户 2 000 余家。安莎社同我国的新华社一直保持着良好的业务合作关系，1963 年共同签订互相提供新闻图片合同，自 1971 年开始互派常驻记者，1978 年签订新闻合作协议。

主要电视媒体

1954 年 1 月，意大利国家广播电视公司正式播出电视节目，在短短几年内取得了空前的成功，走进了几乎所有意大利家庭，电视很快取代广播成为意大利人最习惯接受资讯的方式。此外，电视的出现使意大利语标准语的普及成为可能，提升了意大利人原本松散的民族认同感。

意大利国家广播电视公司作为欧洲最大的传媒机构之一，拥有庞大的公共广播电视资源。在意大利的广播电台中，意大利国家广播电视公司的三个全国性调幅广播电台和两个立体声电台拥有最大的收听率。此外，其 21 座地区性的广播电台保证其覆盖面为 100%。

意大利国家广播电视公司还设有独立的电视新闻一台、二台，行政上平行于电视一、二、三台和广播新闻一、二、三台。其业务范围不仅包括广播电视行业，还多涉猎出版业和电影业。此外，意大利国家广播电视公司非常重视同我国广播电视同行的联系与交流，2006 年与中央电视台经过高层互访和业务磋商，签署合作协议，通过其下属数字地面平台，意大利国家广播电视公司在意转播中央电视台英语国际频道（CCTV-News）节目，而中央电视台面向中国观众每周将播出意大利国家广播电视公司提供的三小时电视节目。

20 世纪 70 年代开始，意大利媒体迎来了"二战"后又一次迅猛发展，私人电视台应运而生，并开始与公共电视台展开竞争。到 20 世纪末，意大利出现了媒体与政治结合的、颇具意大利特色的政治怪现象——媒体作为舆论平台成为了赤裸裸的个人实现政治野心的宣传机器。凭借强大的媒体优势与资金实力，1994 年贝卢斯科尼竞选政府总理并成功当选，此后虽然几次下台但又很快东山再起，直到今天仍然代表着不可忽视的政治势力。传媒大亨在政治上的成功，很大程度上是由其手中的媒体资源成就的。此外意大利一直以来都没有出台一部完整准确、严格有效的法律调控电视行业。贝卢斯科尼正是在这一背景下成功进入大众媒体市场，并逐渐发展壮大，形成了意大利电视行业从完全国家控股的单一模式转化为公有和私有分化的局面。今天除国家广播电视公司（Rai）外，意大利全国私人广播电视台共计 500 余家。贝卢斯科尼家族的 Mediaset 集团作为意大利第一家传媒跨国集团，旗下拥有 Canale5、Rete4 和 Italia1 三大商业电视台以及蒙达多利出版社（Mondadori ）、日报（Il Giornale）和《全景》（Panorama）杂志。雄厚的运作资金、综合庞大的业务领域和绝对领先的收视率（日收视率高达 39%）使 Mediaset 成为欧洲第二大私营电视集团。

传统纸媒

根据意大利报纸编辑联盟（FIEG）2013 年的数据，意大利全国范围内每天约卖出 400 万份日报，读者总人数约为 2 250 万人。意大利人的读报习惯南北有别，这主要是由于南北经济发展不平衡，人群受教育程度不同造成的。整体来说，意大利北部和中部是全国性报纸的主要发行区域，其主要报纸的总部所在地也均在米兰、罗马、都灵这样的中北部大城市，报业发行区也主要集中在意大利中北部，南部以地方日报为主。

由于政党长期直接或间接地控制着各种媒体，意大利大众化的商业报纸并没有得到良好的发展，报纸、杂志一般按照全国发行和地方发行进行划分。现意大利全国共有 120 多家日报，主要报纸有《晚邮报》《共和国报》《新闻报》《24 小时太阳报》《信使报》及《今日报》。意大利有 100 多种期刊杂志，主要综合类期刊有《全景》周刊、《时代》周刊、《快报》周刊、《欧洲人》周刊和宗教性期刊《基督教家庭》等。专题、评论性文章多出现在专业杂志上。现今，传统的报业集团都已全面进入“全媒体”时代，将传统媒体（纸质版）和新媒体（网站和社交媒体）有机地融合在一起。四大主流纸媒《晚邮报》《共和国报》《新闻报》和《信使报》都已经开发出新媒体产品。

《晚邮报》（Corriere della Sera），于 1876 年在米兰创办，是目前意大利影响最大、发行量最大的日报，2013 年的日发行量为 46 万份。《晚邮报》主要定位的读者群是 35 岁以上、受教育程度较高的社会中上层人士。《晚邮报》的国际化程度较高，创办之初，其大部分消息只来自欧洲各大城市，如今其外派记者的足迹遍布全球各地。20 世纪 70 年代《晚邮报》便向中国派驻了记者，此外，值得一提的是，在其网站上还有中文页面，尤其注重与中国同行的合作交流。其总体的报道风格政治立场不偏不倚，注重报道的时效性，题材内容主要集中在文化和经济领域。该报现有两大编辑中心，一个设在米兰，另一个设在罗马。每天出版两个版本，一个针对南方，另一个针对北方。在总部所在地米兰，同样每天出版两个版本，一个面向伦巴蒂地区，另一个面向米兰地区。因其总部设在米兰，《晚邮报》在意大利北部的影响力更大。《晚邮报》在世界 16 个主要城市派有常驻记者。

《共和国报》创办于 1976 年 1 月 14 日，是意大利第二大报，总部位于罗马，隶属于快报出版集团（Gruppo editoriale L’Espresso）。它开本略小，主要定位的读者群是意大利中南部的人群，在世界 13 个主要城市派有常驻记者。创刊之日起，《共和国报》就展示出自身鲜明的中左政治立场，时政报道特色鲜明，常将矛头指向中右派或极右派核心活跃人物身上。除了出版《共和国报》、《快报》周刊和《妇女》杂志外，《共和国报》还有 10 个地方发行的版本，日发行量约为 38 万份。《共和国报》还尤其注重新媒体业务与传统媒体的优势互补，新旧融合，于 1996 年创办了意大利第一家报业网站共和国报在线，目前注册用户超过 200 万户，此外还开通了手机报业务，用户也达到 20 多万户，并还在逐年递增。值得注意的是，在意大利，网站之间在注明来源的前提下可以互相转载，但是不能无偿转载使用传统媒体的文章；传统媒体创办的网站完全依靠传统媒体本身获得信息，网站内容不做展开报道，深度报道仍然留给传统媒体，如此一来更加加深了新媒体与传统媒体的密切联系，同时也使传统媒体的网站在盈利和影响力等方面都超出非传统媒体的网站。换句话说，在新媒体迅猛发展的今天，意大利的传统媒体的权威地位仍然是不容忽视的。

《新闻报》（La Stampa）总部位于都灵，菲亚特集团占《新闻报》隶属的意大利出版有限公司（Italiana Editrice S.p.A.）77%的股份。1868 年创刊时名为《皮埃蒙特报》（Gazzetta Piemontese），后 1894 年改为现名。《新闻报》每天出 44 版，2013 年的日发行量为 22 万份，是发行量第三大的综合性报纸（若将《24 小时太阳报》和《体育报》两份专业性报纸计算在内，则《新闻报》的发行量在全国性报纸中排名第五）。它在世界 8 个主要城市派驻有记者。

杂志中影响较大的有综合性周刊《全景》（Panorama），它创刊于 1962 年，隶属于蒙达多利集团（Arnoldo Mondadori Editore），总部设在米兰，发行量为 30 万份左右（2013 年数据）。《全景》内容丰富，以国内政治分析评论著名。此外，创刊于 1955 年的《快报》周刊（L'espresso）在政治、文化、经济领域的分析文章也享有较高的关注度。

参考文献

[1] 李希光，刘康. 妖魔化中国的背后 [M]. 北京：中国社会科学出版社，1996.

[2] 张建中，王璐. 贝卢斯科尼与当代意大利电视 [J]. 东南传播，2009.

当代越南媒体环境探析

聂 槟

摘 要：1986 年实行全面革新开放后，越南的新闻传媒业发展迅猛，逐步形成了传统媒体和新媒体相结合的全方位、动态化的传媒架构。越南新闻媒体既是官方的喉舌，同时也是人民的论坛，强调民主，管理宽松，为推动国家发展起到了重要作用，但同时也涌现出过度商业化、对一些网络媒体监管不力等问题。在涉华报道方面，越南媒体对中国关注度高，报道面广，总体态度较为客观公正，但部分专题报道负面倾向明显。

关键词：越南　媒体环境　官方喉舌　人民论坛　涉华报道

1986 年越共六大以来，越南进入全面革新开放的新时期，政治上坚持以马列主义、胡志明思想为指导，在越南共产党的领导下，走社会主义道路，建设属于人民、来自人民和为了人民的社会主义法权国家；经济上大力发展生产力，推进国家工业化和现代化，建设社会主义定向的市场经济。在这样一种政治经济环境下，越南的新闻传媒业也获得了迅猛发展，并伴随着信息技术的飞速进步，逐步形成了传统媒体和新媒体相结合的全方位、动态化的传媒架构，在越南的经济社会生活中扮演着重要角色。同时，由于历史、地缘因素，以及当前中越两国在政治、经济、文化等各方面的密切关系，越南媒体对中国保持高度关注，进行了大量报道。

一、越南媒体环境总述

1987 年，越共中央总书记阮文灵发表了题为《当务之急》的系列文章，提出“新闻传媒既是官方喉舌，同时也是人民的论坛”，[①]由此为越南当代新闻传媒奠定了基调。

1989 年 12 月，越南第八届国会第六次会议通过了越南《新闻法》，规定“越南社会主义共和国的新闻媒体是社会生活中必要的大众通讯工具，是党的组织、国家机关和社会组织的言论机关，是人民的论坛”，这样就将越南新闻媒体作为官方喉舌和人民论坛的职能和作用以法律的形式固定下来。《新闻法》还规定

① 易文. 越南革新以来新闻传媒改革历程及特点分析［J］. 新闻大学，2014（5）：32–33.

“国家创造便利条件以便公民行使新闻自由权和新闻言论自由权，并使新闻正确发挥自身的作用”，“新闻机构、新闻工作者在法律范畴内活动，受国家保护；任何组织和个人不得限制、妨碍新闻机构、新闻工作者的活动。不允许滥用新闻自由权和新闻言论自由权来侵犯国家、集体和公民的利益”。[①]《新闻法》还对人民的新闻自由权和新闻言论自由权，新闻媒体的任务和权限，国家对新闻媒体的管理等作出了明确规定。1999 年 6 月，越南第十届国会第五次会议对《新闻法》进行了修订，将网络媒体补充到新闻媒体的种类中，并对其他诸多条款作了修改和补充，进一步完善了《新闻法》，体现了越南对新闻传媒的重视和与时俱进的发展。

在这样一种宽松、积极、有序的环境下，越南的新闻传媒业获得了很大发展，传统媒体与新媒体齐头并进，相互交融。在报刊媒体方面，截至 2009 年 5 月，越南全国共有 710 个新闻出版印刷单位，896 种公开发表刊物，其中包括国家级的 77 种报纸，416 份杂志和 105 种副刊。[②]主要报刊有《人民报》《人民军队报》《青年报》《大团结报》《新河内报》及《西贡解放报》，主要杂志有《共产主义》《全民国防》和《人民代表》等。在电视媒体方面，目前越南的主要电视台有越南电视台、河内电视 1 台、河内电视 2 台、河内有线台、胡志明市电视台、胡志明市旅游有线台、岘港电视台、芹苴电视台、顺化电视台等，这些电视台每天向越南全国播放节目，信号覆盖全国 90%以上地区。在广播媒体方面，除了最主要的越南之声广播电台，越南还有 63 个省、中央直辖市级广播电台，600 多个县、市级广播电台以及 120 000 个乡、坊、工厂、矿区的广播站。[③]在新闻通讯社方面，1945 年创立的越南通讯社为国家通讯社，在全国各省市均设有分社，并设有 16 个驻外分社。在网络媒体方面，1997 年越南政府决定正式连接互联网，此后越南出现了大量提供网络服务的公司。而各新闻媒体单位也纷纷开设网站，提供网上在线阅读，实现了传统媒体与新媒体的交融并进。比如《人民报》于 1998 年 6 月就创建了《人民电子报》，实现了越语新闻在线阅读，之后又于 1999 年增设了英文版；越南通讯社同样于 1998 年就建立了网站，实现了新闻上网等。

由此可见，越南的媒体环境带有鲜明的越南特色，它以马列主义和胡志明思想为指导，体现了自由民主与依法管理的统一。一方面，作为官方喉舌，它必须维护越南共产党的路线、方针、政策，捍卫国家的利益；另一方面，作为人民论坛，它又是面向大众的，鼓励人民针砭时弊，实现公民的新闻自由权与

① （越）越南新闻法（1989）［EB/OL］.（1989-12-28）［2015-02-10］. http://www.luatbaochi.com/luat-bao-chi/luat-bao-chi-1989/chuong-i-nhung-quy-dinh-chung_t12-c014-a15-mg.html.

② 李晨. 越南革新开放以来传媒制度变迁研究［D］. 南宁：广西大学，2012：10.

③ 李晨. 越南革新开放以来传媒制度变迁研究［D］. 南宁：广西大学，2012：10.

新闻言论自由权。

二、越南部分重要媒体介绍

1.《人民报》

《人民报》创刊于 1951 年 3 月 11 日，是越南共产党中央机关报，由越南共产党中央政治局主管，是越南发行量最大、最具影响力的报纸。作为越南党、国家和人民的喉舌，其报道准确、严谨，具有权威性和公正性。该报目前出版日报、周报和月报三种，并于 1998 年 6 月创建《人民电子报》，实现越语新闻在线阅读，2012 年 8 月 30 日开通中文网站《人民报网》。

2.《人民军队报》

《人民军队报》创刊于 1950 年 10 月 20 日，前身为《北山报》，是越共中央军事党委和越南国防部的机关报，由越南人民军总政治局和越南国防部主管，反映越南人民武装力量的声音，有助于了解越南的外交路线、国防政策和人民军队的形象。该报目前出版日报、周末版和月刊《事件与人证》。2012 年 6 月 19 日，开通中文电子版。

3.《共产主义》杂志

《共产主义》杂志创刊于 1955 年，原名《学习》，是越共中央委员会理论与政治机关刊物，也是宣传越南党和政府政策路线的重要杂志。2002 年 2 月创建《共产主义》电子杂志，实现了与新媒体的结合，拓宽了传播渠道。2013 年 10 月 23 日，该杂志正式开通中文网，旨在向全球中文读者介绍越南共产党和国家关于内政外交的观点、方针、路线，建设、保卫国家的理论和实践问题等。

4. 越南电视台

越南电视台为越南国家电视台，创建于 1970 年 9 月 7 日，由越南政府直接领导。主要频道有：新闻综合频道（VTV1）、科学教育频道（VTV2）、体育娱乐和经济新闻频道（VTV3）、国际频道（VTV4）、少数民族频道（VTV5）、青少年频道（VTV6）和南部频道（VTV9）。另外还有 9 个有线电视频道（VCTV1–VCTV9）。其中 VTV1、VTV4 和 VTV5 均有汉语节目播出。除了播出电视节目外，越南电视台还发展了电视购物、网络电视、杂志等多样化业务。目前，越南电视台通过卫星和数百个基站已经实现了对全国 90%以上地区的信号覆盖，VTV4 即国际频道的信号更是覆盖了全球各大洲。

5. 越南之声广播电台

越南之声广播电台为越南国家广播电台，创建于 1945 年 9 月 7 日，由越南政府直接领导，承担通讯职能，宣传越南共产党的路线、政策和国家的法律等。该广播电台有四套对内节目，用越南语及多种少数民族语言进行对内广播，同时还以汉语普通话、汉语方言广东话以及英语、俄语、法语、西班牙语、日语、泰语、印尼语、马来语、老挝语、柬埔寨语等多种语言对外广播。经过几十年的发展，越南之声已经拓展为一个拥有广播、电子报和纸质报刊的大众传媒机构。2012 年 1 月 16 日，越南之声中文网站正式上线，成为全球中文读者了解越南的又一重要窗口。

6. 越南通讯社

越南通讯社创建于 1945 年 9 月 15 日，由越南政府直接领导，负责对外发布越南党和政府的信息与文件，并将世界各国的信息传递给越南国内的读者。越通社在越南全国 63 个省和中央直辖市均设有分社，并在世界五大洲设立了 26 个国外分社。该社主办超过 35 种出版物，提供图片服务，并利用先进技术制作电视和多媒体节目，向国内外读者提供各个领域的新闻信息，成为越南了解世界和世界了解越南的桥梁。1998 年 8 月创建网站，逐步建立起现代信息网络系统。2010 年 9 月 28 日，正式开通中文网站，用中文登载关于越南国内和中越两国各领域合作情况的新闻。

三、越南媒体环境的特点

纵观越南全面革新开放近三十年来新闻传媒业的发展变化，我们认为越南媒体体现出以下几个特点：

1. 坚持越南共产党的领导，是官方的喉舌。越南作为社会主义国家，坚持社会主义方向，坚持越南共产党的领导，因此越南强调要坚持马列主义、胡志明的新闻观，强调“新闻出版要在党的领导下、在国家的管理下，在法律的范围内活动”。越南共产党掌握并规定新闻媒体的发展方向，参与新闻媒体的工作，在新闻媒体中设立党组织，媒体负责人为党员等。[①]越南《新闻法》也规定，“政府统一负责对新闻的国家管理”，“文化通讯部对政府负责，实施对新闻的国家管理”。[②]在这样一种指导方针和管理体制下，越南的新闻传媒具有思想性、阶级性和战斗性，体现了党和国家的路线方针，同各种敌对势力的错误论调展开斗争，是越南官方的喉舌。

2. 坚持以民为本，是人民的论坛。1986 年越共六大提出了“以民为本”的思想。1987 年，阮文灵在《当务之急》中提出了新闻媒体的“人民论坛”观。他指出，新闻媒体应是“实现‘民知、民谈、民做、民检’主张的工具”，是人民群众“获得信息反映心声的渠道”。[③]此后，越南的新闻媒体一直践行着“人民论坛”的职能，人民群众通过媒体针砭时弊，揭露和批评各种消极现象，

---

① 易文. 越南革新开放以来新闻传媒研究［D］. 上海：上海大学，2011：73–78.

② （越）越南新闻法（1999 年修订）［EB/OL］.（1999–06–12）［2015–02–10］. http://www.luatbaochi.com/luat-bao-chi/luat-bao-chi-sua-doi-1999/luat-so_t12-c015-a16-ma.html.

③ 易文. 越南革新开放以来新闻传媒研究［D］. 上海：上海大学，2011：105.

在越南的反腐斗争中发挥了重要作用，并通过“社会反辩”①来参与政治决策。比如越共十大召开前，就通过新闻媒体公布了十大报告草案，动员全民参与讨论，广泛征求群众意见。人民大众踊跃响应，并就草案中的重要问题在媒体上展开激辩。通过这些举措，越南的新闻媒体真正成为了人民的论坛。

3. 强调民主，管理宽松。越共六大以来一直强调社会主义民主建设，而“人民论坛”观的提出和践行也体现了越南党和国家以及新闻传媒业自身对该领域民主的重视。越南《新闻法》规定，公民有权“通过新闻媒体获取关于国内外各方面情况的信息”，有权“就国家与世界的情况发表意见”，“就建设和执行党的路线、主张、政策以及国家的法律提出意见”等。②越南各新闻媒体对国内外大小事件的报道和人民群众通过“社会反辩”等机制的积极参与充分展现了其在新闻传媒管理上的民主，但同时也显示这一管理较为宽松，尤其是在对网络媒体的监管上。随着互联网的飞速发展，越南的各种国内外敌对势力也加紧利用信息技术对越南进行意识形态的渗透，因此如何在新形势下加强对新闻媒体的管理，防范和平演变，成为越南党和政府面临的一个重大问题。

4. 迎合经济发展，商业化倾向趋强。越共六大提出建立“社会主义定向的商品经济”，到 2001 年的越共九大则明确提出处于向社会主义过渡时期的越南所采取的经济模式为“社会主义定向的市场经济”。为迎合经济的发展，越南媒体也出现了商业化倾向，且有不断增强的趋势。一些媒体为了经济利益而刊登虚假消息，或是为了广告收入违背职业道德和专业精神，甚至有媒体不顾法律、行业规定而使用绝密文件，媒体为吸引眼球而过度追求消极新闻，娱乐性增强，社会责任感下降。③这一趋势令人担忧，若持续发展，必将损害越南党、国家和人民的利益，背离新闻媒体作为官方喉舌和人民论坛的职能。

四、越南媒体对中国的关注度和总体态度

中国和越南是山水相连的邻国，有深厚的历史渊源，文化相通；现在又同为社会主义国家，理想相同，利益相关，越南的革新开放大量学习和借鉴了中国改革开放的经验教训，因此越南媒体非常重视中国，对中国保持高度关注，无论是传统媒体还是新媒体均播放和登载大量涉华报道。这些涉华报道总体来看比较客观，但部分涉华专题报道具有明显的倾向性。

1. 重视中国，对中国关注度高，报道面广。越南各主流媒体和非主流媒体

① 由人民对一个问题（常常是决策问题）进行全面分析，以评价它的对错、厉害关系等。

② （越）越南新闻法（1989）[EB/OL].（1989-12-28）[2015-02-10]. http://www.luatbaochi.com/luat-bao-chi/luat-bao-chi-1989/chuong-ii-quyen-tu-do-bao-chi-quyen-tu-do-ngon-luan-tren-bao-chi-cua-nhan-dan_t12-c014-a14-mg.html.

③ 李晨. 越南革新开放以来传媒制度变迁研究［D］. 南宁：广西大学，2012：37-39.

均持续关注中国政治、经济、社会文化等方方面面的相关新闻，刊登了大量涉华报道。各主流媒体如上述的《人民报》《人民军队报》《共产主义》杂志、越南电视台、越南之声广播电台、越南通讯社等更是开通了中文网站或播出中文节目，便于中国了解越南，尤其是了解越南官方和民众对中国的态度和看法。我们以 2013 年 8～9 月越南通讯社越文网站对中国的报道为例做个案分析，发现每个月的涉华报道数量均在 400 条以上，以政治、经济类新闻为主。其中 8 月份共刊登涉华报道 437 条，包括政治类新闻 253 条，占 57.9%；经济类新闻 127 条，占 29.1%；社会文化类新闻 57 条，占 13%。9 月份共刊登涉华报道 458 条，包括政治类新闻 235 条，占 51.3%；经济类新闻 188 条，占 41.1%；社会文化类新闻 35 条，占 7.6%。从内容上看，政治类报道涉及中国国内政治局势、中国与外国关系（尤其是军事关系）、中国对一些国际问题的立场和看法等；经济类报道涉及中国国内经济形势、中国与各国的经济关系等；社会文化类报道涉及中国社会生活的方方面面，如各种天灾人祸、食品安全、教育等。

2. 报道总体态度较为客观公正，但部分专题报道倾向性明显，表现出较强的负面态度。越南涉华报道总的来看较为客观公正，尤其是主流媒体，多本着尊重事实、积极友好的正面态度来报道中国。比如在报道中国的丝绸之路经济带时，越南之声广播电台网站以“中国打造新丝绸之路的基石”为标题，指出中亚地区在中国的“西部战略”中具有头等重要性，中国欲通过建设新丝绸之路来打造地缘政治优势。①越南电视台网站则以“亚欧论坛上‘丝绸之路’的复苏”为标题，指出“围绕‘深入切实合作，推动共同繁荣’的主题，论坛上值得关注的创见之一是恢复自古以来就存在的将亚洲和欧洲连接起来的‘丝绸之路’”。②但在报道与越南利益相关的一些具体事件时，则表现出明显的倾向性，不顾事实，站在越南立场，指责中国。

结语

综上所述，越南目前已形成了由报刊、电视、广播、通讯社等传统媒体和网络新媒体构成的较为完善的传媒架构。作为一个走社会主义道路的国家，越南的新闻媒体一方面是越南共产党和政府的喉舌，捍卫党的主张和国家利益，另一方面也是人民论坛，反映大众的心声。其在自身发展过程中取得的进步和在推动国家发展中起到的重要作用值得肯定，但我们也要看到其发展中涌现的问题，如过度商业化、对部分网络媒体的监管不力等，而能否解决好这些问题

① （越）越南之声广播电台网. 中国打造新丝绸之路的基石［EB/OL］.（2013–09–13）［2014–03–20］. http://vov.vn/The-gioi/Quan-sat/Trung-Quoc-xay-dung-nen-tang-cho-con-duong-to-lua-moi/280519.vov.

② （越）越南电视台网. 亚欧论坛上“丝绸之路”的复苏［EB/OL］.（2013–09–28）［2014–03–20］. http://vtv.vn/Thoi-su-quoc-te/Hoi-sinh-Con-duong-to-lua-tai-Dien-dan-kinh-te-Au-A/82688.vtv.

则考验着越南共产党的执政能力和国家的治理能力。在涉华报道方面，报道数量多、报道面广，体现了越南媒体对中国的高度关注，而主流媒体所表现出的较为客观公正的态度也展现了越南媒体较高的职业道德和对中国的友好。但不可忽视的是，近几年，越南媒体对中国持负面态度的报道不断增加，对中国形象的构建产生了不良影响。总之，越南的媒体环境总体来说是较为健康的，但仍需进一步完善以加强其客观公正性，切实发挥新闻传媒的作用。而加强对涉华报道的管理和引导，则有利于巩固和加深中越两国的传统友谊，推动两国的共同发展。

参考文献

[1] 易文. 越南革新开放以来新闻传媒研究［D］. 上海：上海大学，2011.
[2] 易文. 越南革新以来新闻传媒改革历程及特点分析［J］. 新闻大学，2014（5）：32–39.
[3] 李晨. 越南革新开放以来传媒制度变迁研究［D］. 南宁：广西大学，2012.
[4] 张加祥，俞培玲. 越南［M］. 重庆：重庆出版社，2004.
[5] 张健. 美国主流媒体涉华报道分析［J］. 国际观察，2007（1）：51–56.
[6] 杨席珍. CNN 新闻报道的倾向性分析［J］. 中国广播电视学刊，2010（1）：67–68.
[7] 李春霞. 越南官方媒体的中国认知变迁分析——以越南《人民报》（2000～2011）为样本［J］. 当代亚太，2012（5）：97–120.
[8] 黄敏. 越南《年轻人报》报道中的中国形象——以 2010 年与 2011 年为例［J］. 东南亚研究，2013（4）：4–16.
[9]（越）吴德识. 论越南《人民报网》新闻报道呈现的中国国家形象（2003～2012）［D］. 上海：华东师范大学，2014.
[10]（越）黄瑞艳媚. 新媒体环境下越南传统报纸的生存困境和应对策略［D］. 广州：华南理工大学，2011.

下　编

各国（地区）媒体涉华报道研究

阿拉伯媒体涉华经济贸易报道指数分析

黄 慧 李 愫 姬鲁冰

摘 要：中阿经贸合作是中阿双边关系的重要组成部分。2010 年年底以来，阿拉伯地区发生了波及范围广泛的政治动荡。中阿经贸关系发展所面临的形势因其动荡而复杂化。以 2011 年至 2014 年为考察时间段，通过建立阿拉伯媒体涉华经济报道指数、阿拉伯媒体涉华贸易报道指数、阿拉伯媒体涉华负面经济报道指数和阿拉伯媒体涉华负面贸易报道指数，可对阿拉伯媒体对于中阿经贸合作的态度进行定性和定量分析，从而为中国企业走向阿拉伯市场提供一定的参考。

关键词：阿拉伯媒体 涉华经济报道指数 涉华贸易报道指数

引言

随着中国国力的不断上升，中国在中东地区的政治、经济影响力不断扩大。在全方位对外开放格局下，向西开放是中国扩大对外开放的重要举措。阿拉伯国家是中国实施“市场多元化”战略和企业“走出去”战略的重要地区。中阿合作论坛、中阿博览会等中国与阿拉伯国家的合作框架已经搭建，为中阿经贸关系的发展创造了良好的条件。

近年来，中阿双方在工程承包、劳务合作、双向投资、人员培训等领域取得积极进展。2010 年年底以来，中东地区陷入政局动荡，尽管如此，中国同阿拉伯国家的贸易仍保持了稳定增长。2010 年至 2014 年，中国同阿拉伯国家的贸易额逐年递增。在 2014 年 6 月的中阿合作论坛第六届部长级会议上，习近平主席指出，未来 10 年争取把中阿贸易额提升至 6 000 亿美元。

当前，阿拉伯地区仍处于动荡之中，短期内将面临经济衰退的困境。此外，部分阿拉伯国家与民众对中国自 2010 年年底中东动荡发生以来的一些立场，例如对叙利亚问题的表态不理解、不赞同，这给中阿经济关系的发展带来了一些问题。但从长期看，中国奉行的不干涉别国内政的外交政策正在逐步得到阿拉伯各国的肯定，有利于中国与相关国家发展经贸关系。而未来阿拉伯国家的经济恢复和民生事业也将为中国企业“走出去”带来新的契机。

在此背景下，对阿拉伯媒体涉华经济、贸易报道进行追踪、分析是一项应用价值突出的研究课题。该课题的研究有助于及时把握阿拉伯国家对中国经济发展及中阿经贸合作的态度；有助于中国制定对阿拉伯国家的贸易政策，为中国企业走向阿拉伯市场提供参考；有助于把握阿拉伯各国对中阿经贸合作的关注重点，并作出及时的回应；有助于研判相关风险，有针对性地解决中阿经贸合作和中国企业走向阿拉伯市场的实际困难。

国外媒体涉华舆情研究是当前国内学界研究的热点。在高校及科研单位方面，中国社会科学院、北京大学、中国传媒大学、北京语言大学、北京外国语大学、上海外国语大学等均对此课题有所涉及；在媒体方面，新华社、中央电视台、中国国际广播电台等单位也对此进行分析研究。对阿拉伯媒体涉华经济、贸易报道进行指数分析，是舆情研究中的一种差异化选择。

本文的研究采取定性分析与定量分析相结合的方法，通过道琼斯公司开发的全球商业新闻公司资讯数据库（下称 Factiva 数据库），搜索 2011 年 1 月至 2014 年 12 月阿拉伯国家所有媒体的相关报道。在搜索过程中，我们设定了本文中所涉及的以各个关键词为核心的阿拉伯语词组的各种语法组合，力求穷尽所有信息；在此基础上进行人工二次筛选，剔除无关信息。在完成搜索后，我们建立了阿拉伯媒体涉华经济报道指数（CRI-E）、阿拉伯媒体涉华报道贸易指数（CRI-T）、阿拉伯媒体涉华负面经济报道指数（CBI-E）和阿拉伯媒体涉华负面贸易报道指数（CBI-T），并结合地区和国际局势、中阿经贸往来状况等情况分析指数波动的情况。

一、2011 年 1 月至 2014 年 12 月阿拉伯媒体涉华报道总体特征

（一）阿拉伯媒体涉华报道量总体上升

2011 年至 2014 年期间，阿拉伯媒体涉华报道数量总体呈显著增长之势。在 Factiva 数据库中设定“2011 至 2014”这一时间段，勾选阿拉伯媒体，输入“中国”（الصين），以及与“中国”一词在阿拉伯语中的各种变化形式及与之相关的阿拉伯语词汇，包括“中国的”、“中国人”等。此外，还输入了阿拉伯媒体中较常出现的“北京”（بكين）、“上海”（شانغهاي）、“广东”（قوانغدون）、“天津”（تيانجين）、“宁夏”（نينغشيا）等关键词检索，最终得出了阿拉伯媒体在这 4 年期间涉华报道的总量。2011 年为 9 324 篇[①]，2012 年为 26 902 篇，2013 年为 15 846 篇，2014 年为 17 007 篇；其中峰值为 2012 年，2013 年有所回落，2014 年再度增加（参见图 1）。

① 本文统计数据来自 Factiva 数据库。

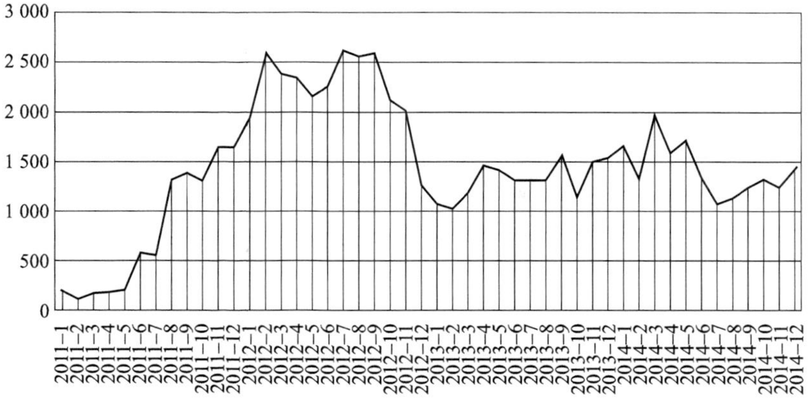

图 1　2011 年 1 月至 2014 年 12 月阿拉伯媒体月涉华报道数量（篇）

数据来源：道琼斯 Factiva 数据库

（二）阿拉伯媒体涉华报道量变化与中东局势、中阿关系状况密切相关

2010 年年底，阿拉伯地区多个国家发生了政权更迭，动荡席卷整个地区。在事件频发的 2011 年，有关阿拉伯各国发生的游行示威、政治事件是阿拉伯媒体的报道核心。作为本研究起始年的 2011 年也正是阿拉伯媒体涉华报道最少的一年。

进入 2012 年，多个阿拉伯国家已经发生政权更迭，中东变局深入发展。中国在中东变局中所坚持的不干涉别国内政的外交原则和积极维护地区稳定与发展的姿态逐步赢得了阿拉伯国家和人民的支持。中国积极参与对地区热点问题的和平解决，适时就推动政治解决叙利亚问题提出有关主张和建议，受到各方好评。中国与阿拉伯国家的贸易额 2012 年达到 2 223.59 亿美元，同比增长 13.51%；从阿拉伯国家进口原油 1.257 亿吨，同比增长 3.57%①。在这样的背景下，阿拉伯媒体涉华报道量达到峰值。

2013 年至 2014 年，阿拉伯地区的动荡持续，转型期国家亟需恢复政治秩序、改善民生、发展经济。中国自中东变局发生以来一贯的外交政策加强了中国在阿拉伯地区的正面形象。中国自改革开放以来成功的发展经验和治国理政方面的成就可为阿拉伯国家所借鉴。中阿之间逐年攀升的贸易额给阿拉伯国家的经济发展带来了机遇。这些情况反映在阿拉伯媒体的报道之中。尽管 2013 年阿拉伯媒体涉华报道量较 2012 年的高峰有所下降，但 2014 年又有了回升，2013、2014 两年的各自报道量较之考察起点的 2011 年有明显增多。

---

① 吴思科，《展望 2013 中阿关系：变局中抓机遇探索中谋发展》，http://www.china.com.cn/international/txt/2012-12/28/content_27539531_2.htm。

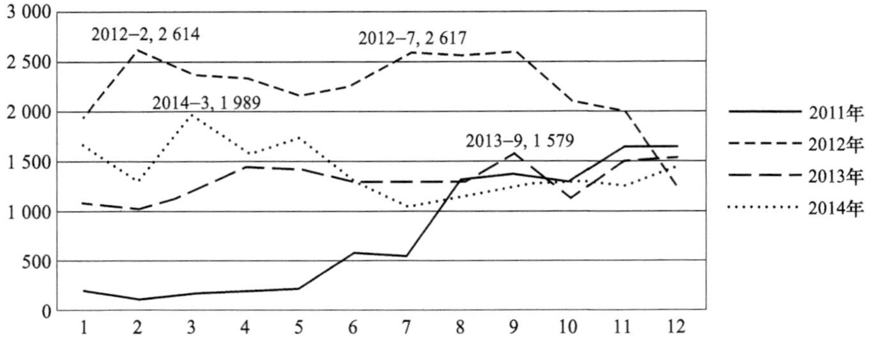

图 2　2011 年 1 月至 2014 年 12 月阿拉伯媒体涉华报道数量（篇）

数据来源：道琼斯 Factiva 数据库

2011 年 2 月和 2012 年 2 月分别是阿拉伯媒体涉华报道数量的最低点和最高点。2011 年 1 月中下旬，埃及、也门也爆发大规模反政府游行示威，随即发生政治动荡；2 月 11 日埃及前总统穆巴拉克下台；2 月 17 日，利比亚内战爆发。在地区局势恶化的情况下，2011 年 2 月，阿拉伯媒体涉华报道量仅为 117 篇。2011 年 7 月，第二届中阿经贸论坛组委会会议在北京举行。阿拉伯媒体涉华报道量也从当年 7 月开始显著增长。2012 年，阿拉伯媒体涉华报道数量猛增，2 月和 7 月是两个高峰，分别达到了 2 614 篇和 2 617 篇，其中包括对第十四届中欧领导人会晤、第四次金砖国家领导人会晤、联合国安理会就叙利亚决议草案表决的系列报道以及多篇涉及中阿双方商讨未来合作发展的报道。

2012 年至 2014 年，阿拉伯媒体每年的涉华报道数量大体在每年 1 季度和 3 季度形成两个高峰。每年 3 月，正值中国“两会”期间，阿拉伯媒体对中国的关注上升，主要报道集中在中国政治经济发展状况、中国与其他国家的双边关系等主题。9 月，中阿合作论坛、中阿经贸论坛–中阿博览会等会议召开，阿拉伯媒体涉及中阿双边合作机制的报道增加。

（三）经济和贸易是阿拉伯媒体涉华报道中的热点主题

在 2011 年 1 月至 2014 年 12 月这个考察区间内，Factiva 数据库选取的阿拉伯媒体涉华报道的新闻主题集中在外交关系及外交事务、皇室、足球、经济增长或经济衰退、贸易数字、证券市场、经济新闻和国内政治等领域（参见图 3）。

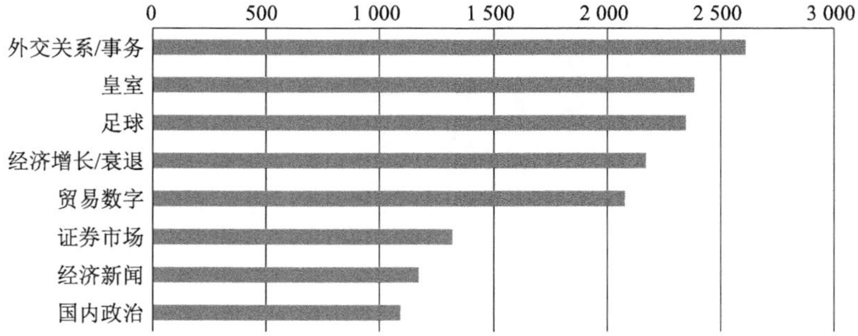

图 3　2011 年 1 月至 2014 年 12 月阿拉伯媒体涉华报道主要主题（篇）

数据来源：道琼斯 Factiva 数据库

综合来看，2011 年至 2014 年，阿拉伯媒体涉华报道中分量最重的是有关经济和贸易的报道。上图中的“经济增长/……”、“贸易数字”、“证券市场”、“经济新闻”均属经济和贸易主题。尽管从单个词条看数量不及外交关系等主题，但上述四项相加，总量可观。阿拉伯媒体对中国经济和贸易问题的关注一定程度上反应了中国在阿拉伯国家的经济影响力和中阿经贸关系在中阿关系中的分量。

外交关系和外交事务也是阿拉伯媒体涉华报道中高频出现的主题。从年份的角度看，2012 年的报道量最大。从国别的角度看，阿拉伯媒体较为关注中美、中俄关系。在阿拉伯国家，有关外交关系的报道集中在中国与叙利亚、巴林、约旦和埃及的双边关系上。排名第 2 的“皇室”主题主要涉及沙特、巴林等海湾君主制国家与中国的关系，这在一定程度上体现了中国与海湾国家之间密切的政治往来。

二、阿拉伯媒体涉华经济、贸易报道指数分析

（一）阿拉伯媒体涉华经济、贸易报道数量

2011 年 1 月至 2014 年 12 月，阿拉伯媒体涉华经济、贸易报道数量变化趋势与涉华报道数量变化趋势一致，2011 年较少，2012 年增长显著，2013 年和 2014 年保持稳定（参见图 4）。以“经济”（اقتصاد）、“国内生产总值”（الناتج المحلي الإجمالي）为关键词，用“and”命令连接用来搜索涉华报道的关键词“中国”（الصين）、“北京”（بكين）、“上海”（شانغهاي）、“广东”（قوانغدون）、“天津”（تيانجين）、“宁夏”（نينغشيا），在 Factiva 数据库中搜得阿拉伯媒体涉华经济报道总量为 23 610 篇。以“贸易”（تجارة）、“出口”（تصدير）、“进口”（استيراد）、“承包”（مقاولة）为关键词，以“and”命令连接用来搜索涉华报道的关键词，在 Factiva 数据库中搜得阿拉伯涉华贸易报道总量为 18 228 篇。

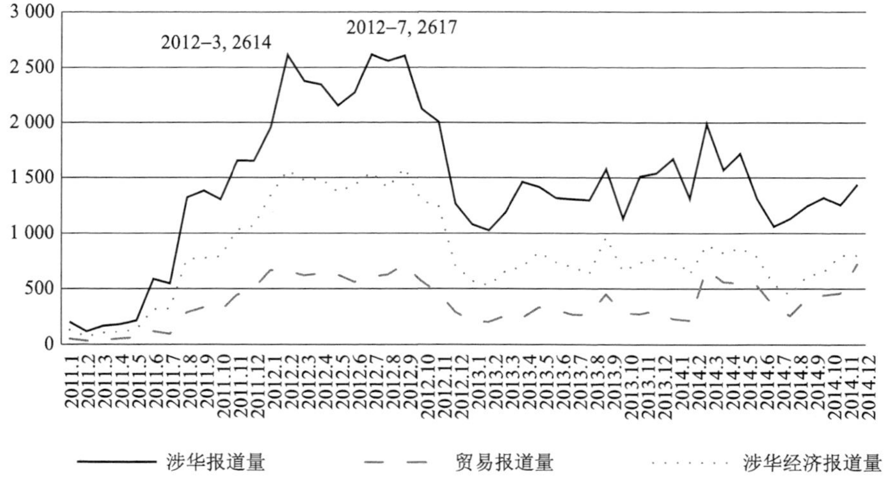

图 4　2011 年 1 月至 2014 年 12 月阿拉伯媒体涉华经济报道、贸易报道数量（篇）

数据来源：道琼斯 Factiva 数据库

从曲线的趋势看，2011 年 1 月至 2014 年 12 月阿拉伯媒体涉华经济、贸易报道量与涉华报道量的波动态势一致。2011 年全年呈逐渐上升的趋势；2012 年较 2011 年大幅增长，其中一季度和三季度分别出现了两次高峰；2013 年和 2014 年相对平稳，总体高于 2011 年的水平。阿拉伯媒体涉华经济、贸易报道量的波动取决于三个因素：一是阿拉伯国家的政治稳定程度，二是中国经济的热点和大事件，三是中阿经贸论坛–中阿博览会等有关中阿经贸合作的大事件等。

相对于阿拉伯媒体涉华经济报道，涉华贸易报道的总量较低。从报道内容看，关于中国宏观经济状况的报道量相对较大，关于中阿之间贸易往来以及中国对外贸易的报道量相对较小。但从曲线的波动程度看，阿拉伯媒体涉华贸易报道量相对涉华经济报道量更为稳定，受地区和国际形势的影响较小，这在一定程度上印证了中阿经贸合作相对稳定的状态。

（二）阿拉伯媒体涉华经济报道指数（CRI-E）

以阿拉伯媒体涉华报道数量为参照系，设定 2011 年至 2014 年阿拉伯涉华经济报道指数（China Reports Index-Economics，简称 CRI-E），我们可对阿拉伯涉华经济报道的情况进行更进一步的量化分析。阿拉伯涉华经济报道指数的计算公式设定如下：

$$\text{CRI-E（t）} = \frac{\#\text{阿拉伯媒体涉华经济报道}}{\#\text{阿拉伯媒体涉华报道}}$$

CRI-E（t）=

分子：
اقتصاديات+الاقتصادية+اقتصادية +الاقتصادي +اقتصادي +الاقتصاد +اقتصاد
ناتج إجماليمحلي+الناتج المحلي الإجمالي+الاقتصاديات +

分母：
شينغهاي+بكين+الصينيون+صينيون+الصينية+صينية+ الصيني+ صيني +الصين
كونغهونغ+نينغشيا+شينجيانغ+التبت+تيانجين+قونغدونغ+

在上述公式中，“t”表示指数适用的一个时间段。在本文中，考察时段以月为单位，因此该指数实际上为阿拉伯媒体涉华经济报道月指数；“#”代表报道数量。在该公式中，分子为“经济”一词在阿拉伯语中的各种变化形式，包括“الاقتصادية”、“اقتصـــادية”、“اقتصاديال”、“اقتصادي”、“الاقتصاد”、“اقتصاد”、“الاقتصـــاديات”、“اقتصـــاديات”以及“国内生产总值”一词在阿拉伯语中的各种变化形式，包括“الإجمــالي المحلــي النــاتج”、“إجمــالي محلــي نــاتج”。分母中的各个词条为“中国”以及“中国”一词在阿拉伯语中的各种变化以及“北京”、“上海”、“广东”、“天津”、“宁夏”等用来搜索涉华报道的关键词。

根据上述公式，可以得出 2011 年 1 月至 2014 年 12 月阿拉伯涉华经济报道指数的变化情况（参见图 5）。阿拉伯媒体涉华经济报道指数的波动体现出三个特征：

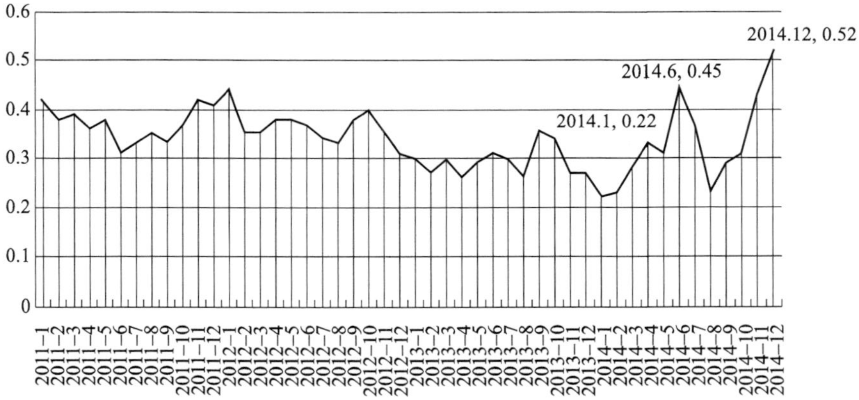

图 5　2011 年 1 月至 2014 年 12 月阿拉伯媒体涉华经济报道指数

数据来源：道琼斯 Factiva 数据库

1. 波动相对平缓

相对于阿拉伯媒体涉华经济报道量的变化程度，阿拉伯媒体涉华经济报道指数的波动并不剧烈。这说明 2011 年 1 月至 2014 年 12 月之间，无论阿拉伯媒体涉华量的大小如何，其中涉华经济报道所占的比例是较为恒定的。这一时间段阿拉伯媒体涉华经济报道指数的平均值为 0.34，最高值为 2014 年 12 月的 0.52，最低值为 2014 年 1 月的 0.22。阿拉伯媒体涉华经济报道指数受地区和国际形势的影响程度较小。例如中东剧烈动荡的 2011 年，阿拉伯媒体涉华经济报道指数的平均值为 0.37，为 4 年之中最高的一年。

2. 峰值的出现与中国主导的中阿双边合作机制、中国经济热点有着内在联系

2011 年、2012 年和 2013 年的第三季度，阿拉伯媒体涉华经济报道指数均形成了年度高峰。在这些时间段，中国与阿拉伯国家举办了中阿经贸论坛和中

阿博览会。2011 年 9 月，第二届中阿经贸论坛在宁夏银川举办。在论坛框架内召开了贸易经济合作分会、能源合作分会、金融合作分会和青年领袖分会。会议期间签订 160 余个国内外合作项目，合作领域从传统能源领域拓展到农业、文化、科技和旅游等领域。2012 年 9 月，第三届中阿经贸论坛在宁夏银川召开。时任国务院副总理李克强在大会开幕式上发表了题为《携手壮大新兴市场，促进全球共同发展》的主旨演讲。2013 年 9 月，首届中阿博览会在宁夏举办。大会围绕商品贸易、服务贸易、技术合作、投资金融和文教旅游五个方面展开了广泛探讨。2014 年 6 月，阿拉伯媒体涉华经济报道指数再次达到一个高峰，为 0.45。当年 6 月，适逢中阿合作论坛第六届部长级会议在北京召开。中国国家主席习近平出席开幕式并发表题为《弘扬丝路精神，深化中阿合作》的重要讲话，提出以共建丝绸之路经济带和 21 世纪海上丝绸之路为新机遇、新起点，不断深化全面合作、共同发展的中阿战略合作关系，争取把中阿贸易额提升至 6 000 亿美元。中阿双方还决定把 2014 年和 2015 年定为中阿友好年，将举办一系列友好交流活动。中阿合作论坛、中阿经贸论坛和中阿博览会是推进中阿之间务实合作的重要平台，阿拉伯媒体涉华经济报道指数的高峰在该论坛召开期间出现，表明了中方在中阿合作方面的积极作为对推动阿拉伯国家对中阿关系的关注和重视有着直接作用。

3. 中国与中东地区大国的政治关系对于指数的波动亦有作用

2014 年 12 月，阿拉伯媒体涉华经济报道指数达到 4 年的最高值 0.52。一方面，这体现了当年 6 月中阿合作论坛召开以来双方之间的各项合作的后续效应；另一方面，也与当年 12 月埃及总统塞西访华有着密切联系。访华期间，塞西表达了对共建“一带一路”倡议的支持，中埃双方共同签署了《中埃关于建立全面战略伙伴关系的联合声明》。埃及是中东地区的大国，对于中东局势的发展起着十分重要的作用。从阿拉伯媒体涉华经济指数的波动可以看出，中国在与中东地区大国的合作中，中阿经济关系以及中国经济状况是备受瞩目的焦点。

（三）阿拉伯媒体涉华贸易报道指数（CRI-T）

同样以阿拉伯媒体涉华报道数量为参照系，建立 2011 年至 2014 年阿拉伯涉华贸易报道指数（China Reports Index-Trade，简称 CRI-T），进而可对阿拉伯媒体涉华贸易报道的情况进行进一步量化分析。阿拉伯涉华贸易报道指数的计算公式设定如下：

$$\text{CRI-T}(t)=\frac{\#\text{阿拉伯媒体涉华贸易报道}}{\#\text{阿拉伯媒体涉华报道}}$$

与阿拉伯媒体涉华经济报道指数相同，公式中“t”表示考察时段以月为单位，因此该指数为阿拉伯媒体涉华贸易报道月指数；“#”代表报道数量，在该公式中，分子为“贸易”一词在阿拉伯语中的各种变化形式“تجارة”、“التجارة”、“التجاري”、“تجاري”、“تجارية”、“التجارية”，以及“进口”、“出口”两个词在阿拉伯语中的各种变化形式，包括“استيراد”、“الاستيراد”、“الصادرات”、“صادرات”、“الواردات”、“واردات”、“التصدير”、“رتصدي”，和“承包”一词在阿拉伯语中的各种变化形式“مقاولة”、“المقاولة”、“مقاولات”、“المقاولات”。分母为在本文中用来搜索涉华报道的关键词。

根据上述公式，可以得出2011年至2014年阿拉伯涉华贸易报道指数的变化情况（参见图6）。

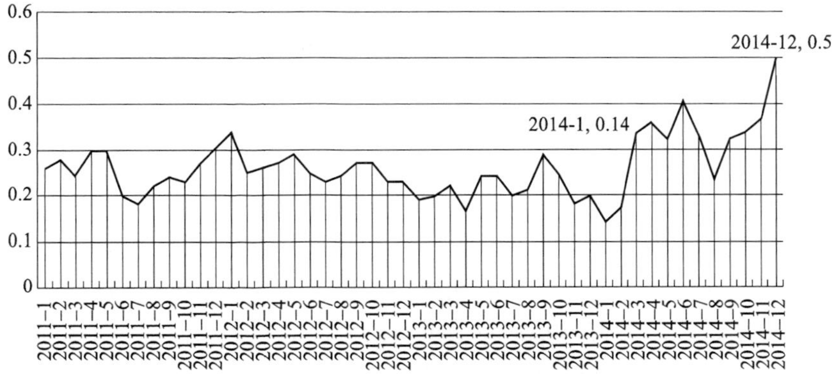

图6 2011年1月至2014年12月阿拉伯媒体涉华贸易报道指数

数据来源：道琼斯 Factiva 数据库

阿拉伯媒体涉华贸易报道指数变化趋势与阿拉伯媒体涉华经济报道总体一致，最高点和最低点出现的时间段基本一致。2011年1月至2014年12月之间，阿拉伯媒体涉华贸易报道指数的平均值为0.26，最高值为2014年12月的0.5，最低值为2014年1月的0.14。与阿拉伯媒体涉华经济报道指数类似，阿拉伯媒体涉华贸易报道指数相对稳定。与之不同的是，阿拉伯媒体涉华贸易报道指数平均值最高的年份并非2011年，而是2014年，最高值达到了0.32。2011年的平均值为0.25，略低于4年平均值。与阿拉伯媒体涉华经济报道指数基本一致的曲线走势表明，阿拉伯媒体涉华贸易报道指数同样受影响阿拉伯媒体涉华经济报道指数的影响。但阿拉伯媒体涉华贸易报道指数还表现出两个独特性。

1. 对于阿拉伯媒体涉华经济报道指数，贸易报道指数相对较低

相较之下，阿拉伯媒体涉华贸易报道指数（CRI-T）在2011年1月至2014年12月之间的平均值低于阿拉伯媒体涉华经济报道指数（CRI-E）的平均值近10%。由此可见，在阿拉伯媒体涉华报道中，经济报道的份额大于贸易报道。

2. 阿拉伯媒体涉华贸易报道指数在 2014 年的增幅显著

2014 年，阿拉伯媒体涉华贸易报道指数的平均值达到了 0.32，接近当年的阿拉伯媒体涉华经济报道指数。这表明阿拉伯媒体涉华报道对于“贸易”这一主题的关注度对于 2014 年中阿关系发展的大事反应更为敏锐。纵观 2011 年 1 月至 2014 年 12 月，阿拉伯媒体涉华贸易报道指数在 2011 年至 2013 年间均在 0.3 以下徘徊，其趋势是 2011 年至 2013 年平稳，2014 年猛增。而阿拉伯媒体涉华经济报道指数则均在 0.3 左右，2013 年最低，为 0.29，其趋势是 2011 年至 2013 年不断下滑，2014 年有所回升。

值得注意的是，尽管 2011 年阿拉伯媒体涉华经济报道指数和阿拉伯媒体涉华贸易报道指数两个指数在考察区间中并非最低，但报道数量较少，报道内容涵盖的领域也较少。2011 年，阿拉伯媒体涉华经济报道以中国经济的数据信息报道为主，例如中国对外进出口额及增长率、通货膨胀率、利率调整、能源价格变动等。随着中东变局的深入变化，一些国家政治秩序的改善，阿拉伯媒体涉华经济报道数量和涵盖的领域逐渐增加，包括了房地产业、银行业、中阿贸易往来等主题。另外，相同报道内容被多家阿拉伯媒体报道的情况也有所增加。

阿拉伯媒体涉华经济报道指数和阿拉伯媒体涉华贸易报道指数两个指数的波动情况表明，经济和贸易是阿拉伯世界所关注的有关中国的一个重要主题，中东地区的动荡对于这两个指数的波动影响不大，中国经济发展的成就和中阿贸易往来的发展能进一步推动阿拉伯世界对中国的关注。

三、阿拉伯媒体涉华经济、贸易负面报道指数分析

设定阿拉伯媒体涉华经济、贸易报道负面指数有助于了解阿拉伯媒体涉华经济、贸易报道的倾向。

（一）阿拉伯媒体涉华经济负面报道指数（China bashing index-Economics，CBI-E）

以阿拉伯媒体涉华经济报道数量为分母，以这些报道中带有负面关键词的报道数为分子，可以得出阿拉伯媒体涉华经济负面报道指数。具体如下：

$$\text{CBI-E}(t)=\frac{\#\text{阿拉伯媒体涉华经济负面报道}}{\#\text{阿拉伯媒体涉华经济报道}}$$

在此计算公式中，t 同样表示 1 个月的固定时间段。用于搜索分子的关键词，包括“放缓”（تباطؤ）、“衰退”（تراجع）、“挑战”（تحديات）、“危急”（تفاقم）、“泡沫”（رغوة）、“风险”（مخاطر）、“腐败”（فساد）和“恶化”（تدهور）。在 Factiva 数据库中搜索时，以“and”命令将上述关键词连接用来搜索涉华经济报道的关键词，并以之作为分子。分母则与阿拉伯媒体涉华经济报

道指数相同。考察时间段同样为2011年1月至2014年12月。

根据这一公式计算上述时间段内每月的阿拉伯媒体涉华经济报道指数，从而得出其变化曲线（参见图7）。在考察时间段内，CBI-E指数表现出三项特征：

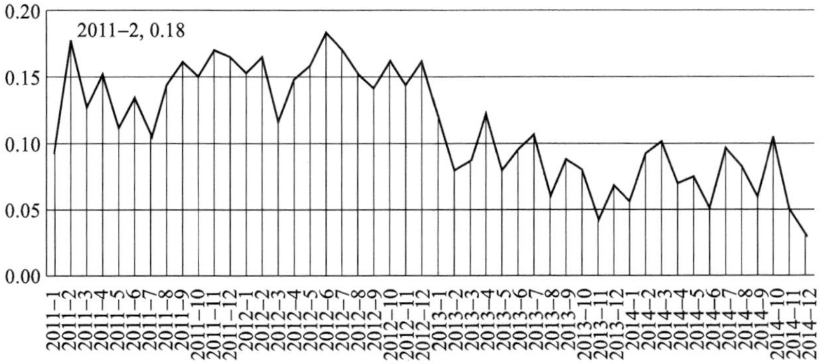

图7 2011年1月至2014年12月阿拉伯媒体涉华经济负面报道指数

数据来源：道琼斯 Factiva 数据库

1. 阿拉伯媒体涉华经济负面报道指数总体较低

2011年1月1日至2014年12月31日，阿拉伯媒体涉华经济报道指数从未超过0.2，平均指数仅为0.11。阿拉伯媒体对于中国经济的正面报道占据主要份额。这表明，阿拉伯媒体对于中国经济发展有较强的信心，这对于中阿之间经济合作的发展显然有着正面作用。

2. 阿拉伯媒体涉华经济负面报道指数呈减小趋势

在考察时间段内，阿拉伯媒体涉华经济报道指数不仅表现出总体偏低的情况，还表现出不断减小的趋势。2011年，阿拉伯媒体涉华经济报道指数平均指数为0.14，2014年降为0.07，减幅明显。这从宏观上说明，近4年来，阿拉伯媒体对中国经济的负面报道是不断减少的；这也在一定程度上表明，过去4年中国的中东政策是受到阿拉伯世界欢迎的，中阿经济关系是良好的。

3. 中阿关系中的大事影响指数波动

2011年，阿拉伯媒体涉华经济报道指数为4年中最高。2011年2月，中国在联合国投票赞成制裁利比亚，少数阿拉伯国家在此问题上对中国立场不理解，这一政治上的影响在经济报道中有所反应。当年2月，阿拉伯媒体涉华经济报道指数达到0.18的高点。

2011年5月，中阿合作论坛第八次高官会在卡塔尔首都多哈举行。2012年3月，第二届中国艺术节在巴林首都麦纳麦举行；4月，第三届中阿新闻合作论坛在广州举行，中阿双方就“加强媒体合作，推动中阿经贸关系发展”展开讨论；5月，中阿合作论坛第五届部长级会议在突尼斯哈马迈特举行。当这些事件发生时，阿拉伯媒体涉华经济报道指数往往偏低。

2013 年以来，阿拉伯媒体涉华经济报道指数迅速下降。2013 年以来，阿拉伯媒体涉华经济报道中出现不少中国向西开放以及“丝绸之路经济带”的内容。这在一定程度上表明，中国的战略举措给阿拉伯国家对中阿经济合作的前景增添了信心。此外，2013 年以来，中国与阿拉伯国家的贸易往来继续保持稳步增长势头。中国的纺织品、服装、机电产品和生活用品畅销阿拉伯国家；阿拉伯国家继续保持中国最大的原油进口来源地地位；除传统的石化、矿产品以外，阿拉伯国家的大理石、橄榄油等产品也逐渐进入中国市场。双方良好的经济合作是阿拉伯国家媒体对华负面经济报道指数下滑的原因之一。

（二）阿拉伯媒体涉华贸易负面报道指数（China bashing index-Trade，CBI-T）

以阿拉伯媒体涉华贸易报道数量为分母，以这些报道中带有负面关键词的报道数为分子，可以得出阿拉伯媒体涉华贸易负面报道指数。具体如下：

$$\text{CBI-T}(t)=\frac{\#\text{阿拉伯媒体涉华贸易负面报道}}{\#\text{阿拉伯媒体涉华贸易报道}}$$

用于搜索分子的关键词包括：“出口补贴”（دعم الصادرات）、“倾销”（إغراق）、“挑战”（تحديات）、“风险”（مخاطر）、“垄断”（احتكـــار）、“争端”（نـزاع）。在 Factiva 数据库中，以“and”命令将上述词汇与用来搜索涉华贸易报道的关键词相连，按月搜索获得阿拉伯媒体涉华负面贸易报道的数量。分母与阿拉伯媒体涉华贸易报道指数相同。考察时间段同样为 2011 年 1 月 1 日至 2014 年 12 月 31 日。

根据这一公式计算上述时间段内每月的阿拉伯媒体涉华贸易负面报道指数，从而得出其变化曲线（参见图 8）。在考察时间段内，阿拉伯媒体涉华贸易负面报道指数与阿拉伯媒体涉华经济报道指数相同，均呈总体下降的趋势。与此同时，阿拉伯媒体涉华贸易负面报道指数还有两方面特性：

1. 阿拉伯媒体涉华贸易负面报道指数略高于阿拉伯媒体涉华经济报道指数

2011 年 1 月至 2014 年 12 月，阿拉伯媒体涉华贸易负面报道指数平均值为 0.13。与阿拉伯媒体涉华经济报道指数相同，2011 年阿拉伯媒体涉华贸易负面报道指数为 4 年中最高，平均值为 0.16，2014 年降至 0.09。4 年之中，阿拉伯媒体涉华贸易负面报道指数的下降幅度小于阿拉伯媒体涉华经济报道指数。这种情况与阿拉伯媒体涉华贸易负面报道指数低于阿拉伯媒体涉华经济报道指数的现象形成了反差。在考察时间段内，阿拉伯媒体涉华贸易报道总量不及阿拉伯媒体涉华经济报道，但贸易报道的负面倾向略高于经济报道。这反映出阿拉伯媒体对于中国经济发展成就、中国与阿拉伯国家经济关系的总体状况的信心是充足的，但对于中阿贸易关系，阿拉伯媒体的忧虑相对较大。当然，不可否认的是，阿拉伯媒体涉华经济报道指数和阿拉伯媒体涉华贸易负面报道指数之间的差别是细微的，阿拉伯媒体对于中阿贸易关系的态度总体乐观。

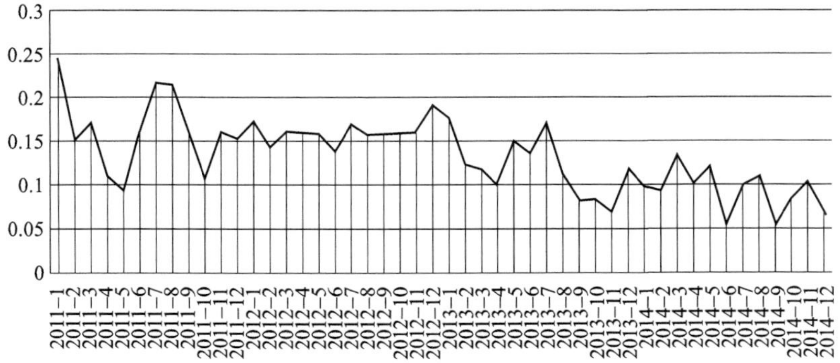

图 8　2011 年 1 月至 2014 年 12 月阿拉伯媒体涉华贸易负面报道指数

数据来源：道琼斯 Factiva 数据库

2. 中阿经贸论坛的举办对降低阿拉伯媒体涉华贸易负面报道指数的作用较为显著

阿拉伯媒体涉华贸易负面报道曲线显示，2011 年至 2014 年 9、10 月，阿拉伯媒体涉华贸易负面报道指数均处于低点。这一期间正是中阿经贸论坛举办的时间。2013 年，已成功举办三届的中阿经贸论坛升格为中国–阿拉伯国家博览会。约旦国王阿卜杜拉二世、巴林国王哈马德参会，当年的主宾国科威特派出由工商大臣安纳斯・萨利赫率领的 800 余名代表参会。中阿博览会已成为双方经贸合作的强劲推动力。而阿拉伯媒体涉华经济报道指数在 2011 年同期，并非处于低水平。此外，2014 年 6 月，首届中国与阿拉伯国家商品展在宁夏举办，同月的阿拉伯媒体涉华贸易负面报道指数下降到 4 年的最低值。这说明中阿经贸往来的密切程度对于阿拉伯媒体涉华贸易负面报道指数有着直接作用。

四、阿拉伯媒体涉华经济、贸易报道行业分析

在阿拉伯媒体涉华经济、贸易报道中，“投资”、“石油”是两大热点词汇。中国是全球投资大国。联合国贸易和发展会议所发布的《2014 世界投资报告》显示，中国在 2012 年、2013 年两年均位列全球第二大外国直接投资流入国和第三大外国直接投资流出国。[①]阿拉伯国家是中国企业“走出去”的重要市场。解读阿拉伯媒体对中国投资的相关报道，有助于

① United Nations Conference on Trade and Development, *World Investment Report 2014*, p.XV.

把握阿拉伯市场对中国投资的态度。能源领域的合作则是中阿贸易往来中的重要环节，了解阿拉伯媒体对于中国能源的相关报道对于中阿开展能源合作具有参考价值。

（一）阿拉伯媒体涉华投资报道分析

在 Factiva 数据库中输入“投资”一词的各种变化形式，以“and”命令连接用来搜索涉华报道的关键词，获得 2011 年至 2014 年阿拉伯媒体涉华投资报道量。搜索结果显示，2011 年至 2014 年，阿拉伯媒体有关中国投资的报道量总体上升。2011 年为 78 篇，2014 年增长至 327 篇，涨幅达 319%，4 年合计共 903 篇（参见图 9）。

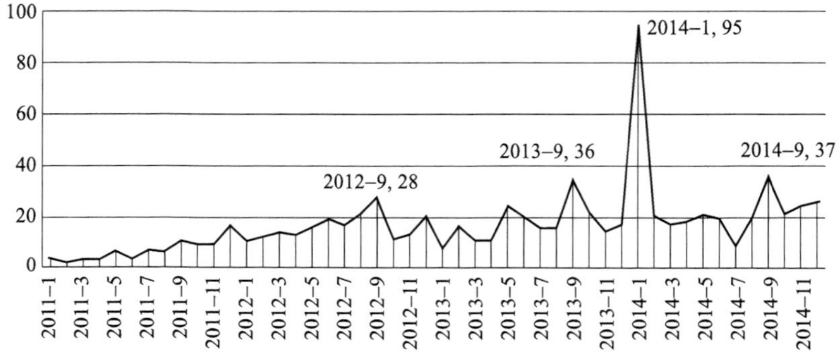

图 9 2011 年 1 月至 2014 年 12 月阿拉伯媒体涉华投资报道量（篇）

数据来源：道琼斯 Factiva 数据库

2011 年阿拉伯媒体涉华投资报道数量很少，平均每月仅为 6.5 篇。但 2012 年至 2014 年，涉华投资报道数量开始增长。2012 年 9 月、2013 年 9 月、2014 年 1 月和 9 月为阿拉伯国家媒体涉华投资报道数量较大的时间点。

具体来看，2012 年 9 月，中国举办中阿经贸论坛，约旦媒体对约旦在此期间的说明会进行报道，例如召开投资说明会；同时，迪拜工商会面向香港召开投资说明会，也成为阿拉伯媒体报道的重点之一。2013 年 9 月，阿拉伯媒体涉华投资领域的报道主要涉及三大主题。（1）巴林国王访华并出席中国–巴林工商高峰论坛；（2）2013 年 8 月底，中国国土资源部发布消息称中国油气勘探投资将达到 800 亿人民币，阿拉伯各国媒体纷纷转载播报；（3）在第 17 届中国国际投资贸易洽谈会上，中国与约旦签署建立投资信息交流中心协议，以鼓励双方的相互投资，特别是在可再生能源产业、加工业、旅游业和信息产业方面的投资。2014 年 9 月，阿拉伯媒体涉华投资领域的报道主要围绕中国与埃及、中国与阿联酋投资合作而展开。2014 年 1 月报道量为 4 年的峰值，主要集中在中东北非财经网对“2013 年中国非金融类对外直接投资额超过同比增长 16.8%”

这条新闻的解读。在 2014 年 1 月 16 日至 22 日期间，共有 81 篇相关报道。

从内容上看，阿拉伯媒体涉华投资报道主要以中国投资数据为主，包括中国国内和对外投资额、其他国家对中国投资额及其变化以及中国各行业投资额。相关新闻标题例如《2013 年中国对外直接额达到 1 080 亿美元》。另外，还包括中国投资领域的其他动态。新闻标题例如《中国与欧盟准备好就双边投资协议谈判》《中国向物流业和基础设施注入新投资》等。

从报道的倾向看，总体为积极、正面。这体现出阿拉伯媒体对中国投资现状以及未来投资方向的关注，以及对中国投资阿拉伯世界的期待。阿拉伯各国也表现出积极创造适宜的投资环境、搭建合作平台、与中国建立长期合作关系的愿望。这些均为中国企业走进阿拉伯世界提供了机会。而中国企业可以通过对阿拉伯国家投资现状进行专业分析，调整投资规模和结构以适应当地发展模式，有的放矢，开拓更广阔的投资空间。

（二）阿拉伯媒体涉华石油行业报道分析

2011 年至 2014 年期间，阿拉伯媒体涉华石油行业的直接报道为 776 篇。报道数量整体呈上升趋势。2011 年为 62 篇，2014 年增长到 264 篇。

2011 年，阿拉伯媒体涉华石油行业的直接报道数量最少，主要涉及中国石油产业动向和数据报道，其中包括中国石油进口量、增长率及其变化以及中国石油产品的销售额等。新闻标题有《中国库尔勒油田服务公司增长 1/3》《中国建最大的重油生产基地》《中国：石油和天然气产量有望大幅度增长》等。

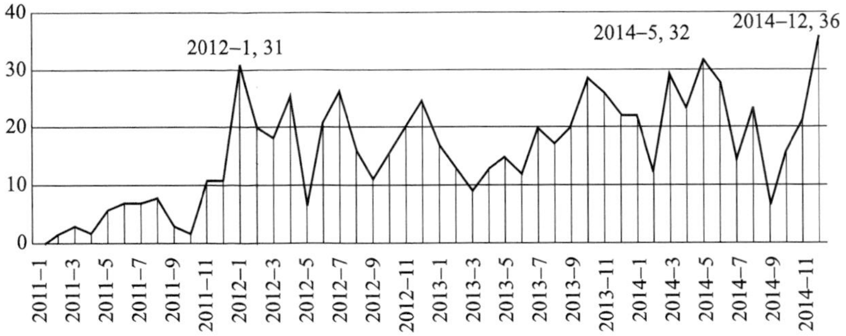

图 10　2011 年 1 月至 2014 年 12 月阿拉伯媒体涉华石油行业

数据来源：道琼斯 Factiva 数据库

2012 年 1 月、2014 年 5 月和 12 月，阿拉伯媒体涉华石油行业报道达到相对较高的水平。2012 年 1 月，阿拉伯媒体一方面就 2011 年中国石油行业的表现进行了多篇报道，主要以中国从伊朗石油进口量的增长、中国与美国对中国与伊朗之间石油贸易的态度为报道重心；另一方面，关于中国石油天然气集团与阿布扎比国家石油公司签署战略合作协议的报道也较多。2014 年 5 月，阿拉伯媒体密切关注并报道的新闻主题有三个：一、中国首座深水钻井平台在南海首钻成功；二、科威特对中国的原油出口额降低；三、中国表示将增加其在苏丹的石油领域的投资。2014 年 12 月，阿拉伯媒体涉华石油产业的报道围绕两方面展开：一、中国对科威特、伊朗及自身石油进口量的变化；二、巴林能源部使团访华，双方就在该领域的合作进行深入探讨。

海湾国家作为中国石油进口的主要来源，与中国在石油产业方面的合作最为密切。海湾七国涉华石油产业的直接报道数量为 441 篇，约占总报道量的 56.83%。其中，阿联酋、沙特、科威特的报道数量最多，依次为 109 篇、91 篇和 82 篇。在海湾国家之外的其他阿拉伯国家中，埃及、也门、苏丹对中国石油产业动态较为关注，涉华石油行业的相关报道较多。

阿拉伯国家媒体对中国石油产业关注的原因有两个方面。一是中国经济高速增长，对原油的需求不断增加。2013 年 9 月，中国超过美国成为世界第一大石油进口国，在世界石油市场的地位得到进一步提升。二是中国是阿拉伯国家长期的主要原油出口国之一，中国石油产业的相关动态对阿拉伯国家调整其战略、政策具有重要作用。此外，阿拉伯媒体对中国与阿拉伯各国之间在石油产业建立战略合作伙伴关系、签订合作协议等事件的大量多次报道，体现出其对与中国实施合作项目的期待。

结语

2011 年至 2014 年间，阿拉伯媒体涉华报道中，以经济和贸易为主题的报道数量可观。这表明，阿拉伯国家对中国经济、中阿经贸往来的关注度较高。阿拉伯媒体涉华经济报道指数和阿拉伯媒体涉华贸易报道指数往往随着中国与阿拉伯国家经贸合作的大事而发生变化。阿拉伯媒体涉华负面经济报道指数和阿拉伯媒体涉华负面贸易报道指数总体呈减小趋势。这表明，阿拉伯媒体对于中阿经贸关系的发展持积极态度。这样的媒体报道倾向有利于中国与阿拉伯国家经贸关系的发展，能够为中国企业走向阿拉伯市场提供良好的舆论环境。

参考文献

［1］吴思科. 展望 2013 中阿关系：变局中抓机遇探索中谋发展［EB/OL］.（2012–12–28）［2014–12–05］. http：//www.china.com.cn/international/txt/2012–12/28/content_27539531_2.htm.

［2］Dow Jones. Factiva [DB]. [2015–3–10]. https://snapshot.factiva.com/Pages/Index#selectModule.

[3] United Nations Conference on Trade and Development. World Investment Report 2014 [R]. Geneva: United Nations Conference on Trade and Development, 2014.

[4] JOHN R. ZALLER. The Nature and Origins of Mass Opinion [M]. Cambridge: Cambridge University Press, 1992.

[5] SHIBLEY TELHAMI. The World Through Arab Eyes: Arab Public Opinion and the Reshaping of the Middle East [M]. New York:Basic Books, 2013.

[6] DAVID POLLOCK. Arab Public Opinion [R]. Washington: The Washington Institute for Near East Policy, 2007.

[7] MARC LYNCH. Public Opinion Survey Research and Public Diplomacy [R]// JOSHUA S. FOUTS. Public Diplomacy: Practitioners, Policy Makers, and Public Opinion: A Report of the Public Diplomacy and World Public Opinion Forum April 9–11, 2006, Washington, D.C. Los Angeles: USC Center on Public Policy, 2006: 31–44.

[8] ADAM J. BERINSKY. The Two Faces of Public Opinion [J]. American Journal of Political Science, 1999, 43 (4), 1209–1230.

2014年德国媒体关于“丝绸之路经济带”的报道分析

潘亚玲　杨　阳

摘　要：2014 年，“丝绸之路经济带”战略构想稳步推进，德国各大媒体对其保持了一定关注。通过在道琼斯 factiva 数据库进行检索，笔者筛选出 2014 年德国媒体关于“丝绸之路经济带”的有效报道，并采用定量和定性相结合的研究方法，对这些报道进行分析，得出报道媒体与报道频率分布，总结出德国媒体关于“丝绸之路经济带”的十大关键词，并对报道的倾向性进行分析。最后，本文在对“丝绸之路经济带”报道分析的基础上，分析德国媒体眼中的中国形象及其形成原因，并指出正在“走出去”的中国企业对中国形象改变具有重要作用。

关键词：德国媒体　丝绸之路经济带　新丝绸之路　中国形象

一、引言

2013 年，习近平主席访问中亚，在哈萨克斯坦正式提出了共建“丝绸之路经济带”的区域经济合作的战略构想。如果说 2013 年一切还仅仅是设想，2014 年则是“丝绸之路经济带”的行动之年。这一年，中国加快联动丝路沿线国家，深入区域合作协商机制，对外加强基础设施建设，加快推动能源协作，促进了中国与沿线国家的互通共融。对于“丝绸之路经济带”战略构想，国际社会反应不一。由于“丝绸之路经济带”涉及欧亚大陆数十个国家，各个国家在政治、经济、文化、社会上不尽相同，与中国的利益也有很大差异，这一构想无法在短期形成广泛的共识，还需要时间进行沟通协调。但随着对“丝绸之路经济带”的逐渐了解，国际社会的态度正在慢慢发生变化。

德国作为“丝绸之路经济带”的重要一环，在“丝绸之路经济带”建设中将扮演关键角色。习近平主席于 2014 年 3 月出访欧洲期间，在柏林与德国总理默克尔会谈时就表示，中方欢迎德方积极参与“丝绸之路经济带”的建设，促进中欧基础设施互联互通和生产要素融合。在由重庆经新疆跨欧亚直至欧洲的“渝新欧”国际列车终点杜伊斯堡，习近平主席更是表示中德位于“丝绸之路经济带”两端。

媒体具有重要的舆论导向作用。“丝绸之路经济带”刚提出时，德国媒体对此报道很少，但是进入 2014 年后，德国媒体开始对其保持关注。通过对德媒报道进行分析，我们不仅可以获悉德国社会如何看待“丝绸之路经济带”，还可以从侧面勾勒出德国媒体眼中的中国形象。中国政府可以借此更为理性客观地看待“丝绸之路经济带”，从而在日后宣传和建设丝路过程中有的放矢。

二、样本选择与研究方法

笔者通过道琼斯（Dow Jones）Factiva 数据库选取德国所有媒体在 2014 年对“丝绸之路经济带”的报道作为研究对象，具体步骤如下：第一步，在网上搜索德国媒体相关文章进行阅读，发现德国媒体在报道“丝绸之路经济带”时经常使用的词语是“die neue Seidenstraße”（新丝绸之路），确定关键词为“neue Seidenstraße”与“Seidenstraße”。第二步，通过关键词在数据库中进行检索，圈定媒体报道的范围。第三步，对所选文章逐一阅读分析，排除不相关的报道，如很多文章只是提到“丝绸之路”一词，但与“丝绸之路经济带”无关，还有一些文章只是提及“丝绸之路经济带”，没有深入讨论，不是文章的报道重点，所有这些文章均被筛除。通过以上步骤，笔者最终选取关于“丝绸之路经济带”的有效报道 23 篇（见文后附表），作为分析样本。

本文采用定量分析与定性分析相结合的研究方法。在定量分析中，笔者通过对报道媒体及报道频率进行示意图分析，得出德国媒体对“丝绸之路经济带”的报道分布。在定性分析中，笔者通过对报道进行内容与文本分析，找出德国媒体关于“丝绸之路经济带”的十大关键词，并判断德国媒体在报道中的倾向性，最后对媒体报道情况做整体分析。

三、报道媒体与报道频率

（一）报道媒体

2014 年，对“丝绸之路经济带”进行报道的德国媒体较为分散（见图 1），作为报道最多的媒体，德新社和《德国交通报》也分别仅有三篇报道。其后，德国之声、《莱茵邮报》《法兰克福汇报》《南德意志报》均有两篇报道，其它媒体则只有一篇。

在这些媒体的构成中，德新社、德国之声属于全球性媒体，他们播报和评论国际时事，中国是他们的重点关注对象。《法兰克福汇报》《南德意志报》《明镜周刊》《世界报》《莱茵邮报》及《时代周报》属于全国性媒体，是德国的重要新闻媒介，在全国范围内都有很广泛的读者。《斯图加特报》《图林根汇报》及《波罗的海报》属于地方性媒体，是全球性媒体和全国性媒体的重要补充，能够带来不同的视角。《德国交通报》和《物流速递》属于运输业媒体，他们对"丝绸之路经济带"保持关注，看到了其背后对交通运输的影响，并尝试从自身专业角度加以分析。《商报》和《经理人杂志》属于商业媒体，他们作为德国经济和商业报纸的领军者，也将目光投向"丝绸之路经济带"这一经济新现象。

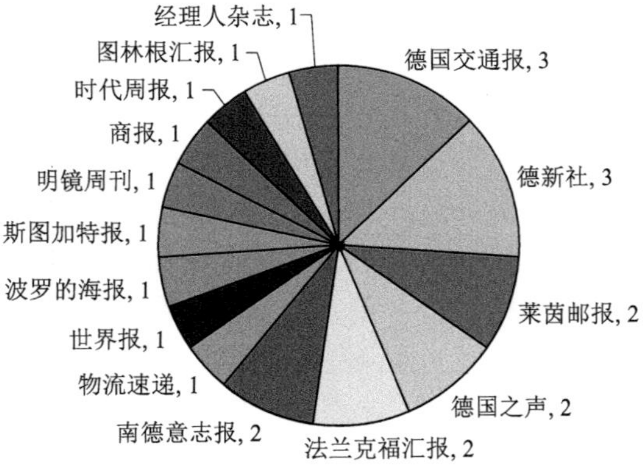

图 1　对"丝绸之路经济带"进行报道的德国媒体示意图

综上所述，在对"丝绸之路经济带"进行报道的德国媒体中，存在着不同受众范围、不同地区、不同专业性质的多样性，没有一家或一类媒体能够垄断对"丝绸之路经济带"的报道，保障了言路开阔以及分析问题的多角度性。

（二）报道频率

2014 年，德国媒体对"丝绸之路经济带"的报道频率有起有伏（见图 2）。一年中存在着三个报道高峰时段，分别为 3 月、11 月和 12 月，均有 6 篇报道，其与三个重要事件相关：3 月下旬习近平主席在德见证"渝新欧"列车入港，11 月上旬在中国召开的亚太经济合作组织（APEC）峰会以及 12 月中旬在塞尔维亚召开的"16+1"峰会。

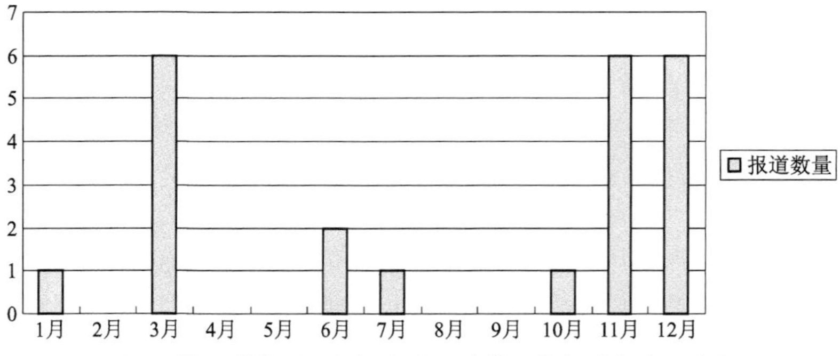

图 2　德国媒体对"丝绸之路经济带"的报道频率示意图

习近平主席最初提出"丝绸之路经济带"构想时，德国媒体对此关注并不多。2014 年 3 月，当获悉习近平主席访德期间亲自前往杜伊斯堡港见证“渝新欧”列车入港后，由于与自身密切相关，德国媒体对这一事件持续报道，并开始对“丝绸之路经济带”保持关注。2014 年 7 月，应李克强总理的邀请，德国总理默克尔第 7 次访华，因为“丝绸之路经济带”对中德双方的重要作用，这一阶段前后德国媒体对其有一个报道的小高峰。此后，德国媒体报道热度骤降，从 8 月到 10 月鲜有提及。11 月，在德国媒体对在中国召开的亚太经济合作组织峰会的诸多报道中，“丝绸之路经济带”再一次成为德国媒体的关注焦点。他们注意到，以“丝绸之路经济带”为代表的一系列构想彰显了中国崛起的雄心。随后的 12 月份，亚太经济合作组织峰会余温未退，德国媒体在此基础上继续分析“丝绸之路经济带”。同时，12 月中旬在塞尔维亚召开的“16+1”峰会也受到了德国媒体的关注，这一次他们观察并分析了“丝绸之路经济带”对欧洲未来带来的可能影响。

总体来看，德国媒体对“丝绸之路经济带”有一个从陌生到熟悉的过程，最初只有当“丝绸之路经济带”关乎德国自身利益时，德国媒体才对其进行关注和报道。后来，德国媒体逐渐认识到了“丝绸之路经济带”对中国经济和政治发展的重要性，并注意到其对世界格局和国际秩序的影响，报道范围开始扩大，报道数量也随之增加。在他们看来，“新丝绸之路”既是对古丝绸之路的复兴，也是当今中国联合亚洲国家、连接亚欧大陆、扩大自由贸易、提升自身国际竞争力的重要手段。在分析“新丝绸之路”时，部分德国媒体认为，中国的加工业已从沿海转移到内陆地区，中西部发展日益迅速，一些资本密集型产业，如电脑、手机、汽车配件，已在中国内陆蓬勃发展。在这种情况下，为其寻求货物运输通道，打造“新丝绸之路”也就成为必然选择。《法兰克福汇报》[①]则进一步指出，中国为了打造世界强国，势必加强与周边国家的联系。重提丝绸之路，一方面可以联动中亚国家，加强能源与反恐的合作，维护地区稳定；另一方面，“新丝绸之路”可以对欧亚大陆进行整合，中国借此加强与欧洲的联系，从而实现经济和政治上新的突破。

四、对报道内容的分析

（一）报道中的十大关键词

在筛选出的德媒关于“丝绸之路经济带”的报道中，经常出现的是以下十大关键词：

1.“渝新欧”列车（Yuxinou）

“渝新欧”列车是重庆至德国杜伊斯堡的国际铁路大通道，全长 11 179 公

---

① 中国为何直抵杜伊斯堡，《法兰克福汇报》，2014 年 6 月 30 日。

里，于2011年正式运行。习近平主席访德期间，专门前往杜伊斯堡参观“渝新欧”列车入港，使得德国人异常兴奋。出现“渝新欧”的文章中都同时多次出现“杜伊斯堡”。在德国人看来，杜伊斯堡虽然是世界上最大的内陆港，但是它在德国的城市中并不起眼，在中国更是鲜为人知，而“渝新欧”列车引起了习近平主席的关注，是杜伊斯堡值得骄傲的事情，“是极大的荣幸”[①]。在报道中，德国媒体对“渝新欧”列车做了详细介绍，并指明它是“新丝绸之路”。《世界报》[②]指出，这一列车使杜伊斯堡和中国重庆建立了直接联系，这对杜伊斯堡意义重大，因为“渝新欧”列车将使杜伊斯堡成为欧洲与中国的贸易枢纽，为其注入新的活力。与此同时，德国媒体也注意到了“渝新欧”列车仍需扩大运输量，尤其是需要解决目前从欧洲运往中国的货物还很少的问题，同时也指出，“渝新欧”面临着中欧之间其它几条铁路线的竞争等相关问题。

2. 铁路运输（Bahn）

“丝绸之路经济带”使德国媒体看到了铁路运输对于中欧交通运输的重要性，在谈到“新丝绸之路”时，部分德国媒体更是将之称为“铁质的新丝绸之路”（die neue eiserne Seidenstraße）、“钢制的新丝绸之路”（die neue stählerne Seidenstraße）。除了“渝新欧”列车之外，德国媒体也关注了2014年年底义乌至马德里的列车试车成功。在分析铁路缘何愈发受到重视时，媒体报道中强调了“渝新欧”列车的物流优势：速度几乎比走海路快一倍，而运费仅为空运的一半，性价比高。《德国交通报》[③]从自身专业角度指出，中欧双方都对铁路运输的需求日益增长，“新丝绸之路”为来自中国的交通运输提供了更多可能性，有助于增进中欧之间货物与贸易的往来。《经理人杂志》[④]则从政治角度点明，太平洋由美国及其亚洲盟国控制，马六甲海峡成为遏制中国的重要手段，中国为了摆脱束缚，加强中欧之间的铁路运输成为必然选择。

3. 投资（Investition）

多篇德媒关于“新丝绸之路经济带”的报道都强调了与此“巨大项目”紧密相关的中国在亚洲和欧洲多国（尤其是东欧国家）的巨额投资，并称这些投资可能为停滞不前的欧洲经济带来新希望和美好的前景[⑤]。《法兰克福汇报》[⑥]在文章中指出：“2011 年希拉里·克林顿在访问阿富汗时，为了让阿富汗人看到

① 中国国家元首受到隆重欢迎，《德国之声》2014年3月28日；杜伊斯堡：中国货物转运中心，《德国物流报》2014年6月17日。

② 中国主席为一辆列车前往杜伊斯堡，《世界报》，2014年3月28日。

③ 中国想要重新分配交通方式，《德国交通报》，2014年12月12日。

④ 铁质的新丝绸之路，《经理人杂志》，2014年12月22日。

⑤ 新丝绸之路——北京和柏林之间新生的特大项目？《波罗的海报》，2014年7月7日。

⑥ 中国为何直抵杜伊斯堡？《法兰克福汇报》，2014年6月30日。

发展希望，她曾提到过要建立“新丝绸之路”，但美国是空说不做，而中国则是在语言背后是实实在在的投资”。多篇文章列举了中国“丝绸之路经济带”上的巨额投资，这些报道中的中国大有“财大气粗”之势。如德新社[①]报道：“作为世界上外汇储备量最大的世界第二大经济体，中国有足够的资金”。《德国之声》[②]的报道称，很多东欧国家都翘首盼望来自雄厚的“丝绸之路基金”的投资，“丝绸之路经济带”的目标是长远的，这个目标的实现需要巨额投资，而不管需要建多少港口、道路、铁路、电信网或发电站，中国有资金上的实力来实现这个长远的目标。

4. 德中关系（deutsch-chinesische Beziehungen）

中德位于“丝绸之路经济带”两端，是亚欧两大经济体。2014 年 3 月，习近平主席在德国见证“渝新欧”列车入港，使德国媒体第一次大范围关注“丝绸之路经济带”；他们普遍看到了其对德中关系的积极作用，认为“新丝绸之路”是德中贸易关系充满活力的有力例证；它将作为一个标志，彰显中德之间在经济和文化等方面更加紧密的联系。

2014 年 7 月，应李克强总理的邀请，德国总理默克尔第 7 次访华，首站设在成都。德国媒体剖析了这一选择背后的“新丝绸之路”因素。《波罗的海报》[③]认为，此次默克尔没有将首站放在北京、上海等大城市，而是去了成都，就是因为它在 “新丝绸之路”中处于战略重要地位。尽管中德两国在某些问题上存在分歧，但中国无疑是德国重要的贸易伙伴，是其他国家“不可替代的伙伴”[④]。“新丝绸之路”将为中德两国的经济发展和合作注入新动力，中德双方将从中获益匪浅。

5. 亚太经济合作组织（APEC）峰会（APEC-Gipfel）

2014 年 11 月 10 日至 11 日在中国召开的亚太经济合作组织峰会成为了德国媒体的关注焦点。随着亚太经济合作组织峰会的召开，中国在会前与会上提出的丝绸之路基金、亚洲基础设施投资银行、亚太自贸区等构想得到了德媒的高度关注。他们认为，亚太经济合作组织峰会的召开展现了中国的决心，这些构想的提出不仅出于扩大自由贸易的初衷，同时也是中国进一步提升自身国际地位的重要战略。“丝绸之路经济带”是中国这一系列构想的“中心”一环，将在中国政府的掌控下运作与实施，而丝绸之路基金也使得“丝绸之路经济带”战略愈发具体与清晰。

---

① 分析：中国进入亚洲新秩序中心，德新社，2014 年 11 月 10 日。

② 中国：以东欧和东南欧为机遇，《德国之声》，2014 年 12 月 15 日。

③ 新丝绸之路——北京和柏林之间新生的特大项目？，《波罗的海报》，2014 年 7 月 7 日。

④ 同上。

6. 中亚（Zentralasien）

中亚地区在“丝绸之路经济带”中扮演重要角色，习近平主席正是在2013年9月对中亚地区的访问中，阐述了“丝绸之路经济带”的构想。德国媒体显然也注意到了中亚地区对中国经济与地缘政治上的双重作用。

7. “16+1”峰会（16+1-Gipfel）

2014年12月，“16+1”峰会（中国–中东欧会晤）在塞尔维亚举行，李克强总理在塞尔维亚首都贝尔格莱德分别会晤东欧与东南欧16国领导人。在会上，他表示中国决定设立30亿美元规模投资基金，启动第二期10亿美元的中国–中东欧投资合作基金。德国媒体也对这一事件进行报道，观察到了中国将在东欧和东南欧国家投入巨资加强铁路、港口、发电站、通信等基础设施建设。

8. 欧洲（Europa）

“丝绸之路经济带”东起亚太地区，西达欧洲，将世界两大经济圈连在一起。由于与自身关系密切，在对“丝绸之路经济带”的报道中，欧洲是德国媒体的重要关注点。在德国媒体看来，“新丝绸之路”不仅连接亚欧的铁路运输，对欧洲经济发展也是一个重要的机遇，《波罗的海报》[①]就认为，“新丝绸之路”会给陷入增长停滞的欧盟带来经济发展的新突破。

（二）报道的倾向性

媒体要保证报道的真实性和客观性，在报道时要遵循客观事实，尽量不掺杂主观情感和个人好恶。总体来看，德国媒体关于“丝绸之路经济带”的报道较为客观公正，但是在字里行间以及转引相关人士的话语时仍能看出德国媒体的倾向性。

关于“丝绸之路经济带”的报道，通过前文的分析显示出，2014年8月是一个节点。在此之前，德国媒体多持正面态度，主要事件为习近平主席在德见证“渝新欧”列车入港。其后，德国媒体多无明显倾向，但个别报道表现出明显的负面态度，主要事件为亚太经济合作组织峰会和“16+1”峰会。

习近平主席亲自前往杜伊斯堡见证“渝新欧”列车入港，使得德国媒体对此举异常关注。以“渝新欧”列车为代表的连接亚欧的铁路运输线与德国密切相关，多篇文章认为“丝绸之路经济带”也为德国经济发展带来了机遇。在报道“渝新欧”列车时，德国媒体普遍提到，相比于海运和空运，“渝新欧”列车是货运的更佳选择，认为它是跨越亚欧大陆的贸易之路。《世界报》[②]更是引用杜伊斯堡港股份公司董事长史塔克（Staake）的话：“渝新欧列车表明，只要人们建立了对双方都有利的联系，再遥远的距离也是可以跨越的。”

---

① 新丝绸之路——北京和柏林之间新生的特大项目？《波罗的海报》，2014年7月7日。

② 中国主席为一辆列车前往杜伊斯堡，《世界报》，2014年3月28日。

对于习近平主席的来访，杜伊斯堡引以为傲。《法兰克福汇报》①就提到，杜伊斯堡近几年一直因为黑手党谋杀，爱的大游行踩踏事故等消极事件登上头条，而且这一地区一直遇到严重的社会问题，是衰落中的城市，而最近也出现了一些“令人惊讶的上升发展”，“渝新欧”列车就是其中的一件喜事。在诸多报道中，德国媒体普遍引用德国政界人士的积极话语，突出杜伊斯堡是中欧贸易的枢纽，北威州是中德关系的中心。《法兰克福汇报》②就指明，北威州将“渝新欧”列车看作杜伊斯堡成为对中贸易的欧洲枢纽的标志，并引用北威州州长克拉夫特（Kraft）的话：“北威州早就是德中经济关系的中心”。

在这一阶段的报道中，“丝绸之路经济带”连接亚欧大陆，与德国密切相关，为德国和欧洲经济发展提供机遇，且有利于德中关系的进一步发展，所以德国媒体在报道时有明显的正面倾向。在报道 7 月份德国总理默克尔访华时，也有媒体（《波罗的海报》③）剖析背后的“丝绸之路经济带”因素，延续了之前报道的积极倾向。

在 2014 年 11 月对亚太经济合作组织峰会的诸多报道中，以“丝绸之路经济带”为代表的一系列构想成为了德国媒体的关注焦点。至于这些构想能否取得成功，大部分德国媒体保持了小心谨慎态度，既没有发表看法，也没有表现出明显的倾向性。但是，一些德国媒体却在报道中表现出明显的负面态度。

如果说在亚太经济合作组织峰会时，大多数德国媒体还没有表现出明显的负面倾向，在 12 月报道“16+1”峰会提到“丝绸之路经济带”时，德国媒体则表示担心，在报道中也表现出了明显的负面倾向。

综上所述，德国媒体在 2014 年对“丝绸之路经济带”的报道中，展现了两种截然相反的倾向性。一方面，在看到“丝绸之路经济带”给德国和欧洲带来的可能利益时表示兴奋，并表现出正面的倾向性。另一方面，当“丝绸之路经济带”展现中国进一步提升的国际地位时，德国媒体对此小心谨慎，甚至忧心忡忡，有的媒体带有明显的批判色彩。在他们看来，当“丝绸之路经济带”进一步进入欧洲，有可能威胁以德国为火车头的欧盟的利益时，德国媒体则透露出复杂忧虑的态度，在报道时表现出负面的倾向性。

五、结语——从报道看中国形象

国家形象是在国际传播和国家交往领域，由主体基于自身的知识、体会、

① 杜伊斯堡：丝绸之路通往鲁尔区，《法兰克福汇报》，2014 年 3 月 31 日。

② 同上。

③ 新丝绸之路——北京和柏林之间新生的特大项目？《波罗的海报》，2014 年 7 月 7 日。

经历和社会关系所产生的对一个国家的认知的总和[①]，也是一个主权国家和民族在世界舞台上所展示的形状相貌及国际环境中的舆论反映[②]。国家形象作为一个国家软实力的重要标志，体现了该国的综合国力，具有极为重要的影响力。良好的国家形象不仅可以维护国家的发展、增强本国民众的凝聚力，还可以增强该国在国际事务上的发言权。相反，一个国家若在国际社会中展现出不好的国家形象，势必会影响其在国际社会的地位。国家形象主要由媒体塑造和传播，影响着民众对于一个国家的根本看法。

关于"丝绸之路经济带"的报道从一个侧面展现出德国媒体对于中国国家形象的看法。一方面，德国媒体视中国为世界经济强国，认为中国对德国和欧洲经济的发展具有积极作用，中国已经是德国重要的贸易伙伴。另一方面，德国媒体将中国看作"超级大国"，对中国经济的发展以及国际地位的提升，特别是深入欧洲感到担忧，甚至视中国为强劲的竞争对手。

一个国家对另一个国家的他者形象是与该国人的自我形象紧密相关的[③]，因此德国媒体中的中国形象不仅与中国的发展有关，同时与德国自身的政治、经济、社会等发展状况有密切的联系。梅兆荣指出，德国人"对中国的所谓崛起心态失衡，似乎认为中国的上升意味着欧洲或德国的衰落，把中国的发展更多地看作是挑战和威胁而不是机遇。基于这种心态，一些媒体夸大中国的经济实力和商品竞争力，竭力制造和煽动对中国的恐惧感"[④]。但是笔者认为，德国媒体对于"新丝绸之路"所展示出的中国将成为"超级大国"的担忧，更多是来源于德国人的内心，来自于德国人的民族性。这就导致一些媒体在报道中表现出一种对中国正成为"超级大国"、有可能改变以往的欧美主宰世界政治经济局势的担忧。

总体来看，德国媒体对中国的看法是矛盾的，视具体情况而变化，对德国和欧洲有利，则积极看待；否则，则消极看待。但不可否认的是，德国乃至欧洲经济的发展已经离不开中国。

对于国际上中国形象的改变，中国在外企业可以发挥重要作用，"丝绸之路经济带"战略的实施必然加大中资企业在海外基础建设领域的投资，从而带动更多中国企业"走出去"[⑤]。德国媒体在报道"丝绸之路经济带"时，也提到了

① 李智：《中国国家形象——全球传播时代建构主义的解读》，新华出版社，2011 年第 1 版，第 22 页。
② 李寿源：《国际关系与中国外交——大众传播的独特风景线》，北京广播学院出版社，1999 年第 1 版，第 305 页。
③ Bolten Jürgen: Interkulturelle Kompetenz， Erfurt， 2007，第 53 页。
④ 梅兆荣：关于德国媒体对华报道的看法［J］. 德国研究，4/2008，第 4 页。
⑤ 许立帆：中国企业"走出去"新的战略机遇［J］，国际经济合作 12/2014，54。

中国企业在德国的相关情况，如《德国交通报》[①]对在德中资企业做了大致的描述：800 家中国企业已在北威州落户，其中约 30%在杜伊斯堡。与之相比，被认为是中国企业在欧洲最重要的投资地的汉堡，只有超过 500 家中国企业。此外，德国媒体也广为援引德国政商界人士的积极话语，如德国之声[②]就引用杜伊斯堡港股份公司新闻发言人尤里安·博克（Julian Böcker）的话：“超过 800 家中国公司在北威州落户，北威州肯定是中国在德投资的第一名。”从这些不难看出，中国企业的数量之多值得北威州和杜伊斯堡骄傲。这些正向的描述和引用也表明，德国媒体正在接受越来越多的中国企业走向德国这一事实。

据德国中国商会在 2014 年 1 月至 6 月的调研结果显示，目前在德中资企业约为 2 000 家，其主要的法律形式为有限责任公司，总共创造出约 12 000 个工作岗位[③]。事实上，在中国企业进入德国之初，德国媒体对中国企业的到来抱有不安之情，正如德国经济部长加布里尔（Gabriel）在德国中国商会剪彩仪式上所说：“在我们国家，不是所有地方都对中国的投资没有顾虑，这里曾经有过激烈的争论，这为中国投资商带来担忧。”但随着越来越多中国企业的到来，德国媒体对中国企业慢慢开始熟悉，中国投资商和中国的国家形象也在渐渐改变，有不少德国中小企业积极谋求与中国企业合作。中德两国作为“丝绸之路经济带”的两端，日后合作只会愈发深入，势必会有更多的中国企业前来德国投资，中国在德国媒体眼中的印象也会愈发客观和清晰。

在对“丝绸之路经济带”的报道中，德国媒体对于越来越多的中国企业将参与到全球经济这一点，仍在字里行间表现出小心与忧虑。作为中国企业来讲，要好好利用“丝绸之路经济带”带来的大好机会，在“走出去”的过程中，应当深入研究德国文化尤其是德国人的思维和行为方式，更好地适应德国的文化环境，遵守当地法规和竞争秩序，努力提升自身竞争力。中国企业只有更多地展现出积极、合作、负责任的一面，才会得到公正的评价，这不仅有利于中国企业在海外的发展，也会打消其他国家及其媒体的忧虑，从而获得一个更为客观、更为积极的中国形象。

参考文献

［1］Bolten, Jürgen. Interkulturelle Kompetenz［M］. Erfurt, 2007.

［2］德国中国商会. 中国企业在德商业环境调查［M］. 柏林：德国中国商会，2014.

---

① 杜伊斯堡：中国货物转运中心，《德国交通报》，2014 年 6 月 17 日。

② 中国国家元首受到隆重欢迎，《德国之声》，2014 年 3 月 28 日。

③ 德国中国商会：《中国企业在德商业环境调查》，2014 年，第 3 页。

［3］李伯杰．“德国病”与“德国人的恐惧”［J］．中国图书评论，2008年（2），61–67.
［4］李寿源．国际关系与中国外交——大众传播的独特风景线［M］．北京：北京广播学院出版社，1999.
［5］李智．中国国家形象——全球传播时代建构主义的解读［M］．北京：新华出版社，2011.
［6］梅兆荣．关于德国媒体对华报道的看法［J］．德国研究，2008年（4），4–6.
［7］Thomas, Alexander. Psychologie interkulturellen Lernens und Handelns［A］. Ders.（Hrsg.）：Kulturvergleichende Psychologie［C］. Göttingen, 1993：377–424.
［8］许立帆．中国企业“走出去”新的战略机遇［J］．国际经济合作，2014年（12），54–56.

俄罗斯媒体对丝绸之路经济带的相关报道分析

李锡奎　吴　军

摘　要：本研究以 2014 年 1～9 月期间俄罗斯媒体有关建设“丝绸之路经济带”战略构想的相关报道为素材，通过对 144 条新闻内容进行深度加工和分析，阐释了俄罗斯媒体及社会各界对于这一构想的关注情况，并多角度剖析了这一构想在俄罗斯非常有利的舆论环境背后的种种促进因素，从而厘清了这一构想在俄罗斯的舆论环境和相应影响，为这一宏伟构想的国际媒体环境现状及传播策略研究提供参考。

关键词：“丝绸之路经济带”　战略构想　俄罗斯媒体　区域大合作

一、引言

2013 年 9 月，国家主席习近平访问中亚国家时提出了建设“丝绸之路经济带”的战略构想，赢得了到访国家的普遍赞同和响应，并在上海合作组织比什凯克元首峰会上达成了广泛共识。习近平主席在哈萨克斯坦演讲中提及“丝绸之路经济带”时指出，这是一种“创新合作模式”，要从“加强五通”（政策沟通、道路联通、贸易畅通、货币流通、民心相通）做起，“以点带面、从线到片，逐步形成区域大合作”。（王海运，2014.）“丝绸之路经济带”构想秉承“古丝绸之路”精神，贯彻“互利共赢”、“共同发展”理念，是在古代丝绸之路概念基础上形成的当代经贸“区域大合作”的战略布局。

自习近平主席提出这一宏伟构想以来，我国学界、政界广泛关注、深入研究“丝绸之路经济带”的内涵、定位、实现路径等核心问题，并对其战略性、可行性等进行多维度阐释、分析、探讨……不少研究者认为，“丝绸之路经济带”是具有全球视野的战略倡议和构想，既可成为我国扩大对外开放、加强与诸多欧亚国家经济合作的战略平台，又可进一步推动西部大开发、促使我国企业“走出去”，促进经济发展方式转变和产业结构转型。（丁晓星，2014.）这一构想展示了中国以走廊经济、带状经济推进欧亚次区域经贸发展的新抱负，推动中国自贸区战略的新蓝图和新举措。（冯宗宪，2014.）

可见，“丝绸之路经济带”这一战略构想已成为目前中国社会的一个热点问题，深受国内各界人士的关注。鉴于此，我们认为，有必要了解这一热点问题的国际舆论环境：国外媒体对于这一构想的关注程度如何，态度、立场如何，有哪些具体的观点或者建议等。本研究选取了与“丝绸之路经济带”相关联、而且对于我国实现这一宏伟构想意义重大的俄罗斯的媒体对于这一构想的报道作为研究对象，期望通过探查俄罗斯的舆论环境，剖析俄罗斯社会对于中国建设“丝绸之路经济带”战略构想的态度、立场和观点，为中俄相关领域合作提供参考。

二、研究方法

本研究综合运用定量和定性分析相结合的研究方法。具体如下：我们借助道琼斯公司开发的 factiva 多语种数据库进行了相关数据搜索，新闻报道素材源于该数据库所囊括的俄罗斯报纸、网络、电台等各类媒体。搜索前，我们通过预览相关新闻发现，俄罗斯媒体在报道“丝绸之路经济带”这一热点问题时，通常用“丝绸之路”（“шелковый путь”）这一简洁的俄语词组代替，而很少用全称。鉴于此，我们以“丝绸之路和中国”（шелковый путь AND китай）作为搜索口令（意思是指在同一条新闻内容中兼有“丝绸之路”和“中国”两个关键词的新闻报道素材）进行搜索，以 2014 年 1 月 1 日为时间起点（以搜索日期 9 月 30 日为截止时间）进行搜索，并对所获数据进行二次筛选，剔除无关信息，最终获得 144 条相关新闻素材，作为本研究的研究对象。

我们对所获新闻素材进行了通读处理工作，将所有新闻标题和提及“丝绸之路经济带”的新闻报道内容翻译为中文，并据此对每条新闻报道的内容进行了整理、分类、概括。在此基础上，我们就俄罗斯媒体对中国“丝绸之路经济带”这一构想相关报道进行数据统计和分析，对俄罗斯社会对这一构想的关注度、立场、态度以及种种观点进行多角度分析。

三、数据统计与分析

（一）俄罗斯媒体对“丝绸之路经济带”报道倾向性

为了探查俄罗斯媒体相关报道的倾向性，我们对所搜集到的新闻进行了逐一通读后，对每篇新闻报道内容所包含的立场进行鉴别、编码，具体做法是：肯定和赞扬的报道编码为“肯定”；中立态度的客观报道编码为“中立”；含有批判或讽刺口吻的报道编码为：“否定”。所获数据结果如图 1 所示。

根据图 1 数据可知，在我们考查的 144 篇新闻报道中，有 51 篇新闻是以肯定和赞扬的口吻报道中国丝绸之路经济带的，大部分（86 篇）是对相关信息进行客观报道，立场是中立的，而仅仅 7 篇新闻是以批判性立场或嘲讽口吻的报道。

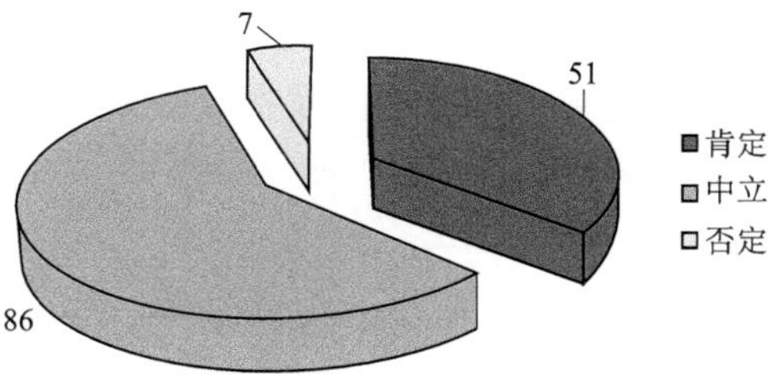

图 1　俄罗斯媒体报道立场分布

与此同时，我们发现，在占据大多数的中立立场的 86 篇客观报道中，就其具体内容来看又存在媒体引导的倾向性，比如有的是客观分析报道中国丝绸之路经济带这一战略构想对中国及周边国家甚至世界经济的促进作用，而有的是客观地指出该战略构想面临的阻力、可能带来的负面因素等具体问题。基于上述考虑，我们对持中立立场的 86 篇客观报道进行了进一步分析编码，确定出每一篇报道内容是涉及中国丝绸之路经济带的积极因素还是消极因素。统计发现，这 86 篇报道中涉及积极因素的为 81 篇，涉及消极因素的为 5 篇。

综上我们认为，肯定立场和中立立场的报道中包含积极因素的报道属于对中国丝绸之路经济带的正面报道，共计 132 篇（51 篇+81 篇）；否定立场和中立立场的报道中涉及消极因素的报道属于对中国丝绸之路经济带的负面报道，共计 12 篇（7 篇+5 篇）。两项所占百分比如图 2 所示。

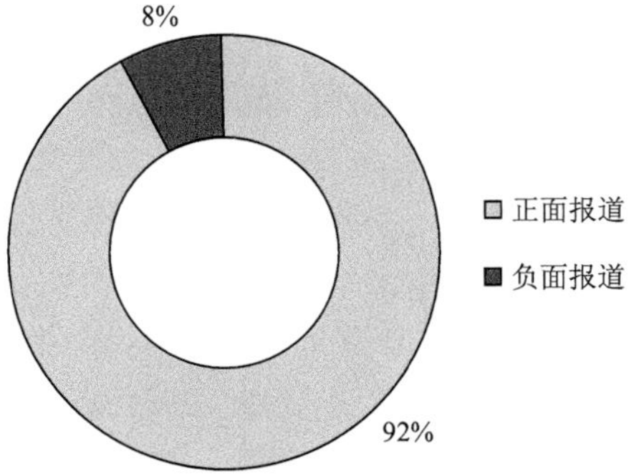

图 2　俄罗斯媒体报道倾向性分布

根据图 2 数据可见，在 2014 年 1～9 月期间，对于中国“丝绸之路经济带”这一热点问题，俄罗斯媒体的报道中，绝大多数（92%）属于正面报道，而负面报道仅仅为 8%。概括而言，对于中国“丝绸之路经济带”这一战略构想，俄罗斯媒体绝大多数报道要么积极支持响应、倡导相应，要么客观报道、就事论事，而持否定态度者极为少数。可见，中国“丝绸之路经济带”这一热点问题在俄罗斯媒体视野下是较受肯定的热点话题，这一战略构想在俄罗斯舆论环境中的反应是非常良好的。

（二）关注时间分布情况

在我们选取的新闻报道中，我们发现，从报道数量上看，俄罗斯媒体在2014年1～9月期间对“丝绸之路经济带”的关注度并不均衡，具体情况如图3所示。

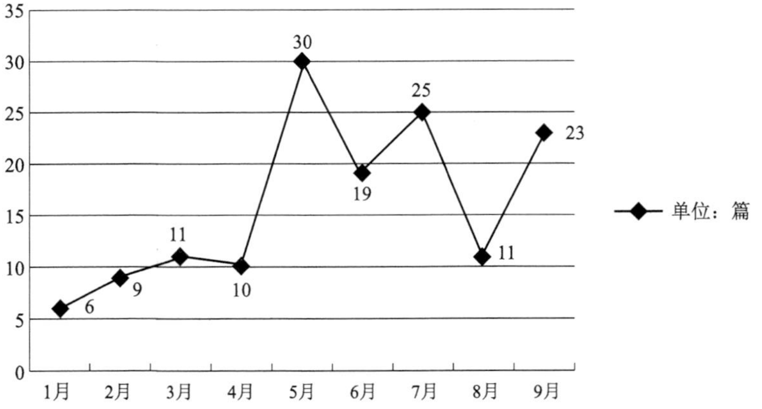

图3 俄罗斯媒体报道时间分布

从图3数据可见，俄罗斯媒体在2014年1～9月期间的对“丝绸之路经济带”的关注呈现一定的规律性，具体而言，前四个月报道数量较少，每个月报道这一热点问题基本不超过10篇，而5月份是俄罗斯媒体关注的高峰期，其报道数量达到了30篇，之后的7月、9月也呈现较高的关注度，新闻报道数量都在20篇以上。

结合俄罗斯媒体新闻报道内容我们发现，5月份报道数量达到峰值的关键性因素在于：2014年5月俄罗斯总统普京访华，与国家主席习近平在上海举行会谈并签署了十余项协议，其中包括俄罗斯天然气工业公司与中国石油集团签署的长达三十年的天然气供应协议，协议总额约为4 000亿美元。《俄罗斯报》于5月20日发文明确指出：普京出访北京——不仅是中俄经济亲近的开始，更是两国政治上的进一步亲近。事实上，自5月普京访华以来，中俄关系日益亲密，也给俄罗斯媒体关注“丝绸之路经济带”增添了更大兴趣。可见，中俄两国关系的亲近程度也直接影响着中国这一宏伟战略构想在俄罗斯的媒体舆论兴趣度。

（三）报道主要媒体分布情况

在对相关新闻报道素材进行内容分析的同时，我们对关注“丝绸之路经济带”的媒体进行了数据统计，报道数量居于前10位的主要媒体参见图4。

从图4所示数据可见，在我们研究的144篇新闻报道中，报道数量最多的是《俄罗斯报》（RG.ru：Российская газета），共16篇。其余众多媒体各不超过10篇。超过5篇报道的媒体也只有6家媒体，报道数量位居第10位的《新报纸》(Novaya Gazeta：Новая газета) 只有 2 篇报道。可见，对于“丝绸之路经济带”这一热点问题的关注，俄罗斯媒体呈现出了涉及媒体面广、单个媒体报道量少的局面。这种局面一方面说明俄罗斯单个媒体尚未对“丝绸之路经济带”保持长期跟踪报道的兴趣度，另一方面，因为涉及媒体面广，也为俄罗斯社会更多读者群了解“丝绸之路经济带”这一热点问题提供了更为广泛的渠道。

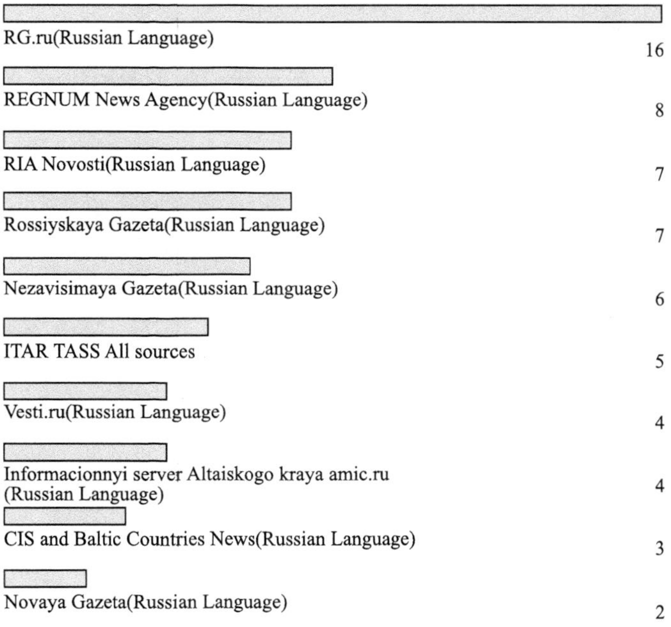

图 4　报道主要媒体分布

（四）报道主题分布情况

在所选的 144 条新闻报道素材中，我们对新闻报道主题进行了分类整理，报道数量排在前 10 位的新闻主题如图 5 所示。

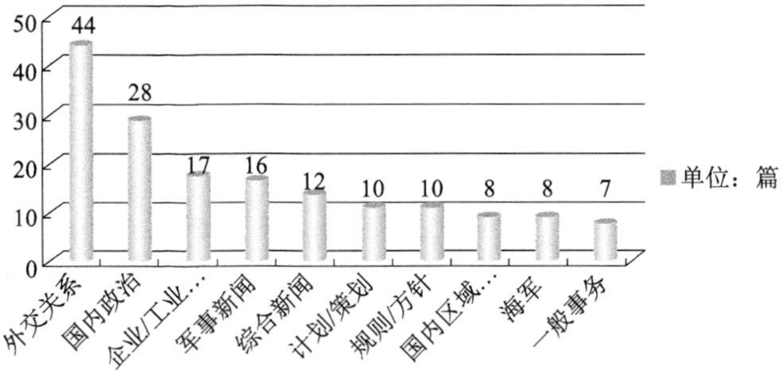

图 5　报道主题分布

从图 5 数据可知，报道篇数最多的主题是有关外交关系的新闻，共计 44 篇。由此可见，在涉及外交关系尤其是中俄关系时，比较易于提及到“丝绸之路经济带”。随后依次是俄罗斯国内政治（28 篇）、企业或工业新闻（17 篇）、军事新闻（16 篇）、综合新闻（12 篇）、计划/策划（10 篇）、规则/方针（10 篇），而其余主题则不足 10 篇新闻报道。由此我们认为，对于“丝绸之路经济带”这一战略构想的关注，俄罗斯媒体在俄罗斯的国际关系以及其国内政治、工业和军事等宏观问题上提及较多，这也反映出俄罗斯媒体对于“丝绸之路经济带”战略构想的报道深度不够，主要关注点在于其与俄罗斯社会宏观问题间的关联性。

（五）报道地区分布情况

我们对所选取的新闻报道内容所针对的国家和城市也进行了分类处理，并将所针对的国家和城市报道数量居前 15 位的按顺序排列，所获数据如图 6 所示。

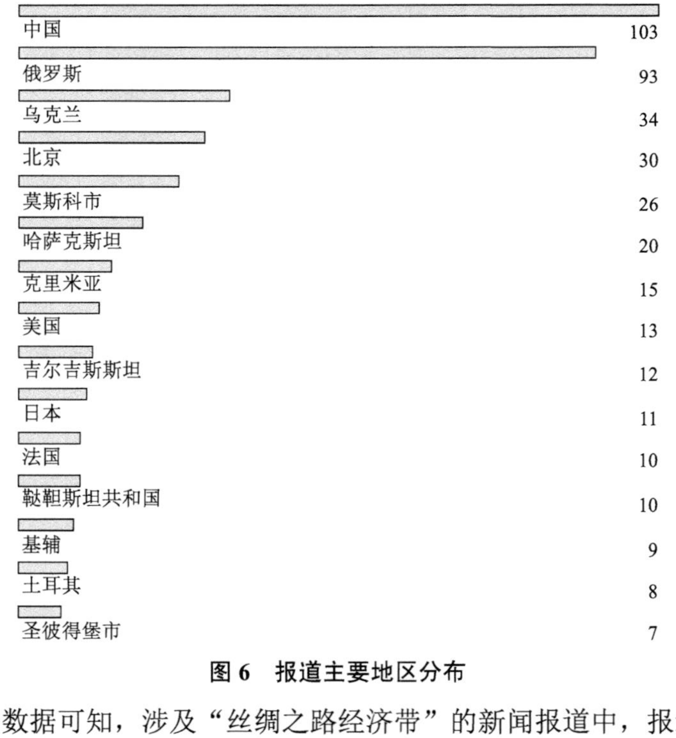

图 6　报道主要地区分布

从图 6 数据可知，涉及“丝绸之路经济带”的新闻报道中，报道数量最多的是针对中国和俄罗斯的报道，分别有 103 篇、93 篇报道。相应地，针对两国首都——北京和莫斯科的报道也比较多，分别有 30 篇、26 篇。这种分布情况倒是预料之中的：中俄两国及其首都作为报道者和被报道者身份相关联的缘由，报道数量自然居多。此外，与“丝绸之路经济带”直接关联的国家和地区如哈萨克斯坦、吉尔吉斯斯坦、鞑靼斯坦共和国、土耳其等国家和地区也在报道数量较多之列。值得注意的是，乌克兰、美国、日本等国家也在报道涉及地区较多之列，结合具体报道内容我们发现，俄罗斯媒体对于中国与上述国家的交往与合作给予了较多关注，在涉及这些国际合作新闻报道时提及“丝绸之路经济带”及其影响的情况就相应产生了。综上，报道数量较多的涉及地区大致分为三类：一是关联着报道者和被报道者的中国、俄罗斯及其首都；二是“丝绸之路经济带”所囊括/涉及的国家和地区；第三类是俄罗斯媒体相对更多关注的与中国交往较多而又与俄罗斯利益相关甚密的国家和地区。

四、俄罗斯社会对“丝绸之路经济带”关注情况分析

在对俄罗斯媒体报道“丝绸之路经济带”相关数据进行分析的同时，通过对相关新闻报道内容的深入研读我们发现，从具体报道内容能折射出俄罗斯社会对“丝绸之路经济带”这一战略构想的具体反应，不同社会群体因为各种不同的因素其态度也不尽相同。鉴于此，我们就具体报道内容中能反应出俄罗斯社会对“丝绸之路经济带”不同看法和反应的信息进行了分类处理，归纳、概括出了反应俄罗斯社会对这一热点问题关注情况。

通过对大量新闻报道素材的深度分析我们发现，俄罗斯不同社会群体对“丝绸之路经济带”都给予了相应关注，具体从三个层面体现：

1. 政府和国家领导层面：中俄亲近背景下大力倡导

《今日俄罗斯》杂志 9 月 24 日报道：在上海合作组织成员国元首扩大会议上，俄罗斯总统很坦诚地说：“我们认为建立上海合作组织成员国统一交通系统这一理念很有发展前景。可以将俄罗斯西伯利亚大铁路、贝加尔–阿穆尔铁路同中国的“丝绸之路”建设计划联系起来。我相信如此大规模的项目不仅可以为上海合作组织成员国，也能为其他欧亚国家带来好处。”

《财经市场》网 7 月 9 日报道：俄罗斯总统办公厅主任谢尔盖·伊万诺夫认为，将丝绸之路与西伯利亚大铁路和贝加尔–阿穆尔铁路结合起来很有前景。伊万诺夫说：“丝绸之路的理念确实很有前景，为什么要妨碍历史上已经证明有效的东西呢？”他还指出，中国开始实施复兴丝绸之路想法的同时，俄罗斯正着手扩建西伯利亚大铁路和贝阿铁路。“将丝绸之路与这两条铁路干线相结合，可增大中国商品对欧转运潜力和俄罗斯商品向东南亚运输的可能性，这必将为经济注入生机。”

据《俄罗斯交通报》6 月 26 日文章《一体化与伙伴关系》报道，俄罗斯交通部长马克西姆·索科罗夫抵达上海进行工作访问并出席了“海陆丝绸之路物流通道国际峰会暨 2014 亚欧港口物流高峰论坛”。他随后指出，根据俄罗斯 2030 年前建立第二条西伯利亚大铁路的计划，俄罗斯交通设施最具前景的发展方向

就是与他国的交通服务要走向一体化并不断提升本国的跨境运输潜力。

2. 地区和地方政府层面：互利互惠局势下积极响应

俄罗斯《消息报》7 月 12 日发表文章《收取“丝绸之路”过路费将增加俄罗斯财政收入》，文中指出：奥伦堡州临时代理州长尤里·伯格、鞑靼斯坦共和国和巴基什尔代理负责人最先号召在奥伦堡举行建立国际运输走廊大会。他们请求俄罗斯总统对国际运输走廊加快规划并提高建设速度。

从《俄罗斯报》9 月 9 日题为“丝绸之路上的驿站”的报道获知：车里雅宾斯克州州长杜布罗夫斯基出席了在乌鲁木齐举办的“中国—亚欧博览会”，在与新疆维吾尔自治区政府代表努尔·巴克里举行会谈并谈及车里雅宾斯克州与新疆维吾尔自治区的合作前景时，表示应共同参与建设“丝绸之路经济带”。为此，车里雅宾斯克州将建立大型的物流中心，在此基础上将进一步发展同中国的区域合作关系。而这个运输物流中心的建立对于车里雅宾斯克州来说，意味着增加 2 000 多个就业岗位，为增建食品、农产品加工、木材加工、制鞋等企业提供便利条件，吸引中国企业投资，促进国际合作，以及提高本州的财政预算收入等一系列实惠和好处。

9 月 3 日，《通知–城邦》报纸的一篇报道中指出：布里亚特共和国工商会在中国举行的论坛上讨论了新的国际项目合作问题。布里亚特共和国人民呼拉尔主席格尔舍维奇指出：我们是距离中国最近的区域，这对我们是有利的。我们允许高速列车通过本区可以获得用于布里亚特共和国地区发展的投资。为建设“丝绸之路”，中国希望建设从古西诺奥泽尔斯克沿乌第河方向直接到达巴布什金的公路，并将在中国的满洲里建立通过俄罗斯到达欧洲的集装箱中转站。利用这些优势条件，在布里亚特共和国区域内出现了中国家具厂，其缴纳税款将直接纳入我们的预算中。布里亚特共和国期待着中国的大批投资者的到来。

俄罗斯 ИА REGNUM 通讯社 9 月 23 日报道指出：突厥人精神中心总裁阿凯·基涅给俄罗斯天然气工业公司总裁米勒致信并表示——“我们非常清楚阿尔泰地区作为丝绸之路北部支线必经之地所起到的重要作用”……希望对方明确“阿尔泰”天然气管道的建设问题，并建议米勒总裁“最大限度地吸引阿尔泰居民参与到工程建设之中”。

《地区信息网》9 月 23 日在题为“丝绸之路贸易中心一期将在卡马河畔切尔尼市开业”报道中指出：鞑靼斯坦共和国中小企业联盟委员会会长哈伊达尔·巴里乌林指出：“丝绸之路”贸易中心提供的条件当然是非常好的，如果能够提供年利率在 10%～12%的贷款和全套服务的话，确实是有利的。总的来说，我还是希望我们的企业能和国外的同仁建立更紧密的联系，也包括和中国商人。如果可能的话，我觉得在喀山或者周边城市建立更大规模的类似的商贸中心会更加方便。此外，俄罗斯“跨国贸易服务”公司总经理谢尔盖·库里什指出：

毫无疑问，“丝绸之路”为当地企业提供的条件是有吸引力且正确的。但另一个问题是这些条件能否实现。如果真的能够全部落实，对于最终的卖家和买家来说当然是好事。……就让他们的价格更低，就让他们和其他的商业中心竞争吧。为什么不呢？要知道消费者总是以价格为衡量标准的。

3. 社会和大众传媒层面：广泛关注基础上积极肯定

俄罗斯社会和大众传媒层面对“丝绸之路经济带”战略构想及其概念给予了广泛的关注和报道，并对其从地理范围、实施路径及未来发展等提出了种种建议。

俄罗斯《独立报副刊》（НГ–Дипкурьер «приложение к газете Независимая газета»）2014 年 9 月 1 日题为“世界地图上重现丝绸之路”的报道指出：一年前，2013 年 9 月 7 日，中国国家主席习近平在哈萨克斯坦首都阿斯塔纳提出了通过创新的合作模式共建“丝绸之路经济带”、促使欧亚国家经济联系更加紧密的建议。习近平表示，新的丝绸之路走廊与传统的区域经济合作模式不同，不是通过建立超国家的机构来实现合作。此外，新的丝绸之路不会有严格的地理界限、起点和终点。中国的专家和官方媒体针对这段表述发表了大量文章和评论。例如，新华社报道，在 2013 年年末，“中国提出建立一个能够覆盖超过 30 个欧亚国家 30 亿人口的、具有巨大市场规模和发展潜力的经济带计划。目前位于丝绸之路上的国家出口占世界出口总额的 23%”。中国国务院发展研究中心研究员万成才认为，“新丝绸之路的地域范围从中国开始经过中亚地区、俄罗斯高加索地区。其范围可以延伸到西亚和南亚，以及中欧和东欧地区。”

《今日俄罗斯》杂志 9 月 24 日在题为《中国正在复兴丝绸之路》的报道中指出：“应考虑到媒体在其中发挥的作用，因为媒体可以促进所有参与国的文化信息交流，有助于更好地理解该构想的当前意义和发展前景。”

《明天日报》发文指出：两千年前的丝绸之路成为连接亚洲和欧洲国家的桥梁。如今在建立新丝绸之路过程中，俄罗斯实质上起到了连接欧亚大陆的枢纽的作用。在对俄罗斯官员和普通居民的采访过程中，记者可以感受到他们对于参与建设丝绸之路经济带这一宏伟计划的兴趣。……站在连接亚洲和欧洲“十字路口”位置的俄罗斯，在联通世界 2/3 人口的贸易和文化过程中有着举足轻重的作用。拥有发达的交通和工业基础的俄罗斯期待同全世界进行合作，并愿意建立新的丝绸之路。我们相信俄罗斯将会为丝绸之路经济带的发展做出自己的贡献，我们也有理由相信我们的合作将成为睦邻友好合作关系的典范。

《俄罗斯报》于 5 月 20 日针对普京访问中国“不仅是中俄经济亲近的开始，更是两国政治上的进一步亲近”为背景，发表文章——《“丝绸之路”发展正当时？》，俄罗斯科学院院长、莫斯科国际关系学院教授谢尔盖·卢昂在文中表示：“中国国家主席习近平 9 月份在阿斯塔纳提出了建立丝绸之路经济带的构想。我做出的评价是，北京在欧亚拥有自己的、甚至比莫斯科更宽广的视野，特别是在经济一体化方案上。”

4. 不同的声音依稀存在

在俄罗斯社会不同层面都积极关注、维护“丝绸之路经济带”这一宏伟构想的同时，也存在个别不同的声音。比如，《地区信息网》9 月 23 日在题为“丝绸之路贸易中心一期将在卡马河畔切尔尼市开业”报道中指出：“商务在线”的专家……另一些人认为：需要发展本国的制造业，而不应该依靠货物进口贸易，尤其是进口中国商品，因为中国商品一般是从小地方开始占领市场。与此同时，“商业中心”公司总经理弗拉基米尔·伊万诺夫指出：一方面来说，发展“丝绸之路”给出的条件可以说是很好的，因为中国政府全面支持自己的企业……但是如果全面地考虑这些条件，我可以坦率地说，这对于俄罗斯并不是好事，如此等等。

五、结语

通过对相关数据和新闻内容的深度分析我们发现，俄罗斯对于“丝绸之路经济带”的关注情况呈现良好状态，报道倾向性以正面积极报道为主，整体兴趣较强，而且随着中俄关系的日益亲近呈现逐渐增强的局面。除极个别不同声音以外，俄罗斯社会不同层面对“丝绸之路经济带”战略构想都给予了积极关注和响应，就其缘由，除了“丝绸之路经济带”战略构想本身互惠策略的广泛宣传外，还有中俄关系的日益亲近、欧美对俄制裁、中国日益增强的国际合作以及古丝绸之路概念和品牌影响等因素。

总之，通过对 2014 年 1～9 月俄罗斯媒体大量相关报道进行多角度深度研究我们认为，“丝绸之路经济带”战略构想在俄罗斯的媒体舆论环境和社会反响都呈现较为乐观和积极的状态，这对于这一构想的广泛推广和实施都有着积极的影响，对于中俄为实施这一战略构想而可能开展的多领域合作也会起到良好的促进作用。

参考文献

[1] 曹海峰. “丝绸之路经济带”构建中的风险考量与规避策略［J］. 实事求是，2014（1）.

[2] 丁晓星. 丝绸之路经济带的战略性与可行性分析［J］. 学术前沿，2014（2）：71–78.

[3] 范祖奎，房玉霞. 俄罗斯媒体上的中国形象塑造——基于《真理报》的调查［J］. 新疆社会科学，2014（4）：84–89.

[4] 冯宗宪. 中国向欧亚大陆延伸的战略动脉——丝绸之路经济带的区域、线

路划分和功能详解［J］. 学术前沿，2014（2）：79–85.
［5］霍建国. 共建丝绸之路经济带与向西开放战略选择［J］. 国际经济合作，2014（1）.
［6］孙有中. 国家形象的内涵及其功能［J］. 国际论坛，2002（3）.
［7］王海运. 建设“丝绸之路经济带”、促进地区各国共同发展［J］. 俄罗斯学刊，2014（1）：5–10.
［8］卫玲，戴江伟. 丝绸之路经济带：超越地理空间的内涵识别及其当代解读［J］. 兰州大学学报（社会科学版），2014（1）：31–38.
［9］徐小鸽. 国际新闻传播中的国家形象问题［A］. 刘继南. 国际传播——现代传播文集［C］. 北京：北京广播学院出版社，2000.
［10］张春林. 丝绸之路经济带框架下促进新疆对外开放与经济发展的建议［J］. 中国经贸导刊，2013，（11）.

法国报刊对“一带一路”报道舆情分析

阎雪梅

摘　要：通过对法国八大权威报刊对“一带一路”相关报道的定量和定性分析，探讨法国主流媒体对中国舆情的关注度和倾向性。

关键词：法国　报刊　一带一路　舆情

法国是第一个与中华人民共和国正式建立外交关系的西方国家。自 1964 年至今，中法两国关系经历了半个世纪的风风雨雨。近年来，随着我国经济的发展和综合国力的增强，中国得到了包括法国在内的世界各国媒体的越来越多的关注。那么，法国媒体对中国报道舆情如何？是对所有重大事件有着同样的关注度，还是按照各自的标准和意图对不同的事件有着不同的关注度，程度有大小轻重之分呢？

本文采用定量分析与定性分析相结合的研究方法，以法国主流报刊媒体对“一带一路”的报道为选题，按照综合抽样的调查方法（所选取的数据样本来自于美国道琼斯的 Factiva 数据库），在排除内容完全重复的文章后，通过对法国报纸媒体关于“一带一路”的报道舆情分析，确定法国媒体对中国的关注度和倾向。

研究所选取的时间区间为 2013 年 9 月 1 日至 2015 年 2 月 28 日共 18 个月。之所以把 2013 年 9 月作为起始时间，是因为这是“丝绸之路经济带”或者“新丝绸之路”规划的问世时间，是国家主席习近平在访问中亚国家哈萨克斯坦时首先提出了这个倡议。

在对法国纸媒关于“新丝绸之路”的报道舆情进行分析时，一共选取了八份报刊作为研究标的，分别是：（1）法国最具影响力的三大全国性日报《费加罗报》《世界报》和《解放报》；（2）在法国排名前三位的时事新闻周刊《新观察家》《快报》和《观点》；（3）最具权威性的法国经济专题类日报《回声报》和《论坛报》。

一、信息源与报道数量分析

在 2013 年 9 月至 2015 年 2 月这个期间内，在选取的八家媒体中仅有四份报刊曾对“一带一路”计划作过共 23 篇报道，这四家报纸分别是两个全国性日报《费加罗报》和《世界报》以及两家经济类日报《回声报》和《论坛报》。可见，法国媒体对该专题并不十分关注。在这 23 篇报道中，《世界报》刊载的文章数量最多，共 13 篇，占全部报道篇数的 56.5%；《费加罗报》有 6 篇，占总数的 26%；两家经济日报《回声报》和《论坛报》分别是 3 篇和 1 篇。

这个结果与四家媒体各自的办报方针、读者群体的关注点相符。《世界报》作为最具国际影响力的法国报纸，更为关注对于现时或未来有较大影响的国际事件，因为其办报方针就是向读者及时提供全面而准确的国际国内新闻报道。与前者相比，《费加罗报》虽然也注重对国际政治、经济、社会问题的报道，不过鉴于该报的中间偏右的政治倾向，因此，对英、美、日、加等西方发达国家以及原法国殖民地国家更为重点关注，而报道中国新闻的文章篇幅和数目自然相对较少。由于媒体一致认为“一带一路”计划属于宏观政策方面的战略计划，其中也包括了经济规划，因此作为法国经济类日报的《回声报》和《论坛报》虽然对此有所关注，但因为直接涉及法国本国经济方面的信息较少，因此虽有一定的关注但关注度不大，这也从另一个侧面证明了该报在法国国内经济界的权威性。

从数量上看，自 2013 年 9 月 1 日到 2015 年 2 月 28 日共 18 个月的时间，仅有 23 篇提及“新丝绸之路”的报道文章，平均每个月 1.27 篇，可见法国媒体对该问题的关注度并不高，远远不及对环境污染等事件或者负面新闻的关注度。这说明法国的主流报纸对华报道的议题选择更偏重于吸引读者注意力的危机事件、负面消息或者与法国本国利益密切相关的新闻，例如关于习近平主席访法时，多数报道都侧重于两国签订的多项合作协议会为法国带来多少经济利益。

二、报道时间和地区分析

2013 年 9 月至 12 月共 3 篇，分别是 9 月 1 篇，10 月 2 篇，平均每个月 0.75 篇；2014 年全年共 16 篇，分别是 3 月 5 篇，6 月 2 篇，9 月 4 篇，10 月 1 篇，11 月 4 篇，平均每个月 1.3 篇；2015 年 1 月和 2 月共 4 篇，其中 1 月 2 篇，2 月 2 篇，平均每个月 2 篇。虽然数据不够全面，但是可以大约判断出月均报道篇幅呈递增趋势。

如果把 18 个月分为两个时间段，从 2013 年 9 月到 2014 年 5 月，相关文章篇数为 8 篇，其余 15 篇均是在后 9 个月的时间区间内发表的。而在《世界报》刊发的 13 篇相关文章中，前 9 个月有 4 篇，后 9 个月则有 9 篇。这都从不同的侧面说明法国主流媒体对“一带一路”的关注度和了解在逐渐增多。

再比如《费加罗报》。该报在 18 个月的时间里一共刊载了 6 篇相关报道，其中 5 篇出现在报纸的国际版面，作者均为该报驻京记者帕特里克·圣保罗

（Patrick Saint-Paul），另有一篇发表于经济版面，作者是《费加罗报》驻上海的记者塞巴斯蒂安·法莱蒂（Sébastien Falletti）。6 篇报道发表的时间分别是 2013 年 9 月、2014 年 3 月、2014 年 9 月和 11 月、2015 年 1 月和 2 月，其中前 3 篇的时间跨度各为 6 个月，后 3 篇依次为 2 个月、2 个月、1 个月，说明该报对“一带一路”的介绍并非密集报道，但是报道的时间间隔有日趋减少的特点，表明对“丝绸之路经济带”的关注度在逐渐加强。

另一个突出现象是法国媒体对“一带一路”的报道多与国际大事发生的时间吻合，例如 2013 年 10 月的两篇报道与习近平主席到印度尼西亚进行国事访问以及当时于印尼巴厘岛召开的亚太经济合作组织会议相关，2014 年 3 月的 5 篇报道与习近平主席出访欧洲三国相关，2014 年 9 月的 4 篇文章涉及习近平主席访问印度，同年 11 月的 4 篇文章则是报道在北京召开的亚太经济合作组织会议，另外也有文章与国家主席习近平访问中亚国家或者中国参加金砖国家会议等相关。因此除了 2014 年 11 月的新闻发生地是中国，其他报道的地区均为中国以外的其他国家和地区。这说明法国媒体不仅仅关注中国自身的政治、经济、文化等问题，更加关注中国的国际交往和国际影响力。

三、报道侧重点分析

在 23 篇报道中，除了 1 篇评论性文章外，其余均为时事报道类的介绍性文章。对新丝绸之路作全篇报道的文章有 4 篇，其余 19 篇都是在报道其他内容时侧面提及丝绸之路经济带或者海上丝绸之路。这说明法国各主流报纸对于“一带一路”的认识仍处于简单介绍的第一阶段，尚未达到深入理解和深度阐释的阶段。这也和“新丝绸之路”的形成过程有一定关系：众所周知，自习近平主席在 2013 年 9 月访问哈萨克斯坦时首次提出这个概念之后，从最初的倡议直至上升到我国的国家战略计划，这是一个“边构想，边规划，边实施”的过程，而不是自一开始就有完整系统的理论框架。因此西方传媒对其了解不多也是顺理成章的。

在 4 篇全面介绍新丝路的文章中，发表时间最早的是《费加罗报》于 2013 年 9 月 10 日刊载标题为《中国在用混凝土建造新丝绸之路》的报道，作者是该报驻京记者帕特里克·圣保罗（Patrick Saint-Paul）。这篇不到 500 字的文章指出习近平主席在出访中亚国家时“提出了一个新的战略合作计划”。

一个月之后，即 2013 年 10 月 10 日，《世界报》也刊登了一篇由该报驻京记者布里斯·佩德罗莱蒂（Brice Pedroletti）发表的题为《中国“软实力”的丝绸之路梦》的文章。整篇报道自标题、摘要直至正文均多次出现“丝绸之路”或者同类说法，如“经济带”、“丝绸之路”外交、“海上新丝绸之路”等。文章简要解释了“新丝绸之路”以及“海上新丝路”两个概念，首先指出了这个计划的好处是“带领登上中国旗舰的国家走上繁荣之路”，文章大体为正面报道，但是在文章最重要的摘要部分以及报道的结尾处都出现了表明作者倾向性观点的语汇，这篇报道再度证明了法国的新闻业之所以被认为是“评论取向”的新闻业的说法，记者的意见往往与其报道混杂在一起，不易辨别。

2014 年 6 月 18 日，法国经济日报《回声报》刊载了记者丹尼·范希勒贝尔（Denis Fainsilber）所写的文章《新丝绸之路》(La nouvelle route de la soie)，准确地说，文章的标题虽然为“新丝绸之路”，但是并非习近平主席提出的“一带一路”计划，而是指 2012 年开通的横贯亚欧大陆（自重庆到德国杜伊斯堡）的铁路线，它可以被视为“新丝绸之路经济带”的前瞻性实践。全文分为三部分，第一部分回顾了古代丝绸之路的概况，介绍了新丝绸之路铁路线的现状；第二部分以“复杂的方案”为题，介绍了中欧铁路干线的成因及其优势和重要性；最后一部分以“落后于形势的法国国营铁路公司”为标题，表达了作者对法国铁路部门在这方面不作为的惋惜之意。全文报道基调为中性，无明显的政治倾向。

同年 11 月 8 日《费加罗报》驻京记者帕特里克·圣保罗（Patrick Saint-Paul）发表了《“海上丝绸之路”，中国的软实力之路》一文，以压路机作为文章的小标题，引用广东省委书记的话，新丝绸之路“将是一条和平、友好、互利之路”，指出这条海路有助于扩大中国在新丝路沿线的经济、文化和政治影响。

在上面 4 篇直接以“丝绸之路”为题、全文介绍“一带一路”的文章中（如果不考虑第三篇报道的话）第一篇介绍了“新丝绸之路经济带”，即“一带”，第二篇对“一带”和“一路”均作了介绍，第四篇则是对“海上新丝绸之路”即“一路”的介绍。报道的核心则是从政治、经济、文化等多方面考量该战略计划所可能带来的直接或间接影响。

其余文章都是在报道重大时事或问题时提到“新丝绸之路”，侧重点各有不同，例如介绍中国与法国及欧盟的经贸关系、中国与邻国的经济合作、亚洲基础设施投资银行的创建等。

总体说来，在分析法国《费加罗报》《世界报》《回声报》和《论坛报》所刊载的与“一带一路”报道相关的文章后，发现法国主流媒体对“新丝绸之路”的看法趋同，主要有如下几点：

（1）“一带一路”被认为是中国的外交策略或战略计划；

（2）它是中国扩大其在亚洲周边地区的影响力的工具；

（3）“新丝绸之路经济带”在带动沿线国家繁荣的同时，也维护了中国的国家安全，为中国内地提供了稳定的就业市场，有利于社会稳定；

（4）中国希望通过“海上新丝绸之路”来获取更多的自然资源，同时有利于增强与周边国家多边合作。

四、报道倾向性分析

应当指出，对于法国报刊来说，即使是新闻类日报和周刊，在某个具体事件上也都不可避免地有着一定的倾向——或左或右的倾向，因为报业集团、编辑、记者都有各自不同的主观倾向。又由于新闻业的主张是信息型报道而非倾向性报道，主张新闻传播的纯粹性，主张新闻报道要完全客观，不受政治、党派、阶级、财团等的影响等。因此除了某些专栏文章或者评论性文章之外，法国报纸都尽量采取中立立场，对事件进行客观报道，但是字里行间仍可能隐隐约约地显示记者本人或肯定或否定的立场来。这就造成了整篇报道的基调为客观的中性，但其中个别词句却可能隐晦地带有负面或批判的色彩在内，因此不太容易判断该记者或该篇报道的真实立场到底如何。是表层的赞同立场和正面倾向，还是深层的批判立场和负面倾向？

不过，从这 23 篇与中国“一带一路”的相关文章看，法国报纸对于“一带一路”的报道倾向大体一致，为基本客观的中性报道，但也略有差别。例如在对于该战略计划的意义和影响的认识方面，有报道认为它促进中国内地和邻国的经济发展，也有记者从自己的立场或观念作了负面的评价，提出了自己的臆测。

虽然媒体在新闻报道方面极力主张无倾向的客观报道，但是从政治学角度看，任何媒体都或多或少地服务于本国利益。因此，一旦涉及与法国利益密切相关的事件，例如在中法两国之间利益出现冲突的时候，法国媒体的这种与政府保持一致的倾向性就会表现得尤为明显。

鉴于“新丝绸之路”计划并不与法国的经济利益和国家利益切身相关，与法国民众也没有直接关系，因此法国主流报刊媒体没有过多聚焦于该计划，相关报道不多，且报道倾向也基本为中性或者趋于中性。

参考文献

[1] 沃尔特·李普曼. 公众舆论［M］. 阎克文，江红，译. 上海：上海人民出版社，2006.
[2] 哈罗德·拉斯韦尔. 社会传播的结构与功能［M］. 何道宽，译. 北京：中国传媒大学出版社，2012.

韩国媒体涉中国“新丝绸之路”构想报道研究

崔玉山

摘　要：2014年，习近平主席提出的“新丝绸之路”构想受到了世界的广泛关注，而韩国作为中国的近邻和与中国的命运紧密相连的亚洲共同体国家，一时间韩国媒体对中国“新丝绸之路”的分析报道铺天盖地。下面将选取韩国的四大主流新闻媒体报业《朝鲜日报》《中央日报》《东亚日报》和《韩民族新闻》，以及韩国最具影响力的三大广播电台韩国广播公司电视台（KBS）、韩国文化广播公司电视台（MBC）和首尔广播公司电视台（SBS）对中国“新丝绸之路”构想的报道为例，探讨韩国媒体如何看待中国“走出去”战略与“新丝绸之路”构想，并分析研究其报道的舆论倾向性。

关键词：“新丝绸之路”　韩国四大主流新闻报业　韩国三大广播电台

一、韩国新闻报刊的报道倾向性分析

《朝鲜日报》：纵观《朝鲜日报》对中国“新丝绸之路”构想的报道，对于其对中国及周边地区的影响分析整体呈现积极倾向。《朝鲜日报》从历史上做出过巨大贡献的丝绸之路作为切入口，指出“新丝绸之路”构想在今天也必将给中国以及区域内的周边国家带来巨大的经济增长潜力，对于中国及周边地区来说是一次新的发展机会。但同时，该报从韩国自身的立场出发，在肯定对于韩国有利的一面的同时，也提出了这对韩国来说既是机遇又是挑战；如果韩国没有把握好这次机会，会给韩国的经济带来巨大的冲击，同时可能会给韩国的贸易以及各个产业带来一些消极的影响。

《朝鲜日报》指出“丝绸之路”曾是中国历史上著名的沟通海外政治、经济、文化的通道，对中西方文化的融合，促进中国历史上的经济、政治的交流、开放起到了巨大的作用。今天，中国提出建设“新丝绸之路”，这将有利于中国与周边国家之间的政治沟通、道路联通、贸易联通、货币流通和民心相通的“五通”建设。首先，“新丝绸之路”为中国营造了一个与周边国家的良好政治、国防、民族环境，比如“新丝绸之路”会使得中国和中亚地区的经济联系更紧密，文化更互融，政治更互信，必定会有利于中国新疆等地区的稳定和发展，也有利于中国周边国家安全的建设。另一方面，通过建设新的丝绸之路经济带，可以推进区域间基础设施在内的各种互联互通，有利于提高区域合作水平，推进区域一体化进程，激发区域内经济增长潜力，为全球日益增长缓慢的经济提供新的增长力量。

另外，《朝鲜日报》还站在韩国自己的立场上，从韩国自身利益的层面对“新丝绸之路”战略进行了分析，《朝鲜日报》指出，中国在今后10年促进的“新丝绸之路”建设将会给韩国的经济带来不小的影响。对韩国有利的一面是，“新丝绸之路”网络一旦打通，进军中国市场的韩国企业与在欧洲、中亚以及东南亚一些国家进行交易的时候，将会节省物流费用并且更轻而易举地筹措原材料和辅料。同时，现有的对华企业如果利用好“新丝绸之路”，将可以以更低廉的费用向欧洲、中亚以及东南亚出口产品。《朝鲜日报》指出，应该更加关注将韩国政府倡导的“欧亚倡议”①与“新丝绸之路”构想结合起来，使韩国成为“新丝绸之路”的出发点，那么在这种情况下，韩国将需要强化自己的物流复合中心的地位，这对于能源的筹措也是相当有利的。但另一方面，《朝鲜日报》也指出，如果韩国没能好好地把握建设“新丝绸之路”的机遇，经济上将会受到不利影响。如果以中国为核心的巨大的物流网构筑成功的话，中国可以不从韩国而从其他国家那里以更廉价的费用去交易商品以及筹措原材料和辅料，那么将不能排除在世界的整体物流网当中，韩国将会处于一个远离欧亚大陆的孤立地位的可能性。两国在大规模的对外事务当中也需要进行合作。把习近平主席的“新丝绸之路”构想和韩国的“亚欧倡议”相对接，中国将成为连接远东亚细亚、中东和欧洲的桥梁。朴瑾惠总统提出的“亚欧倡议”，意在通过欧亚大陆国家间的经济合作，提振经济并且创造就业岗位，同时通过带动朝鲜开放门户，来共同构筑两国统一的基础。而习近平主席的“新丝绸之路”构想是打算在“新丝绸之路”的中亚地区国家投资49万亿韩元，集中建设开发横断戈壁沙漠和中亚各国的高速公路、高铁和西部内陆地区。朴瑾惠总统表示两国间共同繁荣的未来就在眼前，以过去20年的成果为基础，需要实质上的飞跃以实现更大的合作和共同发展。

同时，《朝鲜日报》也指出，中国“新丝绸之路”的构想也会给韩国的贸易以及各个产业带来一些消极的影响。在“新丝绸之路”的途经城市当中，郑州可谓是贯穿亚欧的节点城市，铁路城市郑州是日产汽车工厂等跨国整车以及零部件企业的密集地区，中国西部地区的新疆维吾尔自治区首府乌鲁木齐到今年

① 韩国总统朴槿惠于2013年提出“欧亚倡议”，指的是通过与欧亚地区国家的经济合作，扩大韩国的对外贸易，带动朝鲜开放门户，消除朝鲜半岛的紧张局势。

为止预计将会进驻大众汽车工厂。而欲把欧洲的资本引入西部大开发战略的中国政府和想运用中国西部内陆地区的低劳务成本和各种资源来扩大势力的欧洲，与日本企业的利害关系正相吻合。2012 年欧盟与中国的贸易额达到 5 460 亿美元，超过韩国和欧盟贸易额的 5 倍。因此，由于“新丝绸之路”的开通，韩国产品在欧洲市场的竞争力相对将会下降。

《中央日报》:《中央日报》对于中国“新丝绸之路”构想的舆论倾向性整体比较客观。首先，它对于中国提出“新丝绸之路”构想的初衷和目的性的分析比较客观冷静，指出“新丝绸之路”构想的提出与政治意图相比更接近于是一种经济战略。它对中国国内的目前国情和经济状况也进行了分析，从中国的自身角度出发，客观评价了这一战略构想，认为“新丝绸之路”构想是 21 世纪的愚公移山。从韩国的自身立场来看，它指出了对于韩国企业的有利的各个方面，同时也表示韩国政府和企业应该积极参与配合这一构想，将其与韩国的“欧亚倡议”相对接。同时，从区域各国的角度来看，它肯定了中国“新丝绸之路”构想的积极意义，指出此构想不应该是中国一个国家的独奏曲而是各国共同参与的交响曲，倡导各国积极加强合作，实现互利共赢。

《中央日报》从中国自身的角度出发进行分析，认为“新丝绸之路”或者“一带一路”战略是中国的未来国家战略的一个构成要素。“一带一路”战略计划在中国附近的中亚和东南亚国家进行大规模的基础设施投资，以紧密的物流、通信、能源网连接中国内陆。如果这一计划实现的话，中国的西南内陆地区将会变为又一个沿海地区。“新丝绸之路”构想是通过中国中西部的开发，建立连接中亚和欧洲的陆上丝绸之路，开发中国南部的丝绸之路，开拓向东南亚进军的海上丝绸之路，通过“新丝绸之路”建立包含全世界 60 个国家，44 亿人口，达 21 亿美元经济规模的巨大经济圈。这一构想将成为经济增长率在 7%上下徘徊的中国经济的新支柱。首先，中国出资企业救援贷款，建立亚洲基础设施投资银行，在世界范围内筹集资金，通过这些资金，连接中国和周边国家，开始进行大规模的基础设施投资。一旦开发的热潮兴起，需求也会变得更大。在中国的立场上来看，它可以更有效率地利用接近 4 万亿美元的外汇储备等有效资金。30 年前，带动中国的出口主导型增长的是东部沿海地区，而如今西部将作为继承东部沿海地区的一个新的发展据点而诞生，从这个角度来看，《中央日报》指出“新丝绸之路”构想是 21 世纪的愚公移山。从韩国的立场出发，韩国希望能够将韩国的“欧亚倡议”与中国的“新丝绸之路”构想对接起来，如果将两个构想结合的话，那么中国将会成为连接远东亚西亚、中亚、中东以及欧洲的桥梁，两国的竞争力也会进一步提升。“欧亚倡议”是把包括韩、中、日以及哈萨克斯坦等中亚国家的区域内经济合作为基础，引导朝鲜门户开放，并缓解朝鲜半岛紧张局势的朴瑾惠总统提出的战略构想。习近平主席的“新丝绸之路经济带”构想是把坐落在古代丝绸之路的国家连接起来成为一个经济圈，这一构想与中国梦是相通的。

《中央日报》指出，为把韩国的“欧亚倡议”与中国的“新丝绸之路”连接在一起，两国政府和企业应该通力合作，共同汇聚智慧和力量，那么韩国将会有更多的机会进驻中国内需市场，并通过韩中自由贸易协定共同构筑稳定通商环境，因为中国的13亿人的内需市场的发展对于两国企业来说是一个很好的机会。另外，从韩国的自身利益角度来看，“新丝绸之路”战略的核心对象区域中东和东南亚恰好是韩国的第一和第二建设市场，如果中国斥巨资进行这一区域的社会间接资本建设的话，对于韩国来说是一个有利的机会。中国打算在东南亚地区老挝、泰国、马来西亚和新加坡等地接连铺设高速铁路。虽然干线是由中国来建设，但是连接中小城市的多条支线韩国可以参与其中，对于这一区域周边的开发也是同样的道理。从区域内各国的立场角度进行分析，一带一路作为中国外交在这一年的关键词，“丝绸之路”将会强化世界各国的政策沟通，使相互利益实现双赢。“一带一路”战略将会获得更多各方的支持，取得更多的成果，将会为欧亚大陆整体的发展带来帮助。“一带一路”是涵盖60个国家的经济持续增长的支柱，它不是中国一个国家的独奏曲而是各国共同参与的交响曲。

《东亚日报》：《东亚日报》对中国“新丝绸之路”构想的报道整体呈现出非常积极的倾向性，对“新丝绸之路”的构想的全球战略意义进行了高度评价，并站在中国的立场上客观冷静并又极其详细地分析了“新丝绸之路”的全球影响力和积极意义，指出“新丝绸之路”将会扩大中国影响力，助力中国能源安全，并使得多国受益。它肯定了习近平主席“新丝绸之路”构想取得的显著成绩与巨大进展，并基于“新丝绸之路”战略对于韩国的巨大意义，指出韩国政府和企业应该积极参与配合这一构想，将“新丝绸之路”构想与韩国的“欧亚倡议”相结合，两国共同合作，互惠互利。

《东亚日报》高度评价了“新丝绸之路”构想，称“新丝绸之路”经济带或成全球经济中心。从中国的自身角度出发，首先，“新丝绸之路”将扩大中国的影响力。《东亚日报》指出，目前中国正在日益彰显着其对整个亚洲的影响，通过对外援助和投资，特别是在非洲地区，中国的影响力还可以扩展到更远的地方。基于互惠互利，中国可以与其周边国家睦邻友好，并与那些距离较远的国家拥有更为紧密的政治和经济关系。最初的“丝绸之路”是一系列的古代贸易路线，这些路线将亚洲的主要经济体与来自欧洲和地中海的贸易伙伴联系在了一起。而当前，中国正在重塑这一古代贸易路线，以促进在整个地区中的贸易关系和基础设施建设。新的陆上“丝绸之路”将会穿过中亚抵达伊朗北部，并且穿过伊拉克、叙利亚和土耳其，将欧洲作为终点。而新的“海上丝绸之路”将会经由马六甲海峡到达印度、肯尼亚和非洲之角的北部，然后在威尼斯同陆路的丝绸之路相交前穿越地中海。中国不仅拥有着高铁、商品，还对“一带一路”战略构想有着自己的计划。如果今后的发展顺利，中国这一未来的世界最大经济体，将可以让丝绸之路经济带成为全球的经济中心。

其次，《东亚日报》指出“新丝绸之路”战略将助力中国能源安全，中国正在构建自由贸易协定，并促使人民币可以在这些贸易线路沿途的一些国家中得到更多的使用。中国与这些国家之间关系的增进不仅会促进彼此间的贸易，也会提升中国在能源方面的安全。“新丝绸之路”战略从地缘空间上确保了地区安全观、共赢安全观和可持续的安全观，其价值巨大。与过去不同，新安全观不只强调仅限于一国的“走出去”战略，而且变为在双赢和多赢互利的前提下，吸引各有关国家积极参与国际大分工过程，提升共同的安全程度。尤其在“新丝绸之路”战略下，各国可以利用独特的地缘空间优势来确保能源安全观。陆上丝绸之路和海上丝绸之路内在的互动和关联性可以推动有关国家在西亚和非洲等地区互联互通，谋求合作安全和共同安全；同时也带动国内产业结构转型升级、带动地区协调发展。

最后，《东亚日报》提到，“新丝绸之路”经济带将令多国受益，对于丝绸之路经济带的构想，盛赞丝绸之路经济带是复兴古丝绸之路的重大历史性举措。它不仅将极大促进沿线国家的经济贸易联系，有利于交通、通信、油气管道等基础设施互联互通建设，而且为巩固地区国家友好关系、进一步促进本地区和平稳定提供了新的历史契机。中国的“新丝绸之路”并不仅仅局限于复兴其古代的贸易活动或是民间交往，并且在带来现代改变的同时，还可以扩展到诸如能源、旅游等更多的领域之中。从韩国的自身立场角度出发，中国的“新丝绸之路”构想对于韩国来说具有重大的意义，这使得韩国不仅有机会成为进军中国西部的新开拓者，同时也是将习近平主席的“新丝绸之路”构想与韩国总统朴槿惠的“欧亚倡议”结合起来的良好契机，韩国政府和企业应该积极地支持并参与到“新丝绸之路”这一构想当中。

《韩民族新闻》：《韩民族新闻》对中国“新丝绸之路”构想的报道整体呈现积极乐观的倾向性，它指出从中国、韩国还是周边国家的立场来看，“新丝绸之路”具有“一石三鸟”的作用。从中国目前来看，当前中国的经济、社会、政治、文化、生态等建设进入到新阶段，改革也进入到深水区、攻坚期，之前第一轮的改革红利逐渐消失，改革面临各种既得利益集团的阻碍，面临日益严重的利益固化的挑战。从中国改革开放的历史以及更早的丝绸之路的经验来看，开放是推动中国改革最强劲的力量之一。而当前中国的决策层无疑很明白这个道理。为此通过推动“新丝绸之路”经济带的建设，也蕴含着通过“再开放”来推动新一轮的中国西部大开发，促进形成中国东部再改革的新倒逼格局，也来倒逼中国国内改革红利的出现，通过改革红利的释放来维持中国各方面的可持续发展。另一方面，“新丝绸之路”有利于消化中国严重过剩的各种产能，随着中国基础设施的日益饱和，中国国内之前围绕高投资配备的高产能面临严重的产能过剩，为此需要为这些产能寻找更大的需求空间。而从中国周边国家的立场分析，中国在基础设施建设方面本就有着非常明显的比较优势，通过构筑“新丝绸之路”经济带在有利于中国的同时也有利于区域内国家的发展，从而形成更大范围的经济拉动，这将是一个多赢的格局，而中国这个世界第二大经济体的可持续发展，必定也必将有利于世界经济的增长。从韩国国内的舆情导向来看，韩国对于“新丝绸之路”项目是非常感兴趣的。在古代，韩国民众就已经从丝绸之路中获益。古时候一些王朝把丝绸之路进一步的拓展，韩国也从中获益，包括它的贸易，还有新的思想的引入。这也是为什么韩国也非常希望能够积极地参与到“新丝绸之路经济带”建设当中的原因。这里有一个巨大的市场，也有巨大的自然资源，也会给韩国经济提供新的机遇。同时，《韩民族新闻》指出韩国需要将物流进一步地对接，不仅是把中国西部和中亚联系起来，还可以进一步的拓展，拓展到整个东亚、中亚，甚至是连到欧洲。这就是很重要的亚欧能源网络，为了建立这样的网络，就需要有能源基础设施，包括电力网络，还有石油天然气的管道，这些基础设施确实是会带来更多的投入，更多新技术的合作。而韩国也可以成为这方面很好的合作伙伴。《韩民族新闻》还指出，邻国可以积极地参与到地区经济合作伙伴的合作当中，并积极建立“丝绸之路”维护该地区的和平稳定。最近，俄罗斯在努力创造亚俄经济，俄罗斯的倡议项目对于欧俄的项目，还有对于中国丝绸之路经济带项目，以及韩国的欧亚合作项目，相互之间都可以是相互支撑、相辅相成的，是可以形成合力的。

二、韩国各大电视台的报道倾向性分析

韩国放送公社（KBS）：韩国放送公社从中国目前的经济状况角度出发，结合中国与周边国家的关系现状与当前背景，对中国的“新丝绸之路”构想的目的进行了理性分析，并从外交层面，对“新丝绸之路”构想的意义进行了客观而积极的评价，同时表示韩国的政府与企业应当与中国积极合作，将韩国的“欧亚倡议”与中国的“新丝绸之路”构想连接在一起，共同合作，实现双赢。

从中国目前的经济状况来看，韩国放送公社指出中国的战略很明确。在高增长时代终结后，周边国家作为中国的投资目的地和产品出口国显得越来越重要。用资金来稳定周边外交关系，确保资源运输通道的安全等，这些都是中国的目的。从中国与周边各国关系的角度来看，中国正致力于对周边国家实施“友好的国际外交政策”，并与其他国家在相互合作与共同利益的基础上，实现更加紧密的政治经济关系。多年来，中国一直在积极倡导“和平崛起”的理念。但“和平崛起”的理念并没有得到所有周边国家真心实意的赞同，尽管这些周边国

家从中国经济的迅速崛起中，享受到了巨大的经济正溢出效应。中国经济的发展，已经成为大多数亚洲国家经济增长的引擎。中国已经成为它们的最主要贸易伙伴，并正在成为它们主要的外商直接投资（FDI）来源地。中国希望，通过建设 21 世纪丝绸之路，能够创造新的政治经济局面，将亚洲与欧洲联系起来，进而能在扩大地缘政治影响力的同时，为实现中国的“和平崛起”带来足够的战略空间。无论从地理上、政治上还是经济上来说，中国都是建立丝绸之路的关键。但是，丝绸之路最大的意义，并不是在于它延续千年，成为东西文化经济交流的生命线。事实上，丝绸之路最重要的意义在于，它是国际交流的典范，成为和平跨国商业贸易和跨种族文化交流的代名词。古代丝绸之路并没有为相关国家带来战争与冲突，也很少会看到殖民主义与帝国主义的身影。部分原因在于历史上的中国一直是一个相对温和、遵循睦邻友好的国家。纵观整个丝绸之路历史，它都未曾寻求过领土扩张。这与西方势力主导下的国际扩张形成了鲜明的对照，它们都积极投身于建立殖民地扩张领土，控制贸易沿线的国家。这便是习近平推出“新丝绸之路”战略的言下之意。中国将会拿出足够的诚意，并正在利用它强大的经济力量来推进其外交。北京正雄心勃勃地拟定丝绸之路经济带战略，即“一带一路”战略。最终，丝绸之路经济带上的国家将会形成一个人口超过 30 亿的经济集团，有可能成为地区内合作与跨地区合作的新舞台。目前，中国已经成为一些中亚国家的首要贸易对象，而这些国家正是“新丝绸之路”战略的潜在合作伙伴。同样，中国还着眼于自然资源，而中亚的土库曼斯坦和乌兹别克斯坦正是矿产、石油和天然气的出口大国。在丝绸之路战略中，中国会在价格上表现出足够的诚意。

韩国文化广播公司（MBC）：韩国文化广播公司对中国“新丝绸之路”构想的报道整体比较积极，对“新丝绸之路”构想的意义的评价非常正面乐观。

具体来看，韩国文化广播公司指出，中国迅速推进“丝绸之路经济带”和“21 世纪海上丝绸之路”战略（即“一带一路”），欲在提升自身形象的同时扩大区域影响力。韩国文化广播公司报道称，2013 年中国国家主席习近平提出建设“一带一路”战略构想。一年后，这两个倡议正迅速变为现实。中国已向丝绸之路合作伙伴们注入大量资金帮助他们建设基础设施，而亚洲基础设施投资银行的建立，意味着更多的资金将投向有关沿线国家。韩国文化广播公司指出，大多数情况下，丝绸之路不是强买强卖，区域合作伙伴（特别是小国如马尔代夫）渴望获得中国援助以建设重要的基础设施。对一些战略作用不太突出的国家而言，中国可能是唯一的国际援助来源；对一些大国争夺的国家（如中亚各国、印度洋各国和东欧各国）而言，中国的慷慨可能有助于他们吸引中国竞争对手的资金和政治注意力。对中国而言，“丝绸之路”经济带和“海上丝绸之路”是扩大其影响力、展现软实力的重要机遇，一旦成功，将有效扩大其与欧亚大陆的贸易。此外，因中国帮助建设了许多必要的基础设施，越来越多的国家将视中国为靠山和恩人，而非地区的威胁。这是一个双赢的局面，中国在提高自身形象的同时扩大了地区影响力。

首尔广播公司电视台（SBS）：首尔广播公司电视台对于中国“新丝绸之路”构想的报道呈现积极正面的倾向性，首尔广播公司电视台正面客观地看待中国提出这一构想的意旨，肯定了中国的这一构想为地区国家经济与贸易带来的积极效应。另外，首尔广播公司电视台从韩国自身的利益角度出发，倡导将韩国的“亚欧倡议”与中国的“新丝绸之路”构想相结合，提出“新丝绸之路”构想对于韩国来说既是机遇也是挑战，韩国企业应该积极与中国合作，抓住中国西进战略的大好机遇。

首尔广播公司电视台指出，“新丝绸之路”的宗旨是要复兴古代亚欧贸易之路，“新丝绸之路”途经中亚，直达欧洲。海上丝绸之路从中国南部开始，经过印度，连接非洲。一带一路使两条路上的周边国家形成了一个贸易自由圈，将支持相关地区不发达国家的社会组织资本（SOC）建设，面向 60 多个国家，使得思想和理念截然不同的国家连接在了一条线上。另外，从地理的角度分析，首尔广播公司电视台指出，“新丝绸之路”是“干旱内陆的港口”，认为“新丝绸之路”打破了现代社会的普遍认知，即内陆地区不利于物流运输，并以成都为例，称其为内陆的出口港，有利于节省运输时间和成本，背靠高科技产业基地，货运量大，且在不断增长，点明了“新丝绸之路”带来的积极意义。从韩国的自身角度来看，首尔广播公司电视台报道指出，有必要将韩国的“亚欧倡议”和中国的“新丝绸之路”结合起来，探索其关联性。“新丝绸之路”将丝绸之路上的亚洲和欧洲国家紧密联结在一起，形成一个经济圈，这与“亚欧倡议”的出发点是类似的，“亚欧倡议”也主张将欧亚大陆看做一个经济共同体。首尔广播公司电视台也提出，铁路是丝绸之路的一次再生，中国可以借“新丝绸之路”加强与中亚地区的贸易往来。其中西安作为“新丝绸之路”的中心，将成为货物运输的一个中转站和世界的中心。而西安对韩国企业而言具有重要意义，既是投资建厂的一个机遇，也对韩国企业提出了挑战，韩国企业必须不断地优化产业升级。韩国也可将朝鲜半岛的铁路与“新丝绸之路”连接起来，使韩国的步伐扩展到中亚和欧洲，这符合韩国所提出的“亚欧倡议”的要求，从这一点上来看，中国既是韩国的竞争者也是合作伙伴。

结语

韩国的新闻报刊和广播电视媒体对于中国“新丝绸之路”的报道整体呈现积极正面的舆论倾向性，对“新丝绸之路”构想的地区战略意义进行了高度评价，并对“新丝绸之路”贯穿亚欧非大陆，共同打造新的国际经济合作走廊的美好愿景充满无限希望。“新丝绸之路”作为一条互尊互信之路，一条合作共赢之路，一条文明互鉴之路，沿线各国应与中国一道以此为契机，平等协商，兼顾各方利益，反映各方诉求，通过合作研究、论坛展会、人员培训、交流访问等多种形式，促进沿线国家对共建“新丝绸之路”内涵、目标、任务等方面的进一步理解和认同，携手推动更大范围、更高水平、更深层次的大开放、大交流、大融合。

参考文献

[1] 韩宇德. 韩国应通过加入亚洲基础设施投资银行来抓住中国“新丝绸之路”构想的机会［N］. 中央日报，2015（3）：3–02.

[2] 禹成哲. 韩“欧亚倡议”应与中国“新丝绸之路”构想结合［N］. 中央日报，2015（5）：1–09.

[3] 朴世焕. “新丝绸之路”是中国和韩国经济发展的新动力［N］. 朝鲜日报，2015（5）：2–28.

[4] 刘炳俊. 从全球化走向区域一体化—韩国如何看待“新丝绸之路”至关重要［N］. 朝鲜日报，2014（3）：7–27.

[5] 金锡硕. 习近平的“一带一路”与希拉里的“新丝绸之路”［N］. 东亚日报，2015（7）：4–13.

[6] 权志赫. 地缘格局：重塑新丝绸之路具划时代意义［N］. 东亚日报，2015（9）：1–12.

[7] 李承佑. 古代韩国就从“丝绸之路”中获益［N］. 韩民族新闻，2014（3）：11–09.

[8] 朴敏英. “新丝绸之路”具有“一石三鸟”的作用. 韩民族新闻，2015（5）：2–14.

[9] 文仁赫. “新丝绸之路”构想—中国版“马歇尔计划”［N］. KBS，2015（7）：1–25.

[10] 金宇哲. 中国通过“新丝绸之路”实现和平崛起 ［N］. KBS，2014（3）：12–15.

[11] 刘奎泰. “新丝绸之路”将实现区域多赢［N］. MBC，2015（7）：1–17.

[12] 赵载荣. 中国“新丝绸之路”与韩国“欧亚倡议”出发点一致［N］. SBS，2015（1）：3–18.

[13] 韩民智. “新丝绸之路”—干旱内陆的港口［N］. SBS，2015（7）：2–06.

拉美西语媒体对华经贸报道研究[①]

（2013～2014年度）

李紫莹　孙　业

摘　要：本文跟踪研究了2013～2014年间拉美主要西语媒体对中拉经贸关系的报道情况，引入指数分析的方法，对拉美媒体对华经贸关系的舆情进行了定量和定性研究，分析其特点，以期为中方制定政策和企业“走出去”服务。

关键词：拉美　媒体　中国　经贸

从20世纪90年代起，中拉关系开始加速发展，进入新世纪以来，双方多领域往来进一步深化，呈跨越式发展态势。经贸关系是当前双边关系的热点，也是主要问题和摩擦的聚焦点。中国作为世界第二大经济体，近些年已迅速成为拉美地区经贸发展的主要参与者，已成为巴西、智利和秘鲁的最大贸易伙伴，阿根廷、哥伦比亚和委内瑞拉的第二大贸易伙伴。而从拉美整体来看，目前中国已经是（仅次于美国）拉美地区的第二大贸易伙伴。根据美洲开发银行的预计，在今后五年时间里，中国将会上升为拉美地区第一大贸易伙伴。从2005年起，拉美已经成为除东南亚外，中国对外投资的第一大目的地。而随着中拉经贸关系的不断加深，拉美国家媒体也越来越多地将其目光投向中国。

本研究追踪了2013～2014年拉美六个热点国家（阿根廷、厄瓜多尔、委内瑞拉、玻利维亚、墨西哥、秘鲁）主要媒体对中国经济及中拉双边经贸关系的报道与评述，以期通过数据收集整理和后期分析，研究拉美国家对华经贸关系的基本态度、利益关切和问题所在，为我国回应对方诉求，进一步拓展合作空间提供一定的参考和借鉴。

本研究使用Factiva数据库为基本数据和分析样本来源，鉴于数据库使用中出现的屏蔽和不稳定情况，部分使用谷歌（google）手动跟踪搜索作为补充。

① 本文获“对外经济贸易大学中央高校基本科研业务费专项资金”资助（批准号CXTD6-05）。

一、拉美西语媒体对中拉经贸关系报道指数分析

（一）拉美媒体对中国经济、贸易、投资报道总体分析

在 2013～2014 年内，六大热点国家媒体所发布的与中国相关报道共计 63 573 篇，其中，与中国经济、进出口、投资、双边贸易等相关的报道共计 52 293 篇。为了清晰反映拉美媒体对与中拉双边经贸方面关注程度，设指数 I_1，来计算在所追踪的六国媒体 2013 年～2014 年期间，对经济、贸易、投资、进出口等相关领域的报道，在所有与中国相关的报道中所占比重。即，

$$I_1=\frac{\text{中国经济}+\text{贸易}+\text{投资}+\text{进出口报道效量}}{\text{中国相关报道总数}}\times 100\%$$

追踪期间各季度 I_1 统计如图 1 所示。2013～2014 年期间，纵观报道基本内容，拉美六国媒体平均每季度发布 6 537 篇关于中拉经贸方面的报道，平均占对中国所有相关报道的 82%。可见中拉经贸合作及中国自身经济发展方面内容始终是几大国家媒体关注的焦点所在，特别是对中国在拉美投资及中国重点企业动态关注度极高，每个国家均在第一时间进行详尽报道。

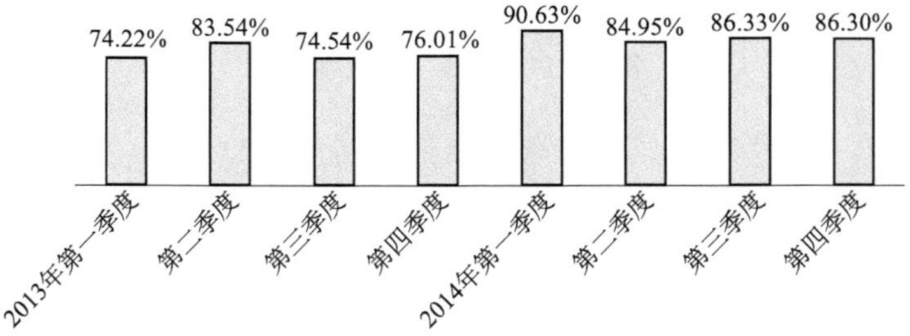

图 1　2013～2014 年 I_1 统计图

同时，总体来看，I_1 指数在近两年内总体呈上升趋势，2014 年总体上升 10 个百分点，表明拉美媒体对于中拉经贸方面关注度仍在不断提高。该趋势同中拉双方近年来不断深化经贸合作，加大投资力度，提升领导人对话频次，以及中国和部分拉美国家处在改革机遇期，面临经济转型需求等多方面因素，具有密不可分的联系。

（二）拉美媒体对中拉经贸关系报道国别简述

在上述追踪的六个国家中，如图 2 所示，对中国经济报道数量最大，同时起伏亦较大的是墨西哥，总体报道相对较少的是厄瓜多尔。这当然首先与国家本身的经济总量和媒体数量与活跃度相关。

一方面，近两年内，各国对中国经济报道数量稳中有升，趋于稳定。除墨西哥之外，基本呈现逐步上升趋势，体现了中国经济辐射面逐步扩大，受关注

程度日益提高。

另一方面，对中国经济报道的集中程度与热点事件紧密联系。如习近平主席出访拉美（2014 年 7 月）、西班牙首相访问中国（2014 年 9 月）等事件相对集中的 2014 年第三季度及其之后，报道数量出现集中增长的态势。

由于中墨贸易结构、产业分布、地缘政治等原因，墨西哥媒体不仅报道数量明显突出，墨西哥对华经贸报道呈现出有别于其他国家媒体的特点，具体将在下文进一步阐述。

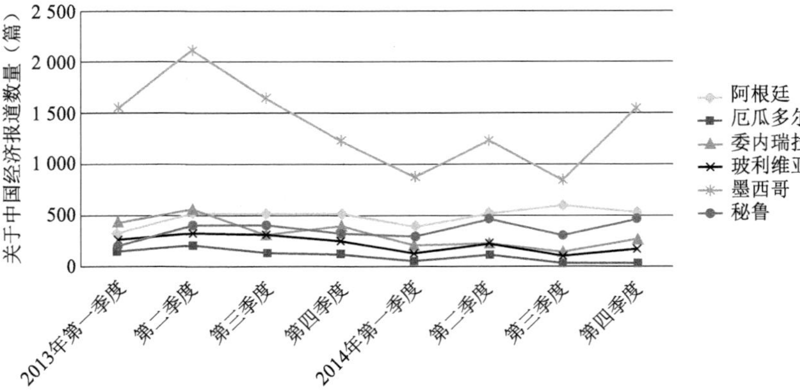

图 2　对中国经济报道统计表

（三）拉美媒体对中拉经贸关系报道倾向性分析

对拉美国家媒体报道内容的进一步分析，可以看出各国在报道倾向性及侧重点上有所不同。拉美国家数量众多，其资源禀赋及经济发展模式不尽相同，加之地缘政治及政府政策导向等因素影响，对于中国经济发展的期望及双边经贸发展的需求呈现多样化特点，而这些特点在其媒体的报道中均有所体现。

一方面，统计表明，对华进行正面积极评价报道的国家中，阿根廷、厄瓜多尔和委内瑞拉较为突出。主要内容涉及中国投资为当地基础设施建设起到重要推动作用；中国几大国有商业银行为部分重点项目提供融资，既推动当地经济发展，更是中拉企业间关系深化的标志；肯定部分中国企业在拉美的发展模式，有助于促进双方更为深入而全面的经贸往来；肯定覆盖范围越来越广泛的中国投资在为当地经济发展提供机遇、扩大就业方面的重要作用；称赞中国出口产品质量；拓展双边技术合作；借鉴学习中国的发展经验等。

另一方面，应该看到，对华负面报道仍然不可避免地见诸报端。为了较为直观地展现对华负面报道的集中趋势，引入指数 I_2 计算拉美国家媒体对中拉经贸关系负面评价的总体情况。负面报道所涉及的内容主要包括：不公平贸易行为、倾销现象、影响本土产业、损害就业岗位等方面。I_2 表示此类针对我国经

贸方面负面报道占媒体对中国经济情况报道总量的比重，即

$$I_2=\frac{\text{中国在拉美不公平贸易行业、倾销现象、非法贸易、威胁本土产业、损害就业岗位报道}}{\text{中国经济报道总数}}\times 100\%$$

2013～2014 年各季度内，六个被监控国家媒体报道的 I_2 指数如图 3 所示。

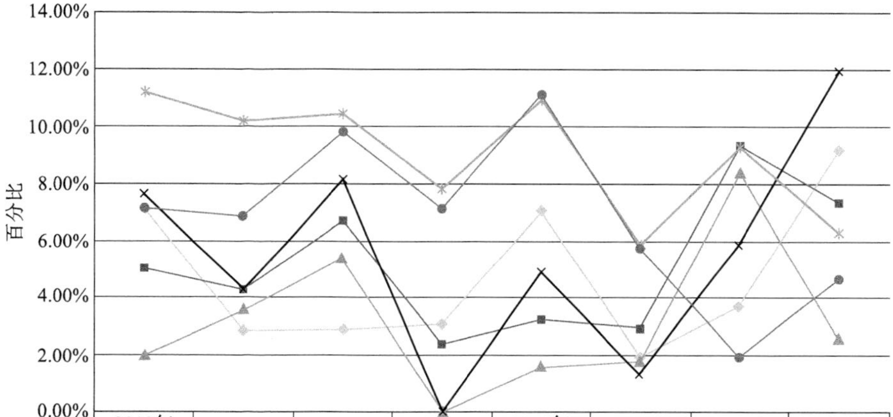

	2013年第一季度	第二季度	第三季度	第四季度	2014年第一季度	第二季度	第三季度	第四季度
阿根廷	7.21%	2.87%	2.89%	3.08%	7.07%	1.95%	3.67%	9.23%
厄瓜多尔	5.03%	4.33%	6.72%	2.42%	3.23%	2.86%	9.38%	7.32%
委内瑞拉	2.00%	3.61%	5.44%	0.00%	1.60%	1.79%	8.45%	2.62%
玻利维亚	7.69%	4.27%	8.19%	0.00%	4.96%	1.27%	5.88%	11.98%
墨西哥	11.22%	10.18%	10.47%	7.80%	10.95%	5.89%	9.27%	6.34%
秘鲁	7.18%	6.88%	9.82%	7.14%	11.11%	5.77%	1.95%	4.70%

图 3　2013～2014 年各国 I_2 指数统计图

首先，在国别方面，由图 3 可以看出，对华负面评价报道比较突出的是墨西哥。在追踪期间共发布了 1 007 条对华负面报道，平均占到对中国经济报道总量的 9.02%，无论从报道数量还是占比来看，墨西哥媒体均表现了较为明显的抵触倾向。此外，在秘鲁、阿根廷、玻利维亚等国主要媒体报道中，也出现部分负面报道，但占对华经济报道总量的比例较低，绝对数量也较少。

其次，从负面报道集中的时间看，与对我国经济总体报道呈上升趋势有所不同，各国负面报道数量随时间变化波动较大，往往是围绕某个特定项目在一段时间内集中报道，如中国企业在秘鲁铁路项目纠纷；或我国经济关键战略引起世界关注期间，拉美国家对相关热点话题的正面负面报道均会大幅增加，如对中国经济增速及中国对外投资流向等话题的关注。

最后，从负面报道内容看，各国提出质疑和批评的内容相对一致。主要体现在：中国产品低价倾销，冲击了当地的相关工业，影响了本土企业竞争力，其中尤以墨西哥媒体在此方面报道最为突出，最集中的中方商品则为钢材、鞋

和服装；多个拉美国家对于中国经济增长放缓趋势存有担忧，认为其可能对新兴市场造成不利影响，秘鲁、委内瑞拉、阿根廷等债务国担心中国经济增速放缓可能使许多项目存在变数，增加风险；中国在拉美部分投资项目中出现的纠纷，如中国在秘鲁投资的秘铁项目劳资纠纷、中国投资的坎昆龙城馆项目对当地贸易发展的冲击、中国企业在厄瓜多尔水电站的事故等。

可以看到，外媒对中拉经贸关系的担忧主要集中在两个方面。从具体问题的角度，对我国企业走出去的路径与方式提出批评；从宏观角度，则对中国经济增速以及拉美地区在其中所起的作用表示忧虑和质疑。

二、拉美西语媒体对中拉关系重要事件报道评述

最近两年，中国及拉美国家高层领导人互访频繁，中拉企业家论坛成功推进双方经贸合作进一步深入扩展，中国对拉美投资流量大幅增加，对部分拉美国家提供贷款额度也有所提高，为巩固和延展南南合作提供重要契机。当前，拉美各国主流媒体对于中拉双方经贸往来方面的热点事件及突出问题始终保持着高度关注，不仅紧跟中拉关系日益密切的趋势，同时在一定程度上引导双边关系进一步延伸发展。

2014 年 7 月，中国国家主席习近平继 2013 年访问特立尼达和多巴哥、墨西哥及哥斯达黎加之后，第二次对拉美国家进行国事访问，主要目的地包括：巴西、古巴、阿根廷和委内瑞拉。习近平主席对拉美四国的国事访问无疑是近年中拉交流合作方面浓墨重彩的一笔，对双方在经贸关系方面建立互利互信具有重要意义。对此，拉美主流媒体进行了重点报道。

总体来看，六个主要被追踪国家对习主席访问拉美一行均有报道，共计 31 篇，其中习主席到访的委内瑞拉报道 3 篇，阿根廷报道 18 篇。这在一定程度上反映了拉美左派政府对于中国的重视程度相对较高，其报道内容也基本体现了与中国加深经贸合作的意愿。

在媒体报道视角的选取及倾向性来看，对于中国领导人访问拉美，左派政府基本持正面积极态度，肯定中国在拉美经贸往来中的重要地位，并关注中国对拉美投资，渴望与中国深化合作互赢关系。以此次访问为契机，中国与几个国家签署了多项贸易、技术等方面双边合作协议，加大了中方投资，为基础设施建设助力，预防投机性金融危机，努力改善双边贸易，旨在进一步提升战略伙伴关系。对此，拉美主要媒体均进行了客观翔实的报道。

阿根廷《民族报》《号角报》等多家媒体对中阿领导人会晤进行了正面报道，强调两国在自然资源、能源、基础设施建设及投资等领域的丰硕成果，并突出习近平主席“将中阿战略伙伴关系提升到新高度”的希望。克里斯蒂娜总统、布杜副总统均肯定了两国正处在历史性时刻，中阿贸易关系必将继续朝着有利

于两国人民的方向发展。

委内瑞拉国家报则强调了政治学家卡洛斯·罗梅罗的观点，认为“委内瑞拉必须重视中国作为新兴国家及全球范围内经济增速第二的经济体的重要性，政府不仅应与中国政府在能源及金融领域合作，还应该吸引中国投资工业，来开拓委内瑞拉和南美市场，从而降低拉美国家对从中国直接进口产品的依赖程度”①。外媒报道总体呈现出对中拉经贸合作的重视，以及对双方经贸领域合作模式不断深入优化的思考及探索。

墨西哥媒体在习近平主席访问拉美期间有 13 篇相关报道，对习近平主席拉美之行的多方面收效进行了详细报道，包括墨西哥通讯社在内的多家媒体报道了访问期间中国与委内瑞拉、阿根廷、巴西和古巴签署的多项协定，肯定双方加深了政治经济联系，并将战略伙伴关系上升到新的高度。

深入分析拉美西语媒体对习近平主席访问拉美的报道，对我国继续深化与拉美国家经贸合作及完善企业“走出去”战略具有现实的指导意义。我国在同拉美国家的经贸往来中，应该积极回应对方的经济发展的需求和利益关切，重视双方战略伙伴关系的全方位发展，在处理双边问题中展现大国风范，进一步提升话语权。

2014 年 11 月部分拉美国家首脑与我国领导人在亚太经济合作组织会议期间的会晤则又一次将中拉双边往来推向新高度。拉美媒体就中国与拉美部分国家在亚太经济合作组织会议期间达成的协议基本持肯定态度，尤其欢迎中国在拉美进一步加大投资。委内瑞拉国家报认为，中国的影响力在亚太经济合作组织会议后得到加强②；委内瑞拉晚报还引用了《华尔街日报》的说法，称中国是“委内瑞拉的救世主”。中拉领导人近期的多次会晤为 2015 年年初在北京召开的中国一拉共体论坛做好了铺垫准备，为南南合作进一步向前推进奠定坚实基础。

三、拉美西语媒体对中拉经贸关系报道特点与趋势分析

（一）报道数量与中拉经贸关系的发展趋势趋于协调

在报道追踪初期可以发现，尽管中拉经贸关系发展迅猛，增速空前，但对于拉美媒体和公众而言，中国问题仍然不是他们关注的热点问题。除墨西哥外，其余 5 个重点国家关于中国经济的报道数量仍较为有限，其关注度远不如对美问题和对区域内问题的报道。而且此类报道中相当一部分并非对中国的专题评述，而只是略有提及，可见拉美国家对中国的了解深度及全面性仍有提升空间。

---

① Fortaleza B. BRICS buscan alianza para contrarrestar a FMI y Banco Mundial [DB/OL]. Agencia Mexicana de Noticias, NOTIMEX, 14 de julio, 2014. http://www.obrasweb.mx/construceion/2014/07/14/brics-buscan-alianza-para-contrarrestar-a-fmi-y-banco-mundial

② Yanqù. China salió reforzada tras la cumbre APEC [N]. Venezuela: El Nacional, 12 de noviembre, 2014.

这也从另一个方面说明，我国对外宣传中，拉美地区的覆盖面、深度、广度还不能够很好地配合我们企业“走出去”的步伐，仍有许多工作需要日益完善。

而随着中拉双方经贸关系不断推进，拉美媒体对于中国问题的重视程度也在日益提高。观察媒体追踪数据可以发现，近年来，尤其是2014年期间，拉美媒体和公众对于中国问题的关注程度有了较大提高。报道数量及内容均呈现出日趋丰富的态势，主要表现在两个方面，一是拉美国家对中国企业动态的关注大幅提升，涉及电子、运输、能源等多个领域，而不仅局限于对中国整体经济形势的概览；二是报道中还包括许多对中国经济发展、中拉双边贸易以及中国对外投资和中国经济改革等方面较为具体的研究，这也体现了中国作为拉美最重要的贸易伙伴之一的重要性日益加强。

（二）中国对拉美投资是当前热点中的热点

在所有相关报道中，关于投资的报道所占比重明显高于其他方面，其中既有中性介绍性报道，也有正面积极称赞表示欢迎的，还有负面评价，直指影响当地就业，无法满足劳工要求的。报道主要集中在分析中国在拉美投资的地区及领域分布、中国在当地投资动态及前景、如何吸引中方投资等方面。而随着近两年双方经贸联系日益密切，一方面报道内容更为深入，体现了拉美国家对中国投资战略的重视及对未来双方进一步深化合作的意愿；另一方面，在2014年相关报道中，中性介绍性报道及正面积极报道比例有所上升，这也体现了中国在拉美投资进展较为顺利，双方合作伙伴关系有望进一步提升。众多相关报道不仅说明中国对拉美投资的大幅度增长，确实对拉美当地的经济产生了重要影响，同时也让我们看到了拉美国家对华投资的诉求。

（三）中国经济现状、改革与发展受到拉美国家媒体的热议

数据显示，与中国自身经济发展相关的报道中，绝大多数对我国经济发展趋势表现出乐观态度。对中国经济的关注点，一方面在于中国经济运行情况，首先，世界银行当年关于2014年年内中国将超过美国成为世界最大经济体的预测，引起全世界对中国经济的又一次高度关注，其次，在此期间中国经济的增长放缓表现以及推动改革措施，又让拉美各国认真审视中国的经济走势，它们普遍认为虽然中国经济总量巨大，但仍属贫穷经济体，人均国内生产总值不高，人民生活水平仍有待改善，秘鲁一家媒体曾指出“中国的购买力平价仅排在全球第93位”①；另一方面，则主要体现了拉美国家对于中国经济增长放缓对新兴市场可能产生不利影响的担忧，秘鲁中央银行就表示“中国经济增长的表现可能会给许多项目带来不确定因素，近几年对原材料需求下降已经为秘鲁经

① Anderlini J. China está a punto de convertirse en la mayor economía del mundo en el 2014 [N]. México: El Financiero, 1 de mayo, 2014.

济增长造成压力，总体风险仍在提高。”①

（四）对中国企业的创新性，特别是对高科技产业发展的肯定已经成为拉美国家的共识

追踪的所有拉美国家均对中国企业“走出去”的成果给予较高关注，尤其集中在电子商务、智能手机和汽车领域。这表明我国此类产品，尤其是高科技产品在拉美地区已经具备了一定的影响力，同时，扩展市场的潜力相对较大。几个热点国家媒体均对阿里巴巴网络基金的爆炸性增长及其在纽交所上市进行了重点报道，并且较为具体地分析了其商业运作模式的优势与不足，及可能存在的风险，这反映了中国企业在拉美范围内的影响力逐渐提升；同时，几个热点国家均持续关注华为、联想等电信业企业的动态，不仅分享其在生产经营和销售方面的成果，也在探索其在行业发展中的机遇所在，并不断寻求合作机会，支持本土相关领域发展，委内瑞拉国家报就曾就华为在委开设网络信息培训中心发表评论，认为其“有助于增加该领域专业人才，方便管理，并为委内瑞拉通信领域新技术的发展提供支持。”②拉美对于中国智能手机等电子产品以及汽车品牌运营、技术创新等方面的持续关注从一定程度上反映了中国企业在海外市场取得的进展，为其他企业走出国门起到了一定的示范作用。并且高科技产业领域的双边合作有利于双方共同进步，助力双边经贸合作向更深层次保持长期发展。

（五）拉美国家对华经贸合作的态度，根据自身经济需求而有所不同

在国别方面，南美洲的厄瓜多尔、阿根廷、委内瑞拉、玻利维亚这些国家，明显对华报道更为友好，特别表现出对中国资金的欢迎和期盼。原因有两个方面，一方面，这些国家都是资源出口型国家，在对华经贸合作方面有极强的互补性，我们进口其资源和初级产品、出口工业制成品，同时投资在它们的能源、矿业开发方面；另一方面，这些国家都是左派政府执政，对华相对友好。

总体来看，追踪的六国媒体对华正面积极报道数量比较均衡，主要均涉及中国对拉投资贷款及中方企业运营两个方面。吸引中国投资，一直以来都是拉美国家认为中拉合作的重要增长点，尤其是南美洲的几个国家，十分迫切地希望引进中方资金，协助其发展基础设施，进而保证经济更加平稳健康发展。在中方企业运营方面，所涉及的既包括能源矿产等领域中国大型国有企业的资本交易，也包括电子商务、智能手机等领域的技术突破及运营成果。

而对中国负面报道较多的是墨西哥，多年来，墨西哥与我国始终存在贸易

---

① Banco Central Perú dice“uno de los riesgos más grandes”sigue siendo China [N]. Lima: Reuters, 19 de marzo, 2014.

② AVN. Crearon Academia de Redes y Telemática Huawei para formación de venezolanos [N]. Veneznda: El Navional, 5 de septiemlore, 2013.

摩擦，工业制成品竞争关系明显。并且，客观地说，在价格上他们无法占优势。这就导致墨西哥企业界对中国产品的意见较大，对自身生存的担忧日深，甚至认为“对中国进口每增长一个百分点就导致 250 家墨西哥企业倒闭，这意味着有 3 000 人失业。”① 2013 年 9 月，中国投资的坎昆龙城馆项目刚刚获得坎昆市政府的批准，墨西哥报纸就发表评论说：“龙城馆，有很多风险”。②（坎昆龙城馆是继迪拜龙城馆之后中国建设的世界第二大项目。此项目的初期投入资金为 2 亿美元，目的是建成一个在拉美的中国商品集散中心。）

随着时间推进，多数报道认为双方经贸合作潜力巨大，看好中国对墨西哥投资前景，尤其是在中墨两国领导人在亚太经济合作组织会议期间会晤并签署 74 亿美元协议之后，许多媒体认为墨西哥将吸引越来越多的中国投资者，并可能对墨西哥增加就业及加强基础设施建设有所裨益。但也有报道将中国视作墨西哥的竞争对手。在追踪期间，墨西哥对中国施行 18 项反倾销税，并进行了 12 项针对不公平贸易行为的调查，主要集中在成衣、制鞋、钢材等行业，媒体对此进行持续跟踪报道，认为“影响墨西哥工业的不正当贸易行为主要来自中国，墨西哥现行的 40%以上的反倾销税是针对中国实行的，”③并始终强调中国产品涌入，抢占市场，“对墨西哥制造企业构成冲击，使就业岗位减少”④，而且认为墨西哥并未有效利用中国的投资潜力。

此外，2014 年中铁建在墨西哥遭遇的墨西哥城克雷罗高铁项目变数可谓中墨两国在经贸往来方面负面影响最大的事件。墨西哥媒体对此事件的报道基本仅局限于对事件的陈述性报道，对于墨国内招标方的出尔反尔不予置评。墨西哥投资报最初曾表示“选择中铁建将避免低效率”，然而，中企被撤标后，墨西哥多家媒体仅就墨西哥方面是否将予以赔偿进行了相关报道，并有多条消息表示高铁撤标并未对中国投资墨西哥产生明显影响。这一方面可以看出墨西哥方面依然期待和欢迎中国投资，尤其是对其基础设施建设有利的项目进行投资，另一方面也为中国企业进一步走向拉美敲响了警钟，提醒我国企业更加注重海外业务中的政治风险。“美洲对话”智库中国—拉美项目主任玛格丽特·梅尔斯（Margaret Myers）就中国在高铁项目上受挫一事，也提出，“拉美地区涉及中国的项目似乎都会成为关注的焦点，此次墨西哥国内的政治角力是中国受害的主

① Gómez P. Por importaciones chinas se pierden 3 mil empleos: IDIC [N]. Ciudad de México: El Universal, 19 de septiembre, 2013. http://www.eluniversalcom.mx/finanzas-cartera/2013/ dragon-mart-importaciones-952019.html

② Gómez P. IP: Dragon Mart, de másriesgo que reforma fiscal [N]. México: El Universal, 9 de octubre, 2013. http://www.eluniversal.com.mx/finanzas-cartera/2013/impreso/ ip-dragon-mart-de-mas-riesgo-que-reforma-fiscal-105498.html

③ Saldaña, I México libra batalla comercial contra China [N]. México: El Universal, 13 de febrero, 2014.

④ Análisis: A veinte años del TLCAN, parte I [N]. México: América Economía, 19 de febrero, 2014.

因。中国公司则要在克服与拉美国家的文化差异方面进一步改善。”

综合分析近两年的拉美主要媒体对中国经济发展及中拉经贸合作的舆情信息，可以看出，随着双方了解不断加深，经贸合作日益密切，中国与拉美在全社会多层面上的往来都朝着更为深入的方向推进。一方面，拉美媒体对于中国重视中拉关系发展，双方合作共赢的承诺不流于空泛，而是注重实效，积极多角度推进中拉贸易、投资向纵深发展的政策和付出，表示欢迎和积极的兴趣；另一方面，对中国大国崛起、经济可持续发展和高新技术进步表现出高度持续的关注。与此同时，拉美舆论界对于双方交往中不可避免出现的摩擦和问题，大至中国的发展战略、大国诉求、整个拉美地区的产业布局和“再初级产品化”，小至一个项目的得失收益、劳工问题、环境问题等，都表现出高度的关注。

持续跟踪、观测与分析拉美地区媒体对中拉经贸关系的报道，可以使其成为中拉关系长远健康发展的一个风向标。在宏观政策层面，它有助于我们有效地制定政策，有的放矢，回应对方的利益关切，致力双赢；在企业决策层面，可以帮助企业在走出去过程把握机遇，不断调整管理运作模式，注重防范风险，规范履行企业社会责任；在对外宣传层面，及时掌握对方舆情动态，有利于我们进行有针对性地对外宣传，讲好“中国故事”，树立中国负责任的大国形象，全面提升中拉双边战略合作水平。

参考文献

[1] 数据库 http://global.factiva.com.

[2] 杨宁昱. 美媒：《中国填补拉美“真空”并非与美国竞争》[N/OL]. 参考消息网，2015 年 2 月 8 日，http://china. cankaoxiaoxi.com/2015/0208/657579.shtml.

[3] 孙兴杰. 与拉美合作是中国大国外交试金石 [N]. 青年参考，2015.

中美两国“一路一带”报道的研究

吴 敏[①]

摘 要：“新丝绸之路经济带”是我国十八大以来最重要的战略决策，也是我国续写丝绸之路的历史辉煌、使丝路沿线国家共同合作发展的契机。本文通过中美两国对“一路一带”不同的报道数量和内容，分析其原因，了解美国媒体的特性，从而使中国企业能够正确认识美国媒体，更好地利用媒体的力量，进行品牌宣传，友好合作，使中国企业走出去。

关键词：一路一带　媒体报道　差异性　背景原因

一、研究背景

中国明确提出“新丝绸之路”战略是在十八大之后。2013 年 9 月 2 日，李克强总理在南宁出席第十届中国－东盟博览会和中国－东盟商务与投资峰会期间，提出要续写“海上丝绸之路”的历史辉煌。2013 年 9 月 7 日，习近平主席在访问哈萨克斯坦时发表演讲，提出与中亚国家共建“丝绸之路经济带”。2013 年 10 月 3 日，习近平主席在印尼国会发表演讲，称愿与东盟国家加强海上合作，发展海洋合作伙伴关系，共同建设 21 世纪“海上丝绸之路”。2014 年 11 月在北京召开的亚太经济合作组织会议上，中国的新丝路计划得到了更深入、更全面、更实质性的推进。在 11 月 8 日举行的“加强互联互通伙伴关系”东道主对话会上，习近平主席提出，“一带一路”是亚洲腾飞的翅膀，“互联互通”是两只翅膀的血脉经络，中国期待以交通基础设施为突破口，实现亚洲互联互通的早期收获；在 9 日举行的亚太经济合作组织工商领导人峰会上，习近平主席指出，中国将积极推进亚太互联互通和基础设施建设，并宣布出资 400 亿成立“丝路基金”，为“一带一路”建设提供融资支持；在 11 日举行的亚太经济合作组织领导人非正式会议上，习近平主席强调，亚洲国家应该加快完善基础设施建设，打造全方位互联互通格局。虽然中国长期以来没有明确的丝绸之路国家战略，但丝绸之路复兴的规划却一直在推进。中国近年来一直积极推进跨境铁路的建设，尤其是在中国边境区域（西藏、新疆、云南等）修建出国通道，新

---

① 作者单位：首都师范大学。

疆乌鲁木齐至霍尔果斯的铁路于 2013 年 12 月开通，拉萨至日喀则的铁路于 2014 年 8 月开通，云南昆明到瑞丽的出国通道也在积极修建中。

这是一件继承过去、连接未来的大事，可是我在查阅美国方面的有关报刊时，发现与此事相关的报道并不多，经过思考，原因如下：

在中美大国之间，美国最先明确提出“新丝绸之路”的战略，并于 2011 年 7 月 20 日在国务卿希拉里的支持下，上升为国家战略。美国“新丝绸之路”战略围绕阿富汗展开，主要任务是为阿富汗政府提供充足的财源，以及保障美军撤退以后阿富汗的稳定和发展。美国新丝路战略规划的核心内容是建设土库曼斯坦—阿富汗—巴基斯坦—印度（TAPI）的油气管道、围绕阿富汗而展开的贸易网络和中亚—阿富汗—南亚电力网络（CASA–1000）等。美国的新丝路战略不仅直接服务于阿富汗，也间接服务于其南亚战略和中亚战略。美国试图在阿富汗国内建立稳定的政治秩序，促进经济发展，打击恐怖主义，并以此为范本鼓励中亚其他国家遵照美国模式进行改革，一方面既塑造一个对美国友好的中亚，为美国的经济和政治利益服务，另一方面也可以排斥中国和俄罗斯的进入。因此，出于一种超级大国心态，美国不愿对此作任何评价。

虽然中美两国都提出了“新丝绸之路”，但两国的战略具有不同的目标。美国的新丝路战略主要在于维护其全球领导权，它试图通过新丝路的建设，牢牢掌控亚洲之轴阿富汗，依托印度作为后盾，威慑、防范中国和俄罗斯。美国的新丝路战略是一种强大的地缘策略，地缘政治意图大于其经济意图。美国“重返东亚战略”和“新丝路战略”合在一起，从两个不同的方向构成了对中国的战略围堵。与美国相比，中国的战略是温和的，它没有建立全球霸权的野心，中国复兴丝绸之路的主要原因在于丰富能源和贸易线路，强化与周边其他国家的政治、经济关系，共同进步，稳定亚洲地区的发展。

二、研究方法

既然两国都提出了“新丝绸之路”，我们就用媒体指数分析的方法，从外媒的角度来看待中国的新丝路。

我们通过网络，利用在道琼斯（Dow Johns）旗下的 Factiva 搜索引擎，关键词设置为“丝绸之路　经济（silk road economic）”，期限为 2014 年一年，共有相关新闻为 117 条。怕不准确，我重置了搜索引擎，关键词为“丝绸之路　带（silk road belt）”，期限同样为 2014 年一年，共有相关新闻为 138 条，内容和上面所述的相似。由此可见，在外媒方面，关于中国“一路一带”的报道约为每月 10 条。在中华人民共和国中央政府的官网上，我也搜索了“丝绸之路经济带”，期限为一年，共有 1 046 条消息，月报道量约为 87 条，差别是显而易见的。

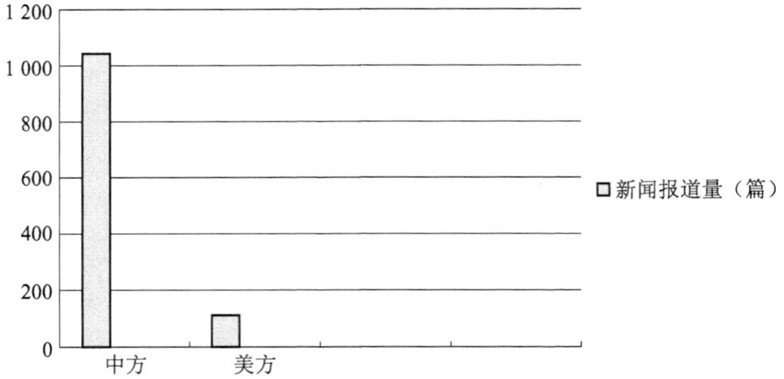

三、研究比较与分析

从上述数据比较不难发现，关于对中国“一路一带”的报道，中方报道的新闻数量，无论从总量、月平均新闻量都大大超过美国对我们新丝绸之路战略的相关新闻。为什么会出现这种“内热外冷”的局面呢。

（一）中美新闻量差异的原因

为了找出其中数量差异的原因，本研究进一步对两国的新闻主题的立场进行梳理，美国一直觉得是自己首先提出“新丝绸之路”的，它是领军人物，而且新丝路所涉及的地区和中国类似，但正因为这些地区和美国各民众相关性不大，所以在群众中引起的反响也不强烈，美国自己的“新丝路”没有得到应有的拥护，所以更不会卖力宣传别国的“丝路”了。但中国不一样，由于古丝绸之路的悠久历史早已深入人心，国家将丝绸之路经济带列为重点发展战略后，各相关省份很快作出反应，积极利用相关政策，借助地理优势，探索适合自己的丝路发展模式和合作模式，比如：西安要做新丝路的桥头堡，义乌要做网上的新丝路，兰州要做新丝路的先锋，新疆要利用古丝路打造国际旅游，还有青海、重庆、宁夏等都积极寻求经贸合作，等等。这也在一定程度上反映出中方丝路战略设计和发展的巨大优势与多元化特点。

通过对中方一年中丝绸之路经济带相关 1 046 条新闻的分类梳理分析，排前五位的丝路新闻主题依次是：会议、经济、交通运输、旅游文化和外交。美国的新闻数量由高到低依次为：外交、交通运输、会议、政策和经济。从中我们可以看出，首先，中方丝路新闻体现出了中国方面的重视，所开的会议占据了新闻的第一位，这说明中国采取会议、座谈、讲话等多种方式，使新丝路在国内外有条不紊地开展宣传；第二，中国的丝绸之路经济带建设重心在经济和与民生密切相关的道路、旅游等方面。而美国所报道的重心在外交，与我们国内的发展没有密切的相关性，因此美方与中方无论从丝路新闻的总体数量、多样性、发展层次和深度等方面都存在巨大差距。

（二）中方新闻的主要领域

习近平主席提出，为了使欧亚各国经济联系更加紧密、相互合作更加深入、发展空间更加广阔，中国和中亚国家可以用创新的合作模式，共同建设“丝绸之路经济带”，以点带面，从线到片，逐步形成区域大合作。这将是一个东起西太平洋沿岸、西到波罗的海、横跨欧亚大陆的新兴经济合作区。中国政府的基本设想是，第一，加强政策沟通。各国就经济发展战略进行交流，协商制定区域合作规划和措施。第二，加强道路联通。打通从太平洋到波罗的海的运输大通道，逐步形成连接东亚、西亚、南亚的交通运输网络。第三，加强贸易畅通。丝绸之路经济带总人口 30 亿，市场规模和潜力独一无二。各方应该就推动贸易和投资便利化问题进行探讨并做出适当安排。第四，加强货币流通。推动实现本币兑换和结算，增强抵御金融风险能力，提高本地区经济国际竞争力。第五，加强民心相通，加强人民友好往来和社会交往。

本文将根据中方上述丝路的新闻主题，从政策沟通、经贸畅通、道路联通、民心相通和货币流通（简称“五通”）五个领域进行分析。

政策沟通	经贸畅通	道路联通	民心相通	货币流通
242	138	80	63	5

1. 政策沟通方面。在全年 1 046 次的大大小小的各种新闻报道中，会议、座谈会、讲座、会谈和讲话之类的占了 242 条，数量最多，这说明上至国家，下到各省、市、县，他们依托自身的优势，发挥各自的作用，调动各方的力量，把中央政府的政策、方针和措施，逐步逐渐地部署下去，在国家相关政策的引导下，初步显现作用，充分调动国内的各方力量参与新丝路的建设。但是要注意的是，虽然各级地方政府积极性较高，但要注意互相沟通，不要重复，不要做同一个项目，造成资源的浪费。

2. 经贸畅通方面。大多数是各地方发展自己特色的一些经贸活动，尤其是新丝路沿线的，积极挖掘本地区的经贸和旅游潜力，探索加强同丝路沿线地区和国家的合作发展，科学化进行特色产业的定位，遵循市场发展的规律，使新丝路地区能够共同繁荣。

3. 道路联通方面。在“一路一带”的建设中，共有两条丝绸之路，一条是古老的、陆地的丝绸之路，另一条是新建的、海上的丝绸之路，因此，道路联通建设是不可缺少的，首趟载货列车从波兰罗兹开往重庆，渝新欧首趟公共班列发出，西安将成为中国至中亚国际货运的集散地，新疆将接连开通国际班列打造丝绸之路经济带“出海口”。上述丝路新闻展示出在丝绸之路经济带战略提出后，由国家到沿线地方合力探索实现丝路沿线互联互通的有效形式，以交通物流带动经济，以经济发展促进区域发展，打好丝绸之路由国家战略到沿线地方的基石。

4. 民心相通方面。文化部积极推动文化产业转型升级，“新丝绸之路”上开启交通文化之旅，并多次举办“中国文化周”。文化方面的新闻也反映出，我国致力于推动丝绸之路经济带的多角度文化宣传、文化推广，以增进丝路沿线各国家、地区、民族就丝绸之路的建设达成广泛的共识，使理解、沟通、共建、互利、多赢成为丝路地区人民的心声。但是沿线国家和地区的积极性还有待进一步激发，只有最终沿线国家和地区，真正地实现民心相通，才能真正实现丝绸之路经济带的顺利发展，保证丝绸之路经济体的长久繁荣。

5. 货币流通方面。货币流通方面的互动虽然较少，但随着金融改革发展政策措施的出台，金融合作会成为新的经济增长点，目前丝路建设还处于雏形阶段，货币流通性还极为薄弱，金融活动还有很大的发展空间。只有货币流通才能带来金融的发展，才能有助于有效配置资源、活跃经贸活动、有利于丝路沿线地区国家的经济培育、产业升级和结构调整。今后我们将开展多种国际融资渠道，如：亚洲开发银行、上海合作组织、丝路基金、海上丝绸之路银行等，推动中亚等丝路沿线国家共同参与，才能真正实现丝绸之路经济带地区经济的共同体繁荣。

（三）美方新闻的主要领域

虽然在 2014 年度，Factiva 软件上显示关于“一路一带”的英语新闻报道有 138 条，但除去重复的、简单的、中国人写的报道外，真正有价值的并不多，约 12 条。

外交事务	国际关系	金融贸易	交通运输	会议
5	3	2	1	1

虽然美方没有对中国丝路进行广泛而持续的报道，但是从所能收集到的几篇文章中能够发现，它并没有放弃对“一路一带”的关注；相反，对中国每一次大的举动，它都会进行报道和评论，对所产生的结果和影响也作了非常仔细的分析。比如它对中国将要建立的陆地和海上的两条“丝绸之路”感到“非常不愉快”，因为都绕过了美国；对美国政府推动丝路建设颇有微词、责怪其不力，说中国政府已然胸有成竹，而美国政府却还在左顾右盼、步履蹒跚；对中国交通的发展表示惊讶，因为在亚洲的贸易版图上，条条道路通中国；对中国的建设的速度同样有些赞叹，中国已经开始着手修路、铺管道、建港口了；对中国上百亿美元的投资表示嘲讽；但同时，他们也承认，“丝绸之路经济带”集中体现了中国政府在坚持全球经济开放、自由、合作主旨下

促进世界经济繁荣的新理念，也高度揭示了中国和中亚经济与能源合作进程中如何惠及其他区域、带动相关区域经济一体化进程的新思路，更是中国站在全球经济繁荣的战略高度推进中国与中亚合作跨区域效应的新举措。

四、中国企业如何走出去

面对着中国政府的宏伟设想，面对着“内热外冷”的新闻报道，中国企业如何利用国家政策的优势、在“一路一带”的大好背景下，走出国门、走向世界？

（一）树立良好的“中国形象”

现在许多国家出现了这样的情况：他们喜欢用中国货，因为中国货物美价廉；但认为中国人不讲文明、举止粗俗。中国企业要想彻底改变这种不良的形象、走出国门、走向世界，必须要有一个良好的、让外人能接受的形象。这形象包括硬的方面和软的方面。硬的方面是指：产品的质量、贴心的设计、完工的时间、承诺的期限、优秀的服务、完善的售后等；软的方面是指：个人素质、卫生习惯、心理因素、言行举止、文明礼仪、为人谦和等。只有这两者完美地结合起来，才能受人尊重，使产品和人品都备受人们的欢迎。

（二）正确看待媒体

中国企业想要走出去，必须要有一个稳定而庞大的客户群。福莱国际传媒咨询（Fleishman-Hillard）高级副总裁比尔·布莱克（Bill Black）在接受《环球企业家》采访时表示：“如果中国企业想要提升海外业务，那么他们必须在品牌声誉上进行投资，他们必须对目标客户群有个清楚的定位。”品牌的渠道就是媒体。

中国企业想要在美国拓展品牌，必须要对美国的主流媒体有个基本了解，并针对如何利用美国的媒体渠道进行品牌传播。

美国的媒体都是由传媒大亨所垄断，所以畅销是他们出版报纸和杂志的一个目的；喜欢猎奇，是他们的又一目的。他们通常不按常规出牌，别出心裁地制造一些题目来吸引读者的眼球，从而增加销量。所谓“好事不出门，坏事传千里”就是这个道理，一旦你违反了法律法规，或者有什么把柄被媒体所抓到，那就舆论哗然，声誉一落千丈。平时和媒体要积极沟通、回答问题，和他们建立长久的关系，吸引消费者。现在他们有报纸、电视和广播等传统媒体，有博客和搜索引擎等在线媒体，又有社交媒体、多媒体和移动媒体等新媒体。在美国，企业要通过媒体进行品牌传播，和媒体进行友好的互动，要记住以下几点：

1. 要以清晰、准确、通俗易懂的英文表达信息，而不是用机器翻译英文内容，然后还纳闷为什么没有人关注；始终采用高质量、高标准的人工翻译。

2. 要尊重美国消费者和美国人的价值观，对美国不同于中国的地方，避免触及。

3. 要知道传播快、互动性强的多媒体内容效果最好，不要指望文本内容给你带来与多媒体内容同等的效果。

4. 要使用综合战略，运用多种传播渠道和平台，不要指望一种类型的媒体就能完全传播你的信息。

5. 要让你的品牌具有可敬的价值观，如“环保”或“优质”。

6. 定义你的目标受众，选择合适的媒体来影响他们。

7. 对你的业务而言，要花时间了解哪些传统媒体和在线媒体是重要的。

8. 要利用博客和社交媒体对创意、计划进行测试，并从博主和粉丝那里得到反馈。

9. 要定期发布新闻稿，即使是顶级品牌也需要经常露面。

五、研究结论

综上所述，在过去的一年中，关于中国“新丝绸之路经济带”战略的报道，中美两国在新闻的数量、深度和广度上都有差异。中方的丝绸之路经济带正处于蓬勃发展阶段，美方非常不愿意看到这种局面，这会影响到西方的地缘因素和政治关注度，美方感到了威胁。而美方自己提出“新丝绸之路”，在该战略提出的第三个年度并没有实质性的突破，还呈现出淡化的迹象。

但是我们如果进一步对中方热点丝路战略新闻进行研究，发现中方在丝绸之路经济带建设全方位多元化发展中虽然具有明显的优势，但是还存在缺乏丝路沿线国家的通力合作，以及国际化的顶层设计薄弱、地区定位重叠、基础设施建设重复、经贸旅活动形式常规化、沿线国家民心相通的提升和货币流通合作有限等突出问题。在丝绸之路建设的新阶段应重视全方位发展中的突出问题，只有新丝路多领域的发展齐头并进，才能在丝绸之路经济带建设中保证经济发展的科学高效，才能真正造福于丝路沿线的国家、地区和人民，实现人民安居乐业、区域稳定团结，使中亚的古丝绸之路能真正迎来合作发展的第二次契机，才能借着此东风，让中国企业走出去！

参考文献

[1] 李亚龙，吴丽坤.欧亚国际运输走廊问题及中国的应对之策［J］. 俄罗斯学刊，2011（6）：50–63.

[2] 刘育红.“新丝绸之路”经济带交通基础设施、空间溢出与经济增长［D］. 陕西师范大学，2012.

[3] 朱苏荣. 丝绸之路经济带的金融支持［J］. 观察思考，2013（24）：77–78.

[4] 汪鸣，王彦庆. 丝绸之路经济带物流系统建设发展思路［J］. 交通建设与

管理，2013（12）：20–23.

［5］Central Asia，Afghanistan and the New Silk Road：Political，Economic and Security Challengers. The Jamestown Foundation，November 14，2011.p.9.

［6］http://wenku.baidu.com/link?url=WMGaCsWxRrWE98rw9Yk_ZIEqkYlTMZb4E3IC8R6U3ny9ApGWaaq6MXriI0A9c0P9YM-OeA-a_i0IWZZbXaBuW8CfxW6JXPib9ASeNGGnU6m.

日本媒体涉华报道环境对中国企业走出去的影响研究

——以2013年、2014年日本主要媒体涉华报道为例

赵 敬

摘　要：随着经济全球化进程不断推进，在“中国企业走出去”的大潮下，中国企业在外国媒体报道中的企业形象成为重要的研究课题。日本是名副其实的传媒大国，媒介舆论控制力极强，日本媒体在传统的记者俱乐部制度下，从经济利益出发进行受众本位的议题设置，为维护国家利益进行高度趋同性和群体失范的倾向性涉华报道，对中国企业“走出去”造成了很大的负面影响。本文在考察日本媒体涉华倾向性报道对中国企业“走出去”的影响的基础上，提出了在日本媒体环境下中国企业“走出去”的媒体战略对策。

关键词：日本媒体环境　涉华报道　中国企业“走出去”

引言

日本是世界闻名的传媒大国，传媒业的发展起步于19世纪末期，发展到今天已经高度发达。日本既拥有世界上占人口比例最高的阅报群体，也有世界上最高的移动网络应用普及率和最尖端的移动网络技术，更拥有世界最先进的数字高清地面信号传输技术。日本的主流媒体环境由两个通讯社（共同通讯社、时事通讯社）、一家广播电台（日本放送协会，简称NHK）和五大报纸（《朝日新闻》《读卖新闻》《每日新闻》《日本经济新闻》《产经新闻》）组成。除了日本放送协会外，日本的其他大型电视台都是由五大报来经营。在此基础上，日本独特的“记者俱乐部制度”长期存在，利用行会组织形式控制了日本官方和大型机构的所有采访和报道，而日本受众对新闻媒体的信任度至今都保持在80%以上。[①]所以两社、一台、五大报不仅构成了封闭的行业竞争环境，而且基本控制了日本舆论。

① 王英斌. 逾九成日本人对报纸信赖度高［N］. 中国新闻出版报，2009-10-28（7）.

随着中国的迅速崛起和强大，作为与中国有着特殊历史关系的邻国日本，当然不愿意看到中国的巨大进步，尤其是 20 世纪 90 年代后，日本经济持续下滑，日本的国民中普遍存在着挫折感和焦躁感，对于近现代以来一直凌驾于中国之上的日本而言，对中国的赶超是无论如何都无法平静对待的。2010 年关于中国的名义国内生产总值超过日本位居世界第二的报道，中国的民众显得很坦然，而在日本国内却引起了巨大的震动，让日本国民的焦虑达到了顶点。在如今的全球化时代，了解中国的渠道似乎很多，但对于大多数普通日本民众而言，大众传媒的报道仍旧是了解中国经济发展和中国企业形象的主要来源。而日本媒体在对中国进行报道的时候，如何进行议题设置以及对该议题如何报道，是决定日本民众心目中的中国国家形象和中国企业形象形成的重要影响因素。日本媒体在传统的记者俱乐部制度下，从经济利益出发进行受众本位的议题设置，为维护国家利益进行高度“趋同性”和“群体失范”的倾向性涉华报道，对中国企业走出去造成了很大的负面影响。

2013 年 9 月，笔者参与了对外经济贸易大学“国际媒体倾向性指数研究”特色研究项目，在这一大课题之下对日本媒体涉华报道的总体环境进行考察，对日本的主流新闻媒体、新闻媒体网络版、网络媒体、电视广播媒体等的涉华新闻报道进行全方位的持续追踪，利用 Factive 软件收集分析日本主流媒体的涉华报道，对日本新闻媒体涉华报道的热点、持续期、关注点及舆情倾向性等进行人工分析，并选取具有代表性的新闻报道样本进行考察，以期为中国企业进军日本提出具体的媒体战略对策。

一、记者俱乐部制度对日本媒体涉华报道的影响分析

（一）记者俱乐部制度

在任何一个国家，政府都会通过各种方式对媒体内容进行不同程度的干预和管理。日本媒体享有比较充分的新闻自由，政府无法直接干预媒体的正当新闻报道。但设立在政府内的记者俱乐部，在一定程度上成为政府影响媒体的软手段。政府通过为媒体提供特定信息，达到控制媒体报道的信息源、间接管理媒体报道内容的目的。

早在 19 世纪末报纸主导天下的商业报业时代，日本就已形成了独特的记者俱乐部制度，这一制度对今日的日本媒体环境仍产生着巨大的影响力。日本的记者俱乐部，是指设立在日本首相官邸、各中央部门、地方自治体、地方公共团体内，由特定的报社、通讯社、电视台和广播电台等的媒体记者组成的新闻采访组织，通常由日本新闻协会进行监管。在 1890 年日本召开第一届帝国议会时，日本媒体的势力很微弱，在采访方面很难得到日本政府的配合，于是记者们便组成了记者采访团以便获取更大的采访权益，这便是记者俱乐部的雏形。

今天，日本全国的记者俱乐部有800多家，涉及政治、经济、社会、文化、科学等各个领域，数量庞大。其中规模最大的记者俱乐部是国会记者俱乐部，注册会员达5 000人以上；其次是内阁记者会，大致有300名注册会员；中央官厅和相关团体的记者俱乐部会员多为几十人或上百人。这些记者俱乐部的成员来自多个领域的多家媒体，有着巨大的影响力。①

记者俱乐部这种获取信息的高效机制，虽然使媒体势力得以加强，但也成为政府和社会组织控制新闻和舆论的有效手段。一方面，记者俱乐部作为全国媒体时政信息来源，交换和统一意见的唯一场所，使得各家媒体的信息源受到限制；另一方面，政府为了控制国内的舆论导向，加紧了对日本新闻行业协会和记者俱乐部的控制，记者俱乐部也因此变成了政府的“传话筒”。也正是因为如此，有观点认为，在日本占主流的是组织性的新闻报道，而非以个人为主体的新闻报道。由于日本记者所发报道多以记者俱乐部通报为根据，由此造成的结果是，尽管日本的传媒业集团资金雄厚，但媒体却喜欢用同一信息源，记者们常进行集体采访，日本的报纸虽多，但在论调上却大致相同，日本媒体的报道机制在一定意义上导致了内容的趋同性和大众化的倾向。

（二）记者俱乐部制度对日本媒体涉华报道的影响

现在，记者俱乐部设在日本的政府机构、社会组织和团体内，在必要时记者会被召集到俱乐部听取有关通报，政府等信息源的信息会在第一时间传到记者俱乐部，从而通过媒体快速让受众知晓，因为有记者俱乐部的存在，媒体很少漏报这些公共机构的新闻。为了能在第一时间获取信息，不少媒体派出了值班记者在记者俱乐部值班。以《朝日新闻》《读卖新闻》《每日新闻》《日本经济新闻》和《产经新闻》这五家在日本影响力最大的媒体为例，其对记者俱乐部都有着很大的依赖度。其中，政治新闻相关报道的依赖度较高，最高值接近80%，最低值也在30%以上；经济新闻的依赖度虽相对较低，但最高时也超过30%，最低值也在10%以上。日本的记者俱乐部也会定期组织记者见面会，进行新闻发布。如社团法人日本记者俱乐部主要接待作为国宾或政府贵宾来访日本的各国政要以及国内焦点人物，面向会员媒体举行记者招待会、研究会等活动。自1969年成立以来，这个记者俱乐部已经接待了大量国际政要，可见记者俱乐部在国际交流和新闻发布中起到了重要作用，也是涉华报道的重要窗口。②

如何应对记者俱乐部这种日本独特的媒体报道形式，也是我国塑造国家形象、推动中国企业进军日本市场过程中不得不面对的重大媒体公关课题。既然涉华报道的内容和口径都会受到各种记者俱乐部的影响，那么就要重视记者俱

① 张长弓. 日本媒体的主要运作机制［J］. 国际新闻界，2008（6）：75-79.

② 赵新利. 日本媒体的内容管理［J］. 青年记者，2008（10）：71-72.

乐部这种信息发布渠道和报道机制，采取正面且积极有效的应对方式——积极参与、主动出击。在日本媒体相对封闭的报道环境下，日本的外国记者俱乐部是外国新闻机构在日本重要的信息集散地和影响生成之所，因此，中国驻日记者应该积极参与日本的外国记者俱乐部的新闻发布会等各种活动以拓展信息源，及时获取最新信息。另外，中国驻日记者应与日本记者同行建立相互信赖和相互理解的长期合作关系，并可以利用自身与本国信息源关系紧密和熟悉本国企业情况的优势，在接收信息的同时主动传递和发布信息，有意地设置议题和设计报道内容，潜移默化地引导日本记者进行相对有利于中国企业形象的报道。

二、日本媒体受众本位的议程设置对中国企业走出去的影响

（一）市场化运作导致的日本媒体受众本位的议程设置

日本的主流报纸多为市场化运作，各大报纸之间竞争激烈。虽然有大约95%的读者是固定订阅的，但各大报纸必须拿出更多让读者感兴趣的内容以吸引和留住读者。议程设置是媒体内容设计的重要方面，媒体除了为受众设置谈论话题外，还能通过反复报道或者减少报道的手段，有意突出或淡化过去或者正在发生的事件在受众中的影响力，通过议程设置把受众的注意力引向或引离某些特定报道。受众本位的议程设置，直接影响媒体对报道内容的设计和管理，尤其体现在一些反华论调较为明显的媒体上。这些受众本位的议题设置，吸引了很多关注中国政治和经济发展的日本读者的眼球。

利用日本国民对中国崛起充满不安和对中日关系格外敏感的情绪，一部分持反华论调的日本媒体拥有了一定的市场和受众，其涉华报道的议程设置也往往带有负面情绪。例如，2013年习近平主席提出“丝绸之路经济带”战略构想后，由于地缘因素等的影响，日本媒体对于丝绸之路经济带的报道和关注度不高，在主流媒体中直接相关报道不多，只有一些财经类专业媒体，如《亚洲IR》《日本经济新闻》《记录中国》（Record China）等媒体有少量报道，但都在刻意深挖这一战略构想背后的政治动机。[①]

再以习近平主席提出的“中国梦”在日报道为例。日本媒体虽然难以回避报道这一中国政治的重要关键词，但又巧妙地偷换议题，“巧妙”设计报道角度，对正面新闻进行负面报道，推出了能吸引受众眼球的新闻标题。

再如，由于目前注册在籍的在日中国人已经突破60万人，首次超过在日朝鲜人和韩国人，成为日本最大的外国人族群，已取得日本国籍的华人也首次突破10万，因此日本百姓对在日中国人的情况一直非常关注，《日本经济新闻》

---

① Record China. http://www.recordchina.co.jp. 2013-10-22.

从2013年6月30日到7月25日，分19次连载介绍了数十位活跃在日本的中国人，包括上市公司老总、媒体社长、大学教授、作家和留学生，对他们在日本社会努力奋斗的心路历程进行了客观描绘，这是日本主流媒体破天荒第一次大规模地对在日中国人进行比较正面、真实的报道。策划这一专题的《日本经济新闻》编辑委员吉田忠则坦言，“我们并没想特意宣传中国人，只是觉得日本百姓应该全面地了解在日中国人。”可见，日本媒体的内容策划，都会淡化宣传味道，强调从读者和受众角度选择选题，但同时会巧妙地设置议程，将所要传达的观点融入报道议题中。

（二）日本媒体的议程设置对中国企业“走出去”的影响

多年来，日本媒体一直通过议程设置引导日本民众的舆论走向，关于中国企业的相关新闻报道，日本媒体强化的都是关于中国企业的产品质量、食品安全等很能吸引受众的话题，加之日本媒体有善于报道负面新闻的惯例，曾给我国企业的在日形象带来了巨大的负面影响，其中最具有代表性的就是“毒饺子事件”。2008年1月在日本千叶县和兵库县发生消费者食用中国天洋食品公司出口的冷冻饺子而中毒的事件，事发后整整一年内，日本政府处处以此为砝码向中方施压，日本各种新闻媒体也揪住此事不放，不停地大肆渲染，使这一具有很大偶然性的事件，在此后一两年中都被作为抹黑中国、恶化中日关系的重大事件反复炒作。[①]在一般情况下，一条新闻的集中报道大约会在两周左右淡化，然而这次相关报道却出现长期化的趋势。究其原因，一是由于这个案件迟迟未破，引起民众的持续关注，并涉及中国出口食品的安全和信誉问题；二是由于中日两国警方在最初阶段的调查各执一词，出现不同说法，日本媒体就持续报道这个新闻焦点；三是日本媒体利用中国政府提供的到现场采访等便利，自行发布未经确认的消息，一些报道把这起疑似投毒案件与一般食品蔬菜中的农药超标问题混为一谈，误导日本民众不再信任中国出口食品的质量。而每当后续性报道出现时，日本的电视台就会反复播放原来的报道画面，从而不断强化和吸引电视观众的注意力。在这次事件中，日本媒体的相关报道一直左右着日本民众对中国产品的看法。其后，中国三鹿奶粉等制奶业使用三聚氰胺添加剂问题也被日本各路媒体大肆宣传，进一步大大损害了中国出口食品企业的形象。

通过对“毒饺子事件”的新闻报道案例进行分析就可以看出，虽说任何一个新闻事件对普通民众的影响力一般只会持续一到三个月，这期间一旦有其他重大新闻事件发生，就可能冲淡受众对原有报道的关注，但如果媒体持续不断地反复报道和强化相关新闻之间的联系，这个报道的影响就被长期化，甚至能

① 刘江永. 日本媒体与中日关系［J］. 对外传播，2009（3）：51-53.

够改变受众对某个问题的观点并固化下来。日本媒体通过报道“毒饺子事件”，不断采用回顾的方式，让受众不自觉地将眼前的事件和以前的新闻联系起来，通过设置议程丑化了中国企业在日本民众中的形象，推波助澜地使日本民众形成“中国食品=不安全”的惯性思维，从而强化了日本民众对中国产品质量的不安和“厌中”情绪，维护了日本的国家利益、实现了其政治目的。

三、日本媒体涉华倾向性报道对中国企业“走出去”的影响

（一）日本媒体涉华倾向性报道的表现

日本媒体涉华报道的倾向性主要体现在两个维度上：一个维度是在报道题材选择上的倾向性。构架理论（framing theories）的基本观点认为：媒体报道的本质在于选择和突出，媒体工作的实质是在选择性地唤醒题材，使其进入文本继而进入社会的关注。尽管这一议题设定能因其主观性必然有所偏向，但是，在长期的报道中尽可能在选题上兼收并蓄，既要褒奖亦要贬斥，媒体才可能尽量向民众还原完整而真实的图画。然而实证显示，日本媒体在涉华报道时倾向于负面报道，并因此在长期涉华报道活动中形成了路径依赖；另一个维度是构建媒体文本内容时的倾向性。媒体报道的规范理论认为：媒体在保证意见独立的前提下，应当在报道中坚持对对象的开放和公平待遇。特别是在争议性问题上，在构建事件文本时，媒体应在消息渠道允许的前提下，采集来自于争议各方的材料，并作为“平静的第三人”进行叙述，而不是戏剧化地过分渲染某些故事要素；在构建意见反映文本时，媒体要客观反映争议各方的意见，既要包括主导性的话语声音，也要有不同的、反思性的声音，并且尽量给予他们平等的表达顺位和足够的表达空间。然而，日本媒体在涉华报道中常不能提供一种客观和平衡的话语，面对争议问题更是无法克制民族主义的冲动。此时，日本媒体未能充当理智的反映者和探讨者，而是在特定立场及对新闻影响舆论效果的追求下，成为了煽风点火的角色。①

尤其需要注意的是，历史上在涉华报道中原本立场殊异的日本媒体在近年来开始呈现高度的“趋同性”和“群体失范”现象，这种群体失范实质上是偏向性报道群体的扩大化。说群体失范是一个新动向，是比照过去而言的。日本的媒体在战后尽管有种种局限，但是在某段时期某些问题的报道和评论上应该给予肯定评价。但是，进入 20 世纪 90 年代以后，随着日本政治的总体保守化，日本的媒体也发生了变化。在对外报道特别是涉华报道方面，往往只顾及狭隘的国家利益，失去了应有的理性批判精神。当然，所有国家的媒体都会或多或少在报道中从本国利益出发，照顾本民族人民的情绪。但是，日本媒体迎合本

① 卢昊. 日本媒体对中国的偏向性报道分析：特征、集体反映和舆论影响［J］. 现代传播，2012（2）：165-166.

民族利益或民众情绪的时候往往显得较为极端。对于不符合其国策或“共识”的观点会被毫不留情地抛弃或压制，而对于符合其国家利益的议题则不遗余力地大力炒作、集体化地进行倾向性报道。

（二）日本媒体涉华倾向性报道对中国企业“走出去”的影响

一直以来，中国和日本媒体引导正面报道和负面报道的平衡点都有所不同，日本媒体习惯于负面报道和批判，而中国媒体则以正面报道为主导方向，日本媒体在涉及中国的报道中也习惯用负面新闻，这种带有倾向性的涉华报道在日本民众中培育了片面的、偏激的意见，媒体呈现出“群体失范”，失去了应有的公正和正义，引导和助长了中日民众彼此的负面情绪，日本媒体在这样的倾向下对受众的观点和认知的“培养”是极为严重的。

虽然日本媒体并不由我们控制，我们一时间也难以改变日本媒体的这种报道惯例，但日本媒体对中国报道什么和怎么报道在一定程度上与中方的引导和中方的反应有关。为了应对日本媒体的倾向性报道，有效利用日本媒体传播中国企业的正面形象，引导日媒进行有利于中国的报道，需要讲求一些策略和技巧。一方面，中国企业在进军日本时要重视企业的社会责任，积极塑造企业的正面形象，不为日本媒体留下报道的“话柄”，不给日本媒体以负面报道的“口实”。另一方面，要致力于增强企业信息的透明度，主动提供信息，以引导日本媒体舆论。日本媒体对中国企业的报道并非随心所欲，而是有一定规律可循。只有了解日本媒体的新闻生产机制，及时掌握日本媒体的舆论动态，并向其提供有效信息，才可能更好地帮助他们向日本民众传播中国企业的正面形象。例如日本媒体一直对中国企业的排污问题比较关心，而以往我们的企业对这类问题都尽量采取回避态度，不予回答。根据现代心理学的理论，当面对不明确信息的时候，人们倾向于用与偏见相一致的方式作出反应，即让他们有意识地拒绝偏见。相应地，当日本记者面对中国企业的不明确信息时，特别是信息处于被封锁状态时，他们更可能按照自己的偏见来进行报道。越是封锁负面事件的信息，他们就越发地捕风捉影来强化偏见。因此，我们必须进一步营造公开透明的信息环境，以便正确引导日本媒体舆论走向。

四、日本媒体环境下中国企业“走出去”的媒体战略对策研究

（一）客观看待日本媒体监督批判性报道的惯例

“二战”后的1946年，日本各家报社、通讯社、广播电台共同创建了全国性的新闻行业组织——日本新闻协会，强调媒体应担负相应的社会责任，防止被特定利益团体利用。该协会制定的《新闻伦理纲领》基本得到了坚持和贯彻。《新闻伦理纲领》的宗旨是“自由与责任、准确与公正、独立与宽容、对人权的尊重、品格与标准”，明确指出“报纸为了保持言论的公正，应确保独立，排除

任何势力的干涉，自戒不被利用”，这种职业道德促使日本媒体与政府保持一定距离。

实际上，日本媒体在各种报道中都惯用批判的方式，无论是国内新闻还是国际新闻，往往都是负面报道居多，惯于批判的新闻价值观让日本媒体的批判性报道成为常态。日本的电视和报纸上，本国的灾难报道、批判性报道数量巨大，从灾难事件到犯罪案件，从官员腐败到政府的不当决策等负面新闻都是各家媒体关注的焦点。①日本媒体乐于监督、勇于批判，这种新闻观直接影响到其内容设计和内容管理。日本媒体对负面新闻的强烈关注，是日本民主政治制度、新闻自由和媒体市场化竞争的共同结果。②日本媒体对负面信息的关注，与日本媒体的新闻价值观密切相关，也与其市场化运作密不可分。受众关注什么样的信息，媒体就努力为民代言，帮助受众搜集相关信息，以保住已有受众并努力争取新的受众。这种从受众需求出发进行媒体内容设计的做法，客观上也起到了为民代言、舆论监督的积极作用。

（二）中国企业应以正确方式应对日本媒体的监督批判性报道

日本的媒体和舆论对企业隐瞒产品质量问题持非常严厉的态度，这方面的例子比比皆是。例如2000年雪印乳业公司使用过期牛奶重新灌瓶后销售，导致1万多人出现了食物中毒，在媒体的穷追猛打之下，雪印乳业倒闭，再也没有振作起来。再如曾经很有名气的不二家公司，在产品质量出现问题后，担心一旦消费者知道企业丑闻以后，公司就有可能步雪印乳业公司后尘，再也不能翻身，因此选择了秘而不宣的方式，但这导致了更大的风险。果然，当其内幕被媒体披露后，不仅社长引咎辞职，还不得不赔付巨额赔偿金，自此一蹶不振。而与之相反，2003年日本可口可乐公司出产的饮料，其瓶盖内出现了大量的霉菌，公司在发现后立即回收了已经批发出去的400瓶饮料并向公众道歉，结果目前可口可乐的产品在日本依然卖得很好。这样的例子还有很多，例如松下电器的煤油取暖机事件，由于是松下电器主动公布了取暖机的问题，给所有日本家庭都发去了警示信件，反而让消费者认为松下的企业形象是可靠、可信的。

“遵守法律、信息公开”是所有日本企业都奉行的准则，这也给中国企业以很好的警示，在日本进行企业经营时，对产品质量、遵纪守法、信息公开的要求都很高，出现问题就要及时、积极、主动地公开信息、寻求解决方法，企图蒙混过关是最要不得的，否则在媒体和舆论的穷追猛打下会给企业带来巨大的几乎无可挽回的负面影响，而只要企业出现问题时如果及时主动地披露真实信息，日本的媒体和舆论一般都会给予其改正的机会。而且，日本媒体相对客观

① 赵新利. 从钓鱼岛争端看日本媒体与外交的关系［J］. 青年记者，2014（4）：77-79.

② 赵新利. 日本媒体的内容管理［J］. 青年记者，2008（10）：71-72.

公正的报道态度也不同于我国国内个别媒体与有些企业之间的时而暧昧不清的关系，对日本媒体来说，中国企业在国内发展时惯于依赖人情和金钱的危机公关手段，不仅毫无效果而且还可能起到反作用，甚至将问题进一步严重化。因此，在日本的媒体环境下如何约束好企业自身行为、正确应对日本媒体的报道至关重要。

（三）扩大中国媒体在日本国内的影响力、支持中国企业“走出去”

日本媒体市场发达，对各国媒体来说都存在着巨大的发展机会，也是各国媒体不容忽视的重要舆论场所之一。在日本封闭保守又高度发达的媒体生态中，日本媒体主要出于其自身经济利益和国家利益的需要来进行内容发布，中国媒体想要在日本直接发出声音和发挥影响力很难，面对其行业的壁垒森严，中国媒体应考虑如何在其中生存发展并提高话语权。

目前，我国驻日媒体机构大多以采集日本信息向国内报道为主，对日传播的方式、手段、内容和影响力都比较有限。我国国家级媒体驻日分支机构总数在 10 家左右，包括《人民日报》、新华社、中国新闻社、中央电视台、中国国际广播电台、《法制日报》和《环球时报》等，队伍最为庞大的是新华社驻日本分社。中央电视台在日本报道中投入较大，2011 年“3・11”东日本大地震中，中央台曾租借三架直升机赴灾区采访，这在外国驻日媒体中也不多见。中央电视台中文国际频道在日本落地，是许多日本宾馆中唯一能看到的全中文频道。2011 年 8 月，中央电视台与日本大富公司合作，在日本实施日语化落地播出。《人民日报》除设立日本分社外，还在日本建立了人民网日本株式会社，通过报网融合共同在日本展开报道等工作。2008 年《人民日报》（海外版）与《新华侨报》合作出版日文周报《人民日报海外版日中新闻》，每期还在日本外国记者俱乐部投放 50 份。2011 年 9 月《人民日报》又与《新华侨报》合作出版日文的《人民日报海外版月刊》。①

总之，我国媒体在日本已经有了扩大影响力的初步努力和尝试，当前，与日本媒体合作是我国媒体进军日本时的首选战略手段。在日本媒体生态环境下，作为外国媒体，通过与日本媒体合作形成资源共享与力量聚合才能有更好发展，中日媒体间的合作，在实践中已经自发形成，但尚缺系统而稳定的机制。要想在日本国内产生影响，中国媒体必须与日本本土媒体合作，借助日本本土新闻机构进入日本“封闭”的媒体系统。今后，我国媒体应随着中国企业“走出去”的大潮，逐步想方设法一起走进日本，与日本本土媒体积极展开合作，共同拍摄纪录片、录制电视节目，也可以单方制作电视节目、动画片、广播素材等提供给日本媒体，还可以将中国热播的电视剧、电影介绍到日本，并力争让更多

① 刘杨，唐胜宏. 日本媒体生态及对日传播思考［J］. 对外传播，2012（9）：24-25.

的中文频道、中文报纸杂志、中文网站落地日本，服务于日本民众和庞大的在日华人群体。这样，未来才能更积极、更直接地配合好中国企业“走出去”，为中国企业在日本营造有利的媒体环境，帮助中国企业在日本国内发出声音、扩大影响力。

结语

媒体持绝对客观、完全中立的立场很难做到，任何媒体都无法超越它所在的国家和社会的影响。由于中国经济的迅速崛起给日本造成了巨大的危机感，日本媒体从维护国家利益出发，在涉华报道上进行议程设置，有选择性地进行倾向性报道是我国涉日和在日企业不得不面对的媒体环境现状。

在这样的现状下，中国企业如何应对这种严峻的媒体环境并提高话语权是当前的紧迫课题。首先，中国企业应以一种多元、包容的精神，清醒对待日媒对其的褒扬或批评，有则改之，无则加勉，努力做好企业自身的事情，胸襟宽广，从容应对，拥有大国企业的心态，谋求企业长远的可持续发展；其次，中国企业要从中日友好的大局出发，公布相关消息时力求真实全面，不回避负面新闻，要讲事实，讲细节，讲数据，讲策略，讲友好，讲互利，树立中国企业的良好形象，同时，还要保证信息发布的真实性和准确性；再次，中国企业也要重视与日本主流媒体的交流与合作，尊重日本媒体从业人员，尊重他们的工作，建立良好的合作关系，综合运用媒体优势，全方位表现企业的观点和形象；最后，中国企业在媒体公关中也要重视把握传播时机，注重时效性，对突发事件只有占住舆论先机才能抢占舆论制高点，以免被置于被动的不利地位，及时制止一切不真实的、歪曲事实的报道和谣言。

未来随着中国企业“走出去”，中国媒体也要一起“走出去”，帮助我国企业在世界各地落地生根，为我国企业在海外发展营造便利、良好的媒体环境。伴随着信息时代的到来，媒体传播渠道有着更为广阔的拓展空间。中国媒体要不断开拓在日传播的新途径，在加强与日本主流媒体的交流与合作，综合运用媒体优势全方位表达自己观点的同时，也要加大投入，建立全方位的综合对日传播平台，整合广播、电视、报刊、图书和音像出版物、互联网、手机等业态，实现融合发展。这样才能迅速开拓日本的传媒市场，在日本国民中培养出稳定的受众群体，潜移默化地利用中国媒体自身力量构建更容易让日本民众接受的中国国家形象、企业形象，利用文化软实力的吸引力和影响力为中国企业在日本的长远发展铺平道路。

参考文献

[1] 李新生，林晓光. 倾斜的新闻伦理与错位的职业操守——日本媒体涉华报

道中的“群体失范”现象［J］. 当代传播，2006（6）：35–37.
［2］山本文雄. 日本大众传媒史［M］. 广西师范大学出版社，2007.
［3］张长弓. 日本媒体的主要运作机制［J］. 杜林：国际新闻界，2008（6）：75–79.
［4］赵新利. 日本媒体的内容管理［J］. 青年记者，2008（10）：71–72.
［5］卢昊. 日本媒体对中国的偏向性报道分析：特征、集体反映和舆论影响［J］. 现代传播，2012（2）：165–166.
［6］赵新利，王小鹏. 新媒体环境下日本纸媒的衰落与应对［J］. 青年记者，2012（7）：27–29
［7］刘杨，唐胜宏. 日本媒体生态及对日传播思考［J］. 对外传播，2012（9）：24–25.
［8］崔保国，王众一，金赢. 探秘日本媒体［J］. 世界知识，2014（5）：15–23.

意大利三大纸媒涉华舆情及中国形象构建初探

潘源文

摘　要：研究不同时期海外主流媒体涉华报道媒体倾向性，一方面折射出国际社会眼中的中国国家形象，另一方面，更好地服务于中国政府舆论引导，对外关系政策的制定，以及促进中国文化在世界的传播，实现有效传播，营造有利于中国发展的国际媒介生态环境。本文通过谷歌新闻（Google News）、（Factiva）新闻检索等手段，通过2000～2008年、2010年上半年以及2013年9月至2015年3月三个时间段，以意大利三大纸媒根据特定议题完成的涉华报道为样本，进行写作风格、词汇偏见、倾向性议题选择等角度的内容分析，考察在中国经济升级转型的新时期，随着中国企业"走出去"和中国海外投资不断增长，意大利主流媒体涉华报道倾向性的变化以及发展趋势，为中国新闻扩大在海外的影响力、中国在国际社会话语体系的构建作一些有益的探讨。

关键词：意大利　主流媒体　涉华舆情　国家形象　海外投资

中西文化交流史在某种程度上就是西方人逐步"发现"和任意建构的历史。据罗兹曼（G. Rozman）的划分，西方（尤其是欧洲）观察和理解中国文化走过了5个阶段：

1）1600～1750年，随着来华耶稣会士对中国文化的介绍以及启蒙运动的兴起，欧洲经历了百余年的中国热，17世纪的法国出现了一个新词"chinoserie"，意为对中国风格的模仿与钦羡。该词随后在欧洲范围内被广泛接受，表明在相当长的时期内，欧洲各阶层对中国的美好想象。

2）1750～1800年，中国热"退烧"，对中国的美好想象经历了"去魅化"，一部分欧洲学者开始认为中国是一个腐败没落的国家。

3）1800～1890年，汉学作为一门系统的学科的地位得到确立；19世纪，西方对中国的评价是"中国人在文明和野蛮之间占据中间的位置，假如我们一定要承认中国是一个文明的民族，那么它也只能是粗略加工过的，而且仍然是一个野蛮的文明。①

4）1890～1945 年，殖民地–种族主义时期，这一时期欧洲人对中国的想象受到社会达尔文主义的影响。

5）1945～1968 年，中国学（China Study）时期，这一时期西方的中国研究重镇由欧洲转移到美国。

值得一提的是，在西方认识、理解中国文化的几百年历史中，“仿佛‘中国’是个缺席者，空出来的那个座位总是有异邦人在李代桃僵地对理论家们进行‘中国的叙述’”②。即使是在中国热——亦即在一般认为中西方文化交流的蜜月期，由于中国并没有派遣“传教士”前往欧洲转播华夏文明，欧洲人对中国的了解和认识，也远远超过了中国人对于欧洲的了解和认识，这一美好印象也不是由中国人主动营造的。随着我国经济的强劲发展，多方位外交富有成效的展开，中国成为全球经济的持续增长亮点，国际地位显著提升。在建设”一带一路“战略构想的大背景下，中国国家形象构建（其中中国文化的传播是题中应有之义）的主动权应回到中国人自己手里。在中国国际影响力和外媒关注度也随之不断提升的今天，西方（尤其是欧洲）对于中国的想象走出几百年来的模式化评价，外媒涉华舆情中的中国形象不再来自传教士的信札，也不再像 19 世纪或“二战”后主要受到殖民主义、冷战思维影响，但在标榜“新闻自由”的外国记者的报道中，或是基于意识形态的原因，或是确实对于实情的不了解，传递给西方公众的中国国家形象往往仍然不能真实反映我国社会、经济、文化发展的真实情况，时常会出现未能客观公正地对中国的“偏差”或“不实”甚至是“负面”报道。

在信息爆炸的今天，外部世界的信息通过掌握新闻话语权的西方主流媒体抵达受众，一旦出现大量有关中国的负面报道，中国的国家形象则会遭到误读。不难想象，普通公众对于某个专门议题或者政治事件会缺乏较为丰富的直接经验，这种情况下他们自然会转向新闻媒体获得对事件或议题本身的基本理解并形成相应的印象与判断。在个别西方媒体片面、虚构甚至恶意攻击中国国家形象以致使西方受众误导下，我国国际话语权也将受到挑战，文化传播、经贸往来等也无疑将受到影响。

近年来，中国在西方社会的国家形象（表征）呈现出相互交叉、复杂而又对立的观点，其中较为主要的观点如：

——认为中国经济实力雄厚，是具有巨大潜力的投资市场；

——认为中国拥有廉价的劳动力市场，社会保障体系不健全，对本国的就

① 纪礼备：《中国和中国传教》，《十九世纪西方人眼中的中国》，中华书局，2006 年。

② 葛兆光：《域外中国学十论》，复旦大学出版社，2002 年。

业人口来说是巨大的威胁；

——中国所生产的廉价商品质量得不到保障，尤其不符合欧洲制定的高标准；

——在意识形态上仍然不遗余力地对中国的现行政治制度进行批评。

这些提取出的“多元标签”，不再是过去泾渭分明的立场取舍，而是交叉出现、无法望之即明的隐藏信息。此外，在报道新闻事件时要做到客观、中立，这本身也是西方媒体向来所标榜推崇的，因此，西方记者在涉及中国的纯新闻报道（不含新闻分析、评论和社论以及专栏文章）中很少直接对我进行攻击，而多以间接、隐含的手法来表达其喜恶亲疏的感情色彩，并将其反华或带有偏见的立场以更为“技巧”的方式进行表达。因此须充分注意到新闻传播在国家形象、话语权构建中的重要性，了解外媒涉华报道的规律，这对我国对外传播来说，须充分利用自身优势，实现有效传播，营造有利于我国发展的国际媒介生态环境是至关重要的。这就要求我们避免简单地认定对我“友好”或“敌意”、不加分析地根据涉华报道去评判外媒立场的非黑即白、非敌即友的对立划分，准确地判断某篇具体报道的倾向性的本质，避免误判外媒涉华舆情的性质与记者本人的立场，为外宣工作提供更为细致、准确的参考。这对营造利于中国社会经济发展的友好环境而言，其现实意义无疑是正面积极的。

以下，本文拟选取三个时间段中意大利主流媒体涉华报道中的中国形象，通过外媒不同的议题设置，对报道样本进行分析，力图还原意媒涉华报道中中国形象的变化。据统计意大利每天售出约 400 万份报纸，近 2 250 万人阅读。本文选取的纸媒的发行量在意大利均有全国影响力：晚邮报（Corriere della Sera），共和国报（La Repubblica）以及新闻报（La Stampa）[①]（表 1）。

表 1　　意大利主流报刊及其发行量

报　　刊	总印量（份）	纸质发行量（份）	电子发行量（份）	总发行量（份）
晚邮报（Corriere della Sera）	472.883	368.981	95.447	464.428
共和国报（la Repubblica）	455.672	323.525	58.709	382.234
24 小时太阳报（Il Sole 24 ORE）	257.305	200.155	115.366	315.521
新闻报（La Stampa）	299.049	214.461	7.198	221.659
新闻周刊（L'espresso）		195.787		

数据来源：FIEG（Federazione italiana editori giornali，意大利报纸编辑联盟）

① 按发行量算，排名第三的《24 小时太阳报》是一家以财经报道为主的报纸，不进入样本库。

一、2000～2008 年意大利三大纸媒涉华报道中的高频词

通过谷歌新闻（Google News）的新闻检索，以中国（Cina）为关键词，得到《晚邮报》(Corriere della Sera),《共和国报》(La Repubblica) 以及《新闻报》(La Stampa) 在 2000 年 1 月 1 日至 2008 年 12 月 31 日期间 2 521 篇标题均含有“Cina”的报道，3 家媒体的报道数量如下：(表 2)

表 2　　三大主流报纸报道标题中含有“Cina”（中国）字样的统计

年份	晚邮报	共和国报	新闻报	总计
2000	79	32	59	170
2001	86	57	76	219
2002	45	30	83	158
2003	111	38	79	228
2004	113	58	86	257
2005	221	79	94	394
2006	203	72	92	367
2007	203	68	96	367
2008	197	88	76	361
总计	1 258	522	741	2 521

三家主流纸媒涉华报道数量大致与发行量相当。随着 2003 年中国非典疫情的爆发，涉华报道数量均呈现明显增长，这种关注势头一直保持到 2008 北京奥运年。对所有文章进行高频词排序后，将形容词的单复数（cinese，cinesi）合并后，我们不难发现样本库中不同报道议题设置的同质性。值得注意的是，“意大利（Italia)”这一词出现的频率并不及美国（USA)；意大利主流媒体关注的中国外交关系的焦点，中意关系显然要让位于中美关系；其后是中欧关系（高频词 Europa)。此外，“presidente”这一名词，在意大利语中既可以表示意大利政府总理（Presidente del consiglio，部长会议主席)，也可以表示国家元首（总统或主席)、公司的董事长等。虽然是多义词，从简单的出现频率统计中不可能判断具体人物，但我们仍然可以得出这样的结论：意大利主流媒体关注的中美关系、中意关系、中欧关系，其主要立足点是较为官方和基于政府层面的。(表 3)

表 3　　涉华报道中高频词

高　频　词	出　现　次　数
Cina 中国	11 759
Pechino 北京	5 048
cinese 中国的（形容词，单数）	3 635
cinesi 中国的（形容词，复数）	3 285
anni 年（复数）	2 630
USA 美国	2 045
milioni 百万	1 736
mondo 世界	1 716
governo 政府	1 501
Italia 意大利	1 481
paese 国家	1 263
presidente 总统（总理）	1 204
mercato 市场	1 151
paesi 国家（复数）	1 076
Europa 欧洲	954

对另一个词意偏好不甚明确的名词“mercato”（市场，共出现了 1 151 次）我们进行了再次检索排序，由于意大利语中品质形容词一般放在名词后面，一目了然。我们发现，3 家主流媒体对“市场”的关注，主要集中在以报道国际商品市场为主的经济领域，而对两国贸易领域争议较大的劳动力市场、黑市的关注则较为有限。（表 4）

表 4　　涉华报道中“mercato”的频率统计

词　　汇	译名	出现次数
mercato cinese	中国市场	147
mercato interno	内部市场	43
mercato mondiale	世界市场	27
mercato del lavoro	劳动市场	19
mercato europeo	欧洲市场	12

续表

词　　汇	译名	出现次数
mercato locale	当地市场	12
mercato americano	美国市场	10
mercato asiatico	亚洲市场	10
mercato italiano	意大利市场	9
mercato globale	全球市场	9
mercato domestico	国内市场	7
mercato internazionale	国际市场	7
mercato automobilistico	汽车市场	7
mercato di sbocco	销售市场	7
mercato del futuro	未来市场	6
mercato immobiliare	房地产市场	6
mercato nero	黑市	6
mercato dell’auto	汽车市场	6

二、2010 年上半年意大利三大纸媒关于人民币汇率议题报道的分析

作为一家全球新闻和商业信息的提供商，Factiva 数据库通过其门户网站或集成解决方案提供来自道琼斯、路透社新闻网络及《华尔街日报》等的世界主要媒体新闻及信息内容。以下根据该数据库进行新闻检索，以“renminbi”为关键词，搜索出晚邮报、共和国报、新闻报自 2010 年 1 月 1 日至 6 月 30 日期间的相关报道，并根据标题与摘要过滤掉不以人民币汇率为重点的报道，获得新闻 55 篇（晚邮报 30 篇，共和国报 17 篇，新闻报 8 篇）。

人民币汇率问题尽管原本是经济议题，但某些国家由于国内经济形势恶化，贸易保护主义势力有所抬头，指责人民币汇率正在被中国政府操纵的声音不时出现。然而从三家主流媒体的报道来看，新闻报道的立场基本没有倾向性，然而基于客观事实的报道之外，仍然进行了政治化的表达，而且在报道的框架上赋予了道德内涵。通过对关键信息进行检索，中国形象的报道呈现出的特点如下：

1. 美方话语是话语引导设置的主体。55 篇报道中，“中国”、“中国的”总计出现了 551 次，“人民币”、“元”共计出现了 192 次。相应地，“美国（美方）”

出现了 329 次，“美元” 117 次。相比之下，“欧洲”、“欧元区” 共计出现了 109 次，“欧元” 69 次，“国际货币基金组织” 出现 11 次。“意大利” 仅出现 10 次。不难看出，三家主流媒体在报道人民币汇率议题时仍十分关注中美关系，并在这一大框架下进行报道，多次强调人民币汇率政策的调整与国际社会（主要来自美国）的压力有直接关系（“压力” 一词出现了 32 次），直接引用《华尔街日报》和《纽约时报》等美国主流媒体的报道，抨击中国的汇率政策；而中欧关系、中意关系都并未受到足够的重视。

2. 对中国互联网上的民意有所观察，对国内网民表达的人民币升值对中国国内出口的负面影响的担心进行了报道，并暗示中国政府并没有承担自己作为大国相应的责任；

La precisazione risponde a due pressioni domestiche. La più visibile è apparsa sulla blogosfera cinese dove molti hanno criticato la banca centrale per “**aver ceduto alle pressioni dell´America**”.（La Repubblica，21，Giugno，2010）

译文：（中国人民银行）所公布的解释是为了应对国内的两股压力。主要的压力来自中国国内的互联网，许多网民批评央行**面对 “美国的压力做出了让步”**。（《共和国报》，2010 年 6 月 21 日）

il governo della Repubblica popolare **è spinto** ad assumere un ruolo di maggiore responsabilità internazionale.（Corriere della Sera，21，Giugno，2010）

译文：……中华人民共和国政府**被迫**承担起了更大的国际责任。（《晚邮报》，2010 年 6 月 21 日）

Smette di presentarsi come un malcerto sistema emergente. Accetta una responsabilità globale e fa il proprio interesse **fingendo di offrire una graziosa concessione**.（Corriere della Sera，20，Giugno，2010）

译文：（中国政府）不再自我定位为一个不稳定的新兴经济体，它接受了自己的国际责任，并为了自己的利益，**假装是做出了一个优雅的让步**。（晚邮报，2010 年 6 月 20 日）

3. 对于人民币汇率升值对世界经济复苏整体持正面评价，多次使用 “火车头”（出现 8 次）来定义中国经济，但在评价中国的人民币汇率政策时出现了“操纵”（14 次）、“人为”（6 次）这样的负面评价，暗示中国政府通过操纵汇率来保护出口型经济，牺牲了世界其他国家的利益。

Mantenendo il tasso di cambio artificialmente basso，la Cina espande ancora di più il suo già enorme surplus delle partite correnti. Ciò **impoverisce il resto del mondo e ostacola il processo di riequilibrio globale.**（La Repubblica，14，Gennaio，2010）

译文：中国人为地将汇率维持在较低水平，继续扩大其贸易顺差，如此一来将会**使世界其他地区变穷，并对全球（经济）恢复平衡的进程形成阻碍**。（《共和国报》，2010 年 1 月 14 日）

La Cina ha infatti chiesto e ottenuto che dal testo originale del documento fosse eliminato ogni apprezzamento diretto sul suo recente annuncio di volersi muovere verso una maggiore flessibilità del tasso di cambio dello yuan，**forzatamente sottovalutato per spingere l'export cinese.**（Corriere della Sera，Giugno，28，2010）

译文：**为了刺激本国的出口，人民币被中国政府故意低估**。最近（中国人民银行）声明愿意转向更为灵活的人民币汇率政策，然而中国还是要求从 G20 峰会的文件中删掉外界对此表示赞赏的相应文字。（晚邮报，2010 年 6 月 28 日）

三、习近平主席提出"一带一路"战略构想以来意大利三大纸媒涉华报道中的中国投资

2013 年 9 月和 10 月，习近平主席分别提出建设"新丝绸之路经济带"和"21 世纪海上丝绸之路"的战略构想，一年多来受到了意大利媒体的普遍关注。意大利总理伦齐（Matteo Renzi）积极寻求吸引更多外资，致力于带领意大利经济走出经济衰退。2014 年 5 月，上海电气以 4 亿欧元，从意大利国企芬梅卡尼卡集团（Finmeccanica）手中收购了安萨尔多能源公司（Ansaldo Engergia）40%的股权。2014 年 10 月，李克强总理访问意大利，与伦齐签署总值 80 亿欧元的商业协议。同年 11 月，国家电网公司，以 21 亿欧元价格收购意大利存贷款公司旗下能源网公司（Cassa Depositi e Prestiti SpA）35%股权，成为同年中国对欧洲的最大投资。2015 年 3 月 22 日，中国化工与倍耐力发布声明称，双方将组建新公司启动对倍耐力的收购，届时中国化工将持有 65%的股权，成为新公司的大股东。自 2014 年 3 月起的 12 个月以来，中国跨境收购涉及金额 733 亿美元，增长 26%。其中对意大利企业的收购涉资将近 140 亿美元，意大利成为中国海外收购最大目的国。

以下选取 2013 年 9 月 7 日至 2015 年 3 月 30 日为时间跨度，根据"investimenti cinesi"（中国投资）作为关键词通过 Factiva 数据库进行检索，共得到 62 篇相关报道，其中《共和国报》27 篇，《晚邮报》24 篇，《新闻报》11 篇，以此为样本分析"中国投资"在"一带一路"构想提出以来在意大利主流媒体中的报道特点。

1. 中国企业已经不是西方媒体传统观念中制造廉价商品的代名词了，涉华报道越来越多地涉足石油、金融、通信和机械等领域。从报道中提及最多的公司（图 1）以及提及最多的行业（图 2）来看，三家主流媒体对中国企业在意大利能源、电力、银行业等领域的几大收购均表现出极大的关注。

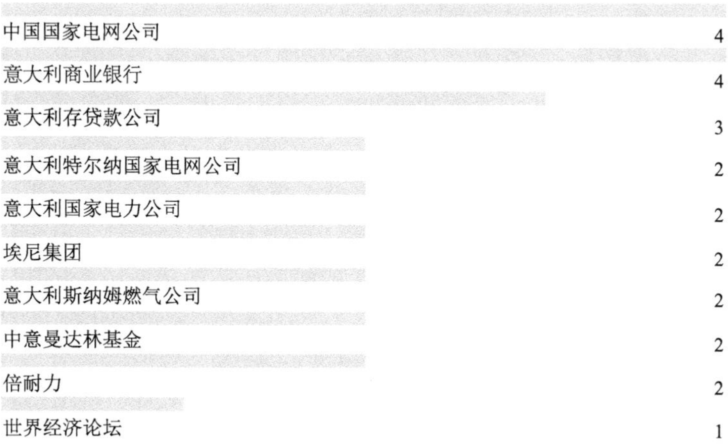

图 1　提及最多的公司

图 2　提及最多的行业

2. 随着中国经济的高速发展，意大利媒体惊叹之余，更对中国企业的崛起和不断走向海外的中国投资感到了恐慌和害怕，这些负面情绪并不是直接表露出来的；有些报道中多次出现"Conquistare"（征服）这样的字眼，比如有"Ombre cinesi sull'energia State Grid alla conquista della rete elettrica Ue"（能源上空的中国阴影：中国国家电网征服欧洲电网）这样的标题。这也是将经济问题政治化，贬低、抹黑经济转型升级中的中国经济。

3. 从话语引述分布来看，意大利媒体仍然引述美国主流媒体的报道，其中直接来自《华尔街日报》《纽约时报》等美国主流媒体的报道 21 次，同时，对来自中国官方（官员、官方媒体）的报道的引述也有明显增加。但在对新华社、《环球时报》的引述中，意大利媒体仍然将其媒体身份首先定义为"pubblicato dal

partito comunista cinese”（由中国共产党发行）或“è la voce del governo cinese”（是中国政府的声音），尽管文中并没有明显的立场选择，但是对于媒体官方背景的刻意强调，仍会降低报道在西方公众心中的公信力，使中国形象在对外传播产生负面效果。

4. 官方背景下对中国投资的报道基本上是正面的，肯定中国企业在意投资对刺激意大利经济复苏的正面作用。然而样本库中仅有的两篇个人专访——2013年12月3日《共和国报》对中意曼达林基金合伙人傅格礼（Alberto Forchielli）的专访与《晚邮报》2014年7月15日对一名在意大利贝尔加莫（Bergamo）从事皮革加工的华人企业家徐海兵（音 XuHaibin）的专访形成了鲜明对比。

两篇报道都注重个性化描述，在《共和国报》的专访中，中国企业家的形象是全然负面的，多次提及中国企业家“不尊重法律法规”,“傲慢”，通篇受访人与记者一唱一和，充分表达了意大利企业家对中国企业进入当地保持相当的警惕、不满甚至是敌意；而时隔一年，随着中国企业在意投资力度的不断增大，两国高层互访的实现，在《晚邮报》的个人专题报道中，则侧重强调意大利优越的投资环境和华人企业家在意大利的成功案例，暗示成功的案例可以复制，其他中国企业在意大利投资也会拥有美好前景。

四、意大利三大纸媒涉华舆情的主要特点

通过截取三个时间段，我们根据不同的关键词对意大利三大主流纸媒涉华报道进行分析，发现其涉华报道具有如下特征：

1. 从三个时间段的横向对比来看，随着两国经贸交往的不断密切，两国关系互利共赢、紧密合作，意大利各主流媒体对于中国的态度较为积极正面、报道也较为客观公正，尤其在经济、政治议题上基本可以反映事实。从报道中可以看出，在意大利主流社会眼里，中国是一个政治经济大国，各方面的发展均十分迅速，在国际事务中发挥重要作用，是经济危机中全球的焦点，同时是西方国家走出危机的希望。然而其内部体制存在缺陷，存在影响稳定与发展的问题。

2. 在话语引述上，面对人民币汇率问题，意大利媒体的报道显得自主性不强，明显过于依赖美国主流媒体。乔姆斯基认为:“美国的新闻多少带有点‘反共’的味道，唯意识形态论不仅始终主导着美国媒体对华报道，而且也为他们提供了一条威胁与恫吓中国的途径。”这一观点在报道中对美国主流媒体的引述中显得十分明显。而近两年来在经济议题的报道中，三大主流媒体开始逐渐平衡各方引述源，另一个侧面反映了在地缘政治上，原先在中美关系影响下的中欧关系，逐渐过渡到更为注重双边关系的中欧关系。

3. 无论是人民币汇率问题的报道，还是跨国收购，媒体都会将问题最终转移到政治问题上，附带着对政治现状的批评。不同的是，媒体在报道跨国收购

中，并没有出现绝对否定或极端的反华情绪，而是强调要在中国投资面前维护尊严，指出中国的经济发展产业结构不平衡，在贸易中仿冒产品、产权保护等问题也并未随着经济转型升级而及时解决，敦促中国企业家遵守当地法律法规——虽然存在个别对中国投资的攻击与指责，但从整体上来说，媒体的报道还是与高层互访的欢迎中国投资的基调保持了一致。

4. 相关报道事实上折射出意大利人们面对中国经济的发展，感到处于下风的一种复杂情绪，中国的负责任大国的形象在媒体的框架叙事中仍然被有意扭曲，长远来看，中国的海外投资要在意大利取得更好的表现，就需要通过对外传播的议题设置，将一个欧洲的伙伴而不是对手的大国形象传递到意大利社会。

5. 《晚邮报》和《共和国报》在北京都派有常驻的驻华记者，从报道的作者与报道时间来看，这些日常撰稿人对于中国国内政治、经济、社会、民生等重大新闻都进行了及时且较为深入的报道。这些常驻记者相当于千万个意大利读者的眼睛，其个人的价值观，对中国形象、新闻事件的认识、观点，不可能完全超然于新闻报道写作之外，势必会受到个人认识的局限，或情绪、心理的影响，因此，我们在这一点的对外宣传中应予以充分注意，注重个性化的对话宣传与舆论导向。

6. 意大利主流媒体在进行涉华舆情报道中，整体的态度客观公正，中国形象在主流意大利媒体上呈现出相对中性的轮廓，即作为一个强大并持续增长中的经济体，中国仍然存在着问题。这些问题一些是客观存在的，需要我们在经济发展的过程中规避或者改正，一些问题则是需要区别对待的。哪些问题是基于误读而产生的偏见？哪些是基于意识形态、冷战思维而产生的恶意攻击？这些问题的应对，也将伴随在中国海外投资、中国企业“走出去”、对话传播的过程中。

参考文献

[1] 李希光，刘康. 妖魔化中国的背后[M]. 北京：中国社会科学出版社，1996.

[2] 纪礼备. 中国和中国传教，十九世纪西方人眼中的中国》[M]. 北京：中华书局，2006.

[3] 葛兆光. 域外中国学十论 [M]. 上海：复旦大学出版社，2002.

[4] 卢泰宏. 信息分析 [M]. 广州：中山大学出版社，1998.

[5] 李希光、刘康. 妖魔化于与媒体轰炸，南京：江苏人民出版社，1999.

[6] 李彬. 符号透视：传播内容的本体诠释 [M]，上海：复旦大学出版社，2003.

[7] 李良荣. 新闻学导论 [M]，北京：高等教育出版社，1999.

[8] 邵培仁. 传播学 [M]. 北京：高等教育出版社，2000.

[9] 刘继南，周积华. 国际传播与国家形象——国际关系的新视角[M]. 北京：

北京广播学院出版社，2002.
［10］张建中，王璐：贝卢斯科尼与当代意大利电视 ［J］，福州：东南传播 2009（1）.
［11］Colombo Furio，Ultime notizie sul giornalismo［M］. Laterza，Roma，1995.
［12］Castronovo. La stampa italiana nell’età della TV［M］. Roma：Laterza. 2002.
［13］Lorusso Anna Maria，Violi Patrizia. Semiotica del testo giornalistico［M］. Roma：Laterza. 2004.

外文网站

http://www.corriere.it/
http://www.repubblica.it/
www.lastampa.it
http://www.ansa.it/

从越南媒体对三峡工程报道探析中国国家形象的构建

尚　锋

摘　要：三峡工程是世界最大水电工程，受到国内外媒体的广泛关注。自三峡工程全面建成以来，越南媒体对围绕该工程的重要事件进行持续的追踪报道。本文通过对采集样本的数量分析和内容分析，透视近年来越南媒体对三峡工程相关报道中体现的中国国家形象，并对今后更好地构建中国国家形象提出可行性建议。

关键词：越南媒体　三峡工程　国家形象构建

中越两国山水相连，两国关系源远流长。在古代封建社会时期，两国关系体现为以中国为宗主国的宗藩关系。近代以来，受殖民主义国家入侵的影响，宗藩关系被打破，取而代之的是共同为民族独立自由而战的战友关系，“二战”结束后，两国关系经历了从“同志加兄弟”的无间亲密到20世纪70年代末的反目成仇。1991年的关系正常化标志着中越两国关系正式迈入现代意义上的国家关系。20世纪90年代起两国关系迅速发展，顺利解决了陆地边界和北部湾划界两大历史遗留问题。进入21世纪以来，随着“中国威胁论”在全球的散布和越南“海洋战略”的提出，贸易杠杆失衡、海洋资源争夺、岛屿主权争议等构成了对新时期中越关系的种种挑战。

随着中国国家实力的迅速增强，西方媒体开始鼓吹“中国威胁论”，严重损害我国与邻为善、以邻为伴的良好国际形象。因此，正面国家形象的构建成为当前中国外交的重要课题。十八大以来，习近平总书记高度重视我国的周边外交工作，先后前往韩国、蒙古国等国进行“走亲戚式”的访问，提出“让命运共同体意识在周边国家落地生根①”。我们想要做好对周边国家的宣传工作，“讲好中国故事，传播好中国声音”，就须全面深入地了解周边国家对中国形象的认知倾向。

① 新华网. 习近平：让命运共同体意识在周边国家落地生根［EB/OL］(2013-10-25)［2015-02-05］. http://news.xinhuanet.com/2013-10/25/c_ 117878944_2.htm.

近年来，随着中越关系的微妙演变，越南媒体对中国事件报道的倾向也呈现了“从榜样到伙伴、从追赶到平等”①的认知心态转变，一方面越南媒体的涉华报道越来越倾向南海问题、边贸假货问题等影响两国关系的敏感问题，另一方面越南媒体对中国国内发生的负面事件报道量也呈逐年上升趋势。对越南媒体报道倾向性的研究，既有助于把握越南官方和社会的声音，也有助于认清我国在越南的国家形象。

本文以越南媒体对我国三峡工程相关报道为案例，选取 2010 年以来越南网络媒体涉及三峡工程的代表性报道，对相关内容倾向做文本分析，归纳总结越南网媒对中国的认知，分析解读这种认知形成的原因，并对我国国家形象建设提出可行性建议。

一、三峡工程与中国国家形象构建

三峡工程即三峡水电站，位于中国湖北省宜昌市境内的长江西陵峡段，是世界上规模最大的水电站，也是中国有史以来建设最大型的工程项目。工程建设方案于 1992 年投票通过，历经三个工期，于 2009 年正式完工。三峡大坝总投资 954.6 亿元人民币（估计实际总投资约 1 800 亿元左右），安装 32 台单机容量为 70 万千瓦的水电机组，装机容量达到 2 240 万千瓦，到 2012 年 7 月已成为全世界最大的水力发电站和清洁能源生产基地②。

三峡工程自筹建之时起，就引起了社会各界的诸多争议和广泛关注，文物古迹的保护、生态保护、地质灾害防治以及大规模的移民等成为媒体热议的话题。据不完全统计，国内报道三峡工程的媒体近 2 000 家，共报道三峡工程方面的信息 27 000 多条，涵盖工程建设、工程运行管理、生态环境、移民、工程综合效益和工程文化等③。三峡工程也引起了外国媒体的关注。有外国媒体将三峡“妖魔化”，称其为“第二个三门峡”④，对三峡工程建设过程中遇到的问题进行不符合事实的扭曲夸大，将三峡大坝出现的浅层裂缝称为“豆腐渣工程”，抹黑三峡工程的国际形象，我国工程专家对此进行了严正驳斥⑤。

---

① 李春霞. 越南官方媒体的中国认知变迁［J］. 当代亚太，2012（5）：112-114.

② 百度百科.“三峡水电站”词条［EB/OL］（2013-11-03）［2015-02-06］. http://baike.baidu.com/link?url=HITghW4qjIlvPf5NpTwJuSlncNPlyGItg4eqbo4XZ1yll1NqA6fpftYwDo316RLbj2prqdIW4dmj-enKVnzVKDI6mzQAjIP6vlwo_n931ERIHUdC9EBjK5ir1zM_3LCQxMTwtjAdQ15ogyli5auEUK2ROjkd11WIQYhXYm4P6jq.

③ 左美丽. 三峡工程媒介形象构建研究［D］. 华中科技大学硕士学位论文，2013，4.

④ 深圳商报. 外国媒体‘妖魔化’三峡工程. ［EB/OL］（2007-11-28）［2015-02-06］http://paper.sznews.com/szsb/20071128/ca2839713.htm.

⑤ 人民网. 院士驳斥外媒‘三峡大坝是豆腐渣工程’报道. ［EB/OL］（2007-12-18）［2015-02-07］http://news.qq.com/a/20071218/002083.htm.

三峡工程与我国国家形象构建有着密切关系。国家形象是一种主体意识，是国家民族精神气质的闪光点，是民族精神和民族意志的集中体现①。由国际新闻流动形成的国家形象，对一国的国际关系和对外政策具有很大影响力，因此受到世界各国，尤其是发展中国家的普遍重视②。三峡工程作为举世瞩目的全球最大水电工程，国外媒体对其工程建设、工程效果、工程影响等方面的报道，不仅构成三峡工程的公共形象，而且关乎中国的国家形象。研究外媒相关报道的数量频率、内容构成、情感倾向等，归纳外媒对三峡工程相关报道中体现的中国国家形象，有助于全面理解掌握我国在国际社会中的“他者形象”，不断改进我国在重大事件中的国家形象构建。

二、越南媒体三峡工程事件报道分析

1. 数量分析

为尽可能客观地采集到有效样本，笔者以“三峡大坝”、“三峡工程”为关键词，综合运用国际互联网搜索引擎和越南本地最大搜索引擎“cocccoc.vn”。自2010年至2014年，越南媒体有关中国三峡工程的报道共70篇，报道来源既有官方网站，也有非官方的民间媒体。本文将有关报道按年份进行了数量统计，详见表1：

表1　2010～2014年越南媒体关于三峡工程报道统计表

年份	2010	2011	2012	2013	2014
篇数	11	23	15	9	11

细分表1数据，可以形成2010年至2014年越南媒体对三峡工程相关事件报道的总量逐月变化趋势图如下：

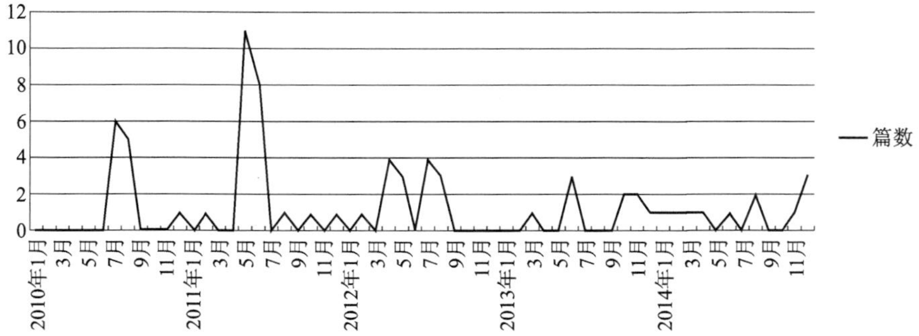

图1　2010年至2014年越南媒体三峡报道逐月趋势图

① 程曼丽. 大众传播与国家形象塑造［J］. 国际新闻界，2007（3）：5.

② 徐小鸽. 国际新闻传播中的国家形象问题［J］. 新闻与传播研究，1996（2）：37.

从数量分布上看，2010 年至 2014 年越南媒体对三峡工程保持持续的关注，其中 2010 年 7 月～8 月、2011 年 5 月～6 月、2012 年 7 月～8 月是三个较为集中的关注期。在这三个时间段刊登的文章数量分别占到样本总量的 15.7%、27.1%和 10%，形成这种关注度的原因是同时期发生围绕三峡大坝的焦点事件：2010 年 7 月长江流域连续暴雨，发生 20 年一遇的大洪水，三峡大坝水位连续上涨，面临严峻考验，三峡水库在防洪减灾中发挥了巨大作用。2011 年 5 月 18 日，温家宝总理主持国务院常务会议，讨论通过《三峡后续工作规划》，要求妥善处理三峡工程蓄水后对长江中下游带来的不利影响①。这是中国政府首次对外承认三峡工程对生态、地质环境以及对长江中下游航运、灌溉、供水等构成威胁。2012 年 7 月 4 日，三峡电站最后一台机组正式交付并网发电，32 台 70 万千瓦巨型机组首次实现同时开机运行，三峡成为世界最大水电站和清洁能源基地，至此三峡电站工程圆满完成。上述几个事件是当时中国各大媒体热议的头条，越南媒体对中国的热点新闻进行了追踪报道。

从观点性质上看，样本中持有负面观点的文章达 55 篇，占样本总量 78%。持有正面（包含中性）观点的文章只有 15 篇。由此可见，负面报道占据所采样本的绝大部分。这表明，越南媒体侧重对三峡工程负面新闻的报道，这与对《人民报》《年轻人报》等越媒涉华报道研究所提出的“灾难性新闻增多、负面多于正面”观点是吻合的。值得注意的是，尽管负面报道占多数，但越南政府官媒“越南通讯社”对三峡工程的报道全部为正面或中性的，这反映出越南官方对三峡工程的防洪减灾和清洁能源作用持有肯定态度。

2. 内容分析

从内容构成上看，所采集的语料样本可以分为以下几类：（1）三峡大坝的概括性报道；（2）三峡大坝对自然灾害的应对；（3）三峡大坝导致的生态环境问题；（4）三峡大坝修建造成的人口迁移与民生问题；（5）三峡工程建设的相关丑闻。这五类内容的报道比例详见图 2。

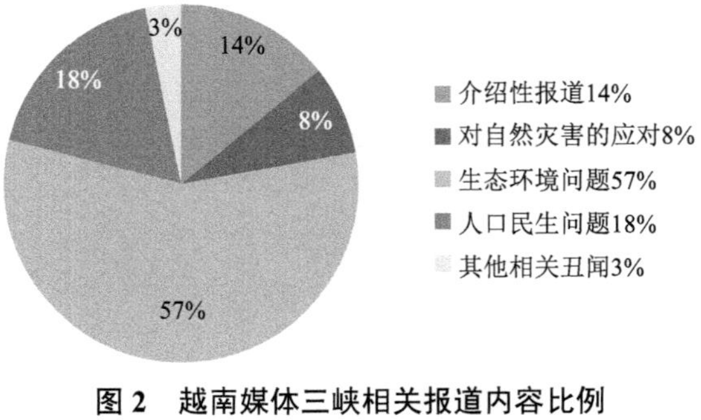

图 2 越南媒体三峡相关报道内容比例

① 新华网. 温家宝开国务院会讨论通过《三峡后续工作规划》等［EB/OL］（2011-05-18）［2015-02-10］http://news.xinhuanet.com/ politics/ 2011-05/18/c_121431889.htm.

在上述5类内容中，报道篇数较多、篇幅较大的主要有生态环境问题和人口迁移问题（部分报道两个问题同时涉及）。

三、越媒三峡工程报道中呈现的中国国家形象

通过对越南媒体三峡工程相关报道的采样分析可知，越南对三峡工程的相关事件给予持续的跟进关注，将三峡工程的相关事件视为中国国内要闻的重要组成部分。越南媒体倾向于认为三峡工程弊大于利，工程带来的生态问题、民生问题远大于其产生的经济效益和能源效益。越南媒体的这些报道，不仅是对三峡工程相关事件的介绍解读，而且还在越南受众心中塑造了中国的国家形象。通过三峡工程报道材料样本的综合分析，越南媒体描述的中国国家形象主要呈现如下特点：

1. 中国是一个经济实力雄厚、工程技术先进的大国

在所采集的语料样本中，无论是正面报道还是负面报道，都不约而同地提及三峡工程的巨额斥资和宏伟规模。如“中国世界第一的三峡大坝打破世界发电纪录”①，“三峡大坝是世界上最大的水电项目”②，“这是地球上最大的水电站”③等。也有报道称赞三峡大坝发挥重要作用，如“三峡可以完善控制洪水的职能并将发电功率最大化”④，“三峡带来了巨大利益（减少洪灾、储存水源、增加电力产能）”⑤等。另外，所有样本均未对三峡工程的施工质量本身提出质疑。这表明，越南对中国建成三峡大坝的伟大成就表示认可，对中国工程技术水平表示肯定。在越南媒体眼中，中国依旧是举世瞩目的大国，拥有强大的经济科技实力。虽然近年来越南看中国的视角从仰视降为平视，但仍然承认中国在客观上的强大。

2. 通过对环保方面的负面报道与评论，抹黑中国形象

越南媒体一方面通过报道负面新闻吸引读者关注，构建中国在读者心目中的负面形象，另一方面以先行者中国为例，警示国内相关部门和企业，必须在发展经济的同时注重环境保护和生态平衡。

---

① （越）越通社. 2014年三峡大坝发电量破世界纪录，减少煤炭燃烧和二氧化碳排放，[EB/OL]（2015-01-03）[2015-01-10]http://www.vietnamplus.vn/trung-quoc-dap-tam-hiep-pha-ky-luc-the-gioi-ve-san-luong-dien/300094.vnp.

② （越）民智报网．‘垃圾岛’侵占中国三峡大坝，[EB/OL]（2010-08-03）[2015-01-10] http://dantri.com.vn/the-gioi/dao-rac-xam-lan-dap- tam-hiep-trung-quoc-413101.htm.

③ （越）越土报网．惊爆贪污案，三峡大坝陷危机，[EB/OL]（2014-03-01）[2015-01-10] http://www.baodatviet.vn/the-gioi/tin-tuc- 24h/moi-nguy-dap-tam-hiep-trung-quoc-bi-rut-ruot-3002360/.

④ （越）金融综合信息网. 五年内中国须疏散 12 万三峡周围居民，[EB/OL]（2012-08-23）[2015-02-08] http://gafin.vn/20120823015056989p0c63/ 5-nam-nua-trung-quoc-se-phai-so-tan-120000-dan-quanh-dap-tam-hiep.htm.

⑤ （越）石油时报网. 中国：三峡大坝恶梦日趋严重. 前引。

四、结论与探讨

对越南媒体三峡工程报道的取样研究表明，中国的三峡工程重大事件受到越南媒体的持续关注，相关报道中负面报道居多，主题集中在生态环境领域。近年来，两国关系受到南海问题影响，不利于两国加深相互理解，在这样的背景下，越南媒体对三峡工程采取负面报道的倾向，是不足为怪的。

通过分析越南媒体眼中的中国国家形象，笔者认为，我国在国际社会中的公共形象还有很大的提升空间。为了“讲好中国故事，传播好中国声音”，今后我国在国家形象构建方面可以从以下几个角度推进：（1）加强对国内媒体舆论倾向的引导，把握好负面报道的尺度，避免产生负面效应。负面消息对社会是有警醒告诫作用的，但如果把握不好报道尺度和观点倾向，则容易引起社会恐慌和悲观情绪。因此国家应当引导媒体对负面事件做客观、适度的报道，多宣传正能量，强调正能量对负面事件的矫正作用。（2）加强我国在国际社交媒体上的宣传工作，塑造一个负责任的大国公共形象。让世界了解真正的中国，我国媒体应承担起对外宣传的重任。2015 年 3 月 1 日，新华社海外社交媒体统一账号“New China”正式在脸谱、推特、优兔上统一运行，搭建起外界了解中国的平台和纽带①。今后可在“New China”平台基础上，将更多国内媒体引入国际社交网络，塑造开放积极的中国国家形象。（3）继续加强周边外交工作，在不损害国家利益的前提下，积极发展周边国家的高层互访、经贸往来与民间交往，大力推进“一带一路”的全方位外交战略。加强周边外交工作，巩固睦邻友好，对于提升我国国家形象具有重要作用。在“一带一路”战略背景下，塑造睦邻、安邻、富邻的中国国家形象，将有利于进一步提升我国国际地位，有利于我国加速推进企业“走出去”，为国家经济社会发展营造和平友好的周边环境。

参考文献

[1] 程曼丽. 大众传播与国家形象塑造 [J]. 国际新闻界，2007（3）：5–10.
[2] 徐小鸽. 国际新闻传播中的国家形象问题[J]. 新闻与传播研究，1996（2）：36–45.
[3] 李春霞. 越南官方媒体的中国认知变迁[J]. 当代亚太，2012（5）：97–120.
[4] 李洋. 三峡工程公共形象的反思与再认识[J]. 中国三峡，2012（5）：45–50.
[5] 方亭，程似锦. 西方媒体报道中的中国国家形象传播 [J]. 福建师范大学学报（哲社版），2014（6）：154–161.

① 新华网. 新华社海外社交媒体统一账号“New China”正式运行. [EB/OL]（2015-03-01）[2015-03-05] http://news.xinhuanet.com/world/ 2015-03/ 01/c_127530930.htm.